Ernst Hinrichs

Fürsten und Mächte

Zum Problem des europäischen Absolutismus

Mit 15 Abbildungen

Vandenhoeck & Ruprecht

Umschlagbild:
Aquarellzeichnung aus der Gratulation des Berliner Schutzjuden Simon Wolff Brandes an König Friedrich I. (1701).
Geheimes Staatsarchiv Preussischer Kulturbesitz, BPH, Rep. 45 König Friedrich I., Nr. 29a.

Die Deutsche Bibliothek – CIP-Einheitsaufnahme

Hinrichs, Ernst:
Fürsten und Mächte : zum Problem des europäischen Absolutismus / Ernst Hinrichs. – Göttingen: Vandenhoeck und Ruprecht, 2000
ISBN 3-525-36245-5

Gesetzt in der Neuen Rechtschreibung.

Satz: Satzspiegel, Nörten-Hardenberg.
Druck- und Bindearbeiten: Hubert & Co., Göttingen.

Für Frank Christian,
Claudia und Philipp

Inhalt

Der Tod in Versailles 9

I. Absolutismus – was ist das? 19

II. Der frühneuzeitliche Fürstenstaat in seiner Epoche 37

1. Spätmittelalter und 16. Jahrhundert 37
2. Die Religionskriege und die Neubegründung der französischen Monarchie 57
3. Anspruch und Wirklichkeit einer absoluten Monarchie. Frankreich von Heinrich IV. bis Ludwig XIV. 66
4. »Absolute« Monarchien im übrigen Europa 76
5. Und England? 95
6. Vom offenen zum strukturellen Widerstand: Opposition gegen die Staatsbildung 105
7. Aufgeklärter Absolutismus oder Reformabsolutismus? 123

III. Strukturmerkmale des frühneuzeitlichen Fürstenstaats 147

1. Von der verlorenen Präsenz zur allgegenwärtigen Absenz: Gottesgnadentum und dynastische Legitimität 147
2. Zauberlehrlinge am Werk: Verwaltung und Bürokratie 161
3. Die Partizipation der Eliten: Höfe und Hofsysteme 177
4. Im Herzen des Systems: Finanzen und Wirtschaft 189
5. Vom Söldnerheer zur »gesponsorten« Armee: Fürstenstaat und Heerwesen 207
6. Eine Rolle im Schatten des Staats: Kirchen 221

IV. Ein Begriff und seine historische Wirklichkeit 233

Nachwort 251

Literaturverzeichnis 253

Register 273

Der Tod in Versailles

Versailles, am 1. September 1715. Ludwig XIV., der französische König und Hegemon Europas, ist tot. Kurz zuvor erst, Anfang August, hatten gewisse Anzeichen darauf hingedeutet, dass der uralte Monarch mit der robusten Gesundheit seinen 77. Geburtstag am 5. September möglicherweise nicht mehr erleben würde. Seit dem 24. August hatten auch die Ärzte, die an sein Krankenbett gerufen worden waren, ihre ursprüngliche, sehr allgemein auf »Ischias« lautende Diagnose aufgeben und der harten Wahrheit ins Auge sehen müssen, die da hieß: Gangrän, Brand, Fäulnis.

Die letzten Tage seines langen Lebens hatte der Sonnenkönig ruhig und konzentriert zugebracht, dabei die kirchlichen Dienste und Zeremonien so skrupulös achtend, wie es ihm in der letzten, von der Maintenon bestimmten Lebensphase zum Bedürfnis geworden war. Ganz am Schluss erst hatte er seinen normalen, arbeitsreichen Tagesablauf aufgegeben und sich mit großem Ernst und innerer Gefasstheit auf den Tod vorbereitet. Noch einmal setzte er damit für seine Umgebung, die in den letzten Jahren den Respekt vor dem alten Mann zunehmend verloren hatte, ein Zeichen der monarchischen Größe.

Was sollte nach dem Tod Ludwigs nach seinen Vorstellungen in Frankreich geschehen, und was geschah wirklich? Sorgenvollen Hauptes schritten all jene am Hof einher, die sich Gedanken machten über das künftige Schicksal des Landes. Denn anders, als es die Vorstellung eines mehr als fünfzigjährigen, stabilen Regiments nahezulegen schien, bestand nur sehr wenig Klarheit über den zukünftigen, »verfassungsmäßigen« Gang der Dinge in Frankreich. Fest stand nur zweierlei. Zum einen: *Le Roi ne meurt jamais* – dieser alten, konstitutionellen Maxime zufolge trat der Nachfolger Ludwigs XIV. unmittelbar mit dem Tod des Amtsinhabers in das Amt ein. Ludwig von Anjou, jetzt Ludwig XV., der

Urenkel, 1710 geboren und damit gerade fünf Jahre alt, war nach der Erbfolgeregelung des so genannten Salischen Gesetzes der legitime Thronfolger, dem sogleich von Seiten des in Versailles versammelten Adels gehuldigt wurde. Doch regierungsfähig war er nicht, und Frankreich stand wieder einmal, wie schon 1559 nach dem Tod Heinrichs II., 1610 nach der Ermordung Heinrichs IV. und 1643 nach dem Tod Ludwigs XIII., vor einer Minderjährigkeitskrise, einer »Einherrschaft« ohne erwachsenen Herrn, einer Königsherrschaft ohne wirklichen König. Aus diesem Grunde war, zum anderen, der ranghöchste männliche Verwandte des jungen Königs, sein Onkel, Philipp von Orléans, für die Zeit seiner Minderjährigkeit als Regent vorgesehen.

Beide Konstellationen behagten dem alten König überhaupt nicht. Er hatte daher die Frage der Regentschaft neben der Verfolgung der Jansenisten zum zentralen Thema seines letzten Lebensjahrs gemacht. Dem vorgesehenen Regenten, bei den frommen Leuten am Hof als *libertin* und als unmoralisch verrufen, misstraute er zutiefst. Auch die Person des zukünftigen Königs machte ihm zu schaffen. Nicht nur die Tatsache bedrückte ihn, dass er in dem Urenkel nur schwer einen zukünftigen großen König Frankreichs zu sehen vermochte. Zu jung und unbedarft war dieser Fünfjährige, zu groß war die Lebensdistanz zwischen dem Greis und dem Knaben. Doch es gab ein noch wichtigeres Problem. Ludwig XV. war Urenkel des Königs, er war nicht der ursprünglich erwartete und erhoffte, sondern ein durch die Schicksalsfälle der Dynastie wie zufällig in das Amt beförderter Nachfolger. Drei erwachsene Dauphins waren dem greisen Sonnenkönig zwischen dem 14. April 1711 und dem 8. März 1712, in weniger als einem Jahr also, unter den Augen weggestorben, darunter Monseigneur, der älteste, fähigste Sohn Ludwigs – ein Verlust an Herrschaftspersonal und dynastischer Substanz, der auch einen stoischen Menschen, zu dem Ludwig XIV. in seinem Alter geworden war, aus der Fassung bringen konnte. War »dieses kapetingische Geschlecht«, so fragt der letzte bedeutende Biograph Ludwigs, François Bluche, »das sich seit siebenhundertzwanzig Jahren mit Frankreich und seinem Schicksal identifiziert hatte, am Aussterben?«

So mag Ludwig XIV. in der Tat gedacht haben, denn er reagierte im Jahr 1714 auf die Krise der Dynastie mit einer Reihe von Edikten und einem Testament, die geeignet waren, die gewohnheitsrechtliche Verfassung des Landes förmlich außer Kraft zu setzen. Im Juli 1714 ließ er per Edikt seine beiden »natürlichen Söhne« aus seiner Verbindung mit der Marquise von Montespan, den Herzog von Maine und den Grafen von Toulouse, für »legitim« und damit für »nachfolgefähig« *(successible)* erklären. Wenige Wochen später, am 2. August 1714, setzte der König sein berühmtes Testament auf, in dem er den beiden »Bastarden« – der Herzog von Saint-Simon liebte es, sie so zu nennen – einen Platz im zukünftigen Regentschaftsrat zusicherte. Zudem übertrug er dem älteren der Beiden, dem Herzog von Maine, die Aufsicht über »die Sicherheit, die Bewahrung *(conservation)* und die Erziehung des jungen Königs«. Mit diesem Mandat verbunden war der Befehl über die Truppen des »königlichen Hauses.« Schließlich verlieh der König ihm und seinem Bruder in einer Deklaration vom 23. Mai 1715 den Titel »Princes du sang«.

Was waren die Absichten des Königs? Es gibt keine direkten Äußerungen dazu, doch lassen sich naheliegende Vermutungen anstellen. Für den Fall, dass auch der vierte Dauphin, der kleine Anjou, dem dynastischen Dauphinsterben anheimfallen würde, standen mit den beiden »Bastarden«, so mag Ludwig gehofft haben, weitere, und zwar handlungsfähige Nachfolger zur Verfügung. Falls Ludwig XV. aber am Leben blieb, konnten die beiden Söhne des Königs, die ihm weitaus näher standen als der Urenkel, im Regentschaftsrat in seinem Sinne handeln und damit auch dem verhängnisvollen Einfluss des vorgesehenen Regenten, seines Neffen Philipp von Orléans, entgegenwirken. Dies galt insbesondere für die Erziehung Ludwigs XV., die der alte, fromme König nicht in die Hände des Freigeistes Orléans gelegt wissen wollte, und für alle Fragen, die mit der Sicherheit des königlichen Hauses zusammenhingen. Es war schon Zeichen eines gewaltigen Misstrauens des greisen Königs gegenüber dem zukünftigen Regenten, dass er ihm per Testament den jungen König in pädagogischer wie in militärisch-polizeilicher Hinsicht so gut wie vollständig entzog

1 Ludwig XIV., Porträtbüste von Antoine Benoist, 1706.
Die Perücke verweist auf frühere, glanzvolle Darstellungen, der fragende Blick und der Gesichtsausdruck scheinen Skepsis zu signalisieren. Im Jahr 1706, im fünfundvierzigsten Jahr seiner »Selbstregierung« und mitten im spanischen Erbfolgekrieg, haben den Sonnenkönig kritische Gedanken über das eigene Tun, vor allem aber über die Zukunft der Krone Frankreichs erreicht. Dabei standen die Prüfungen des hohen Alters – der wenig geglückte Ausgang dieses Kriegs und das große Dauphinsterben der Jahre 1711 und 1712 – noch bevor.

– ein schlaues Kalkül Ludwigs, dem auch die Maintenon ihren Segen gegeben zu haben scheint. Angesichts dieser Serie von Entscheidungen spürt man förmlich das Bemühen des alten Königs, noch aus dem Grab heraus Einfluss auf den Gang der Dinge zu nehmen. Und auch das Pariser Parlament, von Ludwig seit den siebziger Jahren des 17. Jahrhunderts in eine zumindest formale Botmäßigkeit gezwungen, widersetzte sich nicht, es registrierte das Edikt vom Juli 1714 ohne weiteres ein.

Was aber geschah nach dem Tod in Versailles? Keine der Rechnungen Ludwigs ging auf. Zwar stimmt es nicht, dass das Pariser Parlament, wie oft behauptet wird, das Testament des Sonnenkönigs schlechthin »kassierte«. Manche Verfügungen des verstorbenen Monarchen wurden anerkannt und ausgeführt. Nur die Position der »Bastarden« wurde im Benehmen des Parlaments mit dem Regenten und den *ducs et pairs* erheblich modifiziert. Sie wurden weder Prinzen von Geblüt, noch erhielten sie im Regentschaftsrat die ihnen von Ludwig XIV. vorherbestimmte Position. Im Gegenteil: Der Regentschaftsrat wurde ganz nach den Vorstellungen Philipps von Orléans zusammengesetzt, und auch die Aufsicht über den Dauphin sowie den Befehl über die »Truppen des königlichen Hauses« übernahm der Regent selbst. Der Herzog von Maine musste sich mit dem Trostpflaster begnügen, an der Erziehung des Dauphins teilnehmen zu dürfen. Mit anderen Worten: Alle relevanten politischen Wünsche des alten, absoluten Monarchen wurden für nichtig befunden und blieben unausgeführt. Und mehr noch: Als hätte der mächtigste Fürst Europas das Haupt der französischen *corporate society,* das Pariser Parlament, niemals in einer ganzen Serie von königlichen Deklarationen auf seine Funktion als oberstes Gericht Frankreichs zurechtgestutzt, blühte diese Institution nach dem Tod in Versailles erneut zu kräftigem Leben auf, übernahm nicht nur in den zahllosen Gesprächen zur Regelung der Regentschaft wie selbstverständlich eine führende Rolle, sondern nutzte die Bereitschaft des Regenten, die Dienste, die es ihm in der Testamentsfrage geleistet hatte, zu belohnen, und ließ sich alle wichtigen politischen Funktionen wieder zuweisen, mit deren Hilfe es im 16. und 17. Jahrhundert groß geworden war. Der Regent aber ging ohne Zögern daran, eine der wesentlichsten Erbschaften des ludovizianischen Regierungssystems – das im Jahr 1661 installierte »persönliche Regiment« – auszusetzen und es durch ein differenziertes »Rätesystem« zu ersetzen; es hatte vor allem anderen die Aufgabe, jener Kraft eine Rückkehr in die Politik zu ermöglichen, die sich durch den großen König aus ihr nachdrücklichst verdrängt gesehen hatte – dem alten französischen Hochadel, jener kleinen Schar von großen Familien, denen der Herzog von Saint-Simon in seinen polemisch-parteiischen Memoiren später eine so betörende Stimme verlieh. Gewiss blieb alles, was in der kurzen Regentschaftszeit an stürmischen, teilweise chaotischen, immer aber zukunftsweisenden Entwicklungen eingeleitet und ausprobiert wurde, Stückwerk und Episode. Gewiss »stabilisierte« sich das französische Staatswesen nach dem Tod des Regenten erneut, und dieser Prozess der Stabilisierung der »administrativen« Monarchie ging einher mit einem erneuten Ansehensgewinn des Sonnenkönigs, dessen Tod zunächst von vielen als Erleichterung, als Zeitenwende empfunden worden war. Doch dieser Stabilisierungsprozess, das belegt allein schon die neue, alte Rolle des Pariser und aller übrigen Parlamente, führte durchaus zu etwas anderem, als Ludwig XIV. geplant hatte, und er nahm nur teilweise und mit aller Behutsamkeit Impulse auf, die im 17. Jahrhundert gegeben worden waren.

So werden Tod und Nachfolge Ludwigs XIV. von Frankreich zu einem schönen Lehrstück zum Thema »Absolutismus«, um das es in diesem Buch gehen soll. Denn im Grunde war es etwas Unerhörtes, was da in wenigen Wochen in Versailles und Paris entschieden und umgesetzt wurde. Interessierte gesellschaftliche und institutionelle Kräfte nutzten die offensichtliche Schwächesituation der Monarchie in der Übergangsphase und holten sich ein Stück politischen Einflusses und politischer Macht zurück, die sie im Verlauf des vergangenen Regimes auf Dauer verloren zu haben schienen. Trotz aller Erfolge bei der Verdichtung und Verfestigung moderner Staatlichkeit seit Heinrich IV. und Richelieu wirken die Entscheidungen in Paris nach dem Tod Ludwigs XIV., als hätte es in Frankreich gerade zwei Dinge nicht gegeben – Stabilität und Kontinuität. Und wenn es Ludwig XIV. mit der Übermacht seiner charismatischen Persönlichkeit, mit seiner alle Machtkonkurrenten übertreffenden Präsenz und Ausdauer im Regierungsgeschäft, mit seinem unbedingten Herrschafts- und Repräsentationswillen, wie er in Versailles zum Ausdruck kam, auch gelungen sein mag, so etwas wie ein auf Dauer gestelltes Herrschaftssystem zu errichten, so zeigen die Ereignisse der Regentschaft doch nur zu deutlich, wie sehr dieser Erfolg von der Person seines Schöpfers abhing. Es lag im Wesen der »Einherrschaft«, dass Entwicklungen an die Person des »Einen« gebunden blieben, nicht oder nur teilweise über ihn hinausreichten, in der Regel mit ihm untergingen, um vielleicht später, in vielfach veränderter Gestalt, erneut zum Vorschein zu kommen.

Was im Frankreich des Ancien Régime geschah, war für ganz Europa bis tief ins 18. Jahrhundert hinein kennzeichnend. Von der Spitze her, von den Dynastien und ihren Möglichkeiten, ihr Werk, den dynastischen Fürstenstaat, auf eine dauerhafte Grundlage zu stellen, gab es nirgendwo, wohin wir auch blicken, wirkliche Kontinuität und Stabilität. Dynastische Probleme und Wirren, vor allem die oft mittelfristig vorhersehbaren, oft aber auch völlig unerwarteten Katastrophen der dynastischen Demographie, stellten zentrale Errungenschaften der Staatsbildung überall wieder in Frage. Der Hochadel, der im Regentschaftsrat Ludwigs XV. dominierte, wollte dezidiert einen anderen Staat als den des Sonnenkönigs, und nicht anders sah es in anderen Fürstenstaaten des 17. und frühen 18. Jahrhunderts aus, in denen der alte Hochadel für einige Zeit wieder Oberwasser bekam. Andererseits ist nicht zu leugnen und gilt es einer seit langem etablierten Forschungstradition als ausgemacht, dass gerade seit dem späten 16. Jahrhundert eine Festigung und Verstetigung der fürstenstaatlichen Staatlichkeit eintrat, die sich trotz aller dynastischen Wirren, gleichsam unter der Oberfläche der großen Politik, vollzog und die das Territorium »mittlerer« Größe und nicht mehr, wie noch im frühen 16. Jahrhundert, das territoriale Riesenreich im Sinne Karls V. zum europäischen Staatstypus der Zukunft machten. Mit unseren klassischen genetisch-teleologischen Begriffen »frühmoderner« Staat, »Absolutismus«, auch »Verdichtung« und »Bürokratisierung« haben wir Idealtypen für solche längerfristigen Staatsbildungsprozesse in der Frühen Neuzeit gefunden. Sie haben die zugrunde liegenden Strukturen und Prozesse ans Licht gehoben, aber nicht recht deutlich machen können, wie sehr diese Prozesse in der konkreten sozio-politischen Realität dieser Jahrhunderte durch abrupte Wandlungen an der Spitze dieser Staaten immer wieder bedroht waren.

Für ein Verständnis dieses Staates scheint es, wenn wir Ereignisse wie die nach dem Tod in Versailles ernst nehmen, von großer Bedeutung zu sein, die *beiden* maßgeblichen Entwicklungskomponenten dieses Staates – die fürstliche Einherrschaft mit ihrer dynastischen Absicherung, aus der leicht Verunsicherung werden konnte, auf der einen Seite, die Entwicklung eines institutionellen Staatsystems auf der anderen – ständig aufeinander zu beziehen und aus dieser Konfiguration jene Anschauung zu gewinnen, die der tatsächlichen Wirkungsweise dieses Staats entspricht. Im vorliegenden Buch sollen diese beiden widerspruchsvollen, zeitweise antagonistischen Komponenten im Rahmen einer problemorientierten Gesamtdarstellung in ihrem verworrenen Nebeneinander betrachtet werden. Dabei soll auch die Tauglichkeit des Absolutismusparadigmas im Sinne der neueren Forschung hinterfragt werden. »Absolutismus« ist vor allem in der deutschen Forschung zu einem umfassenden Epochenbegriff geworden, dessen Konturen angesichts der von der Strukturgeschichte der vergangenen Jahre aufgedeckten Vielfalt der zugrunde liegenden sozio-institutionellen Strukturen an Schärfe verloren haben und dessen Anwendung daher problematisch geworden ist. Dabei werden nicht nur Ereignisse wie der Tod in Versailles zum Anlass kritischer Fragen, sondern die Gesamtheit der für den Absolutismus bedeutsamen »Strukturmerkmale«: Fürstenbild und Gottesgnadentum, zentrale Befehlsgewalt, Bürokratie, Hofsystem, Finanzen, Wirtschaft, Militär und Kirche. Sie alle waren Umsetzungsfelder der neuen, im 16. Jahrhundert entstehenden Staats- und Herrschaftskonzeption, sie alle gerieten im Laufe der Zeit jedoch auch ständig in das Getriebe von zum Teil nacheinander ablaufenden, zum Teil aber durchaus nebeneinander herlaufenden, d. h. einander überlagernden Modernisierungs- und Regressionsprozessen, so dass es schwierig erscheint, die Gesamtepoche mit Hilfe eines einzigen idealtypischen Begriffs angemessen zu erfassen. Dass eine solche Betrachtungsweise geeignet ist, die frühneuzeitliche Geschichte Europas im Hinblick auf die Staatsentwicklung »unübersichtlicher« werden zu lassen, als es uns Hand- und Schulbücher bisher erscheinen lassen, muss zugestanden werden und ist beabsichtigt. Wenn ein Mehr an historischer Einsicht in dieses komplizierte und komplexe sozio-institutionelle Gebilde der Ersatz dafür ist, sollte sich der Aufwand lohnen.

Bibliographische Hinweise

Die beiden wichtigsten biographischen Werke zu diesen Zusammenhängen sind Bluche (1986), das Zitat auf S. 860, und Antoine (1989). Eine gediegene Ereignisgeschichte der *Régence* bietet Faure (1977). Weitere Literatur wird in den entsprechenden Kapiteln dieses Buchs aufgeführt.

I. Absolutismus – was ist das?

Das Problem

»Absolutismus« ist seit mehr als hundert Jahren ein zentraler Begriff der historischen Wissenschaften zur Kennzeichnung und Periodisierung wesentlicher Ereignisse, Verläufe und Strukturen der frühneuzeitlichen Geschichte Europas. Und doch besteht heute bei all jenen, denen das Wort inzwischen zum Bestandteil ihrer wissenschaftlichen Umgangssprache geworden ist, wenig Sicherheit darin, was damit im Einzelnen gemeint ist. Im Gegenteil! Kaum ein gut eingeführter historiographischer Begriff wird von seinen Benutzern so oft mit einschränkenden, relativierenden oder gar in Frage stellenden Bemerkungen versehen wie dieser, je nachdem, wie weit sich die jeweils betrachtete historische Wirklichkeit von den mit dem Begriff und seinen Adjektiven (»absolut«, »absolutistisch«) erfassten Tatbeständen zu entfernen scheint. Die nahe liegende Frage jedoch, warum wir denn nicht auf seine Benutzung verzichten, wird gleichwohl selten gestellt. Denn in mancher Hinsicht ist der Begriff inzwischen unentbehrlich geworden. Er bezeichnet nicht nur ein politisches System, das durch eine möglichst große Machtansammlung in der Hand des Landesherrn auf Kosten aller anderer in einem Staat vorhandener Kräfte gekennzeichnet ist, sondern dient auch als umfassende Epochenbezeichnung für den langen Zeitraum europäischer Staatengeschichte zwischen den Religionskriegen des 16. und frühen 17. Jahrhunderts und der Begründung konstitutionell-parlamentarischer Systeme im 19. Jahrhundert. Von eingeführten Epochenbegriffen nimmt der Historiker ungern Abschied, zumal von ihnen keinesfalls die Erfassung der Totalität der Erscheinungen, sondern allenfalls der vorherrschenden Tendenzen einer Epoche erwartet wird. Dass im Zeitalter des Absolutismus nicht alle europäischen Staaten vorübergehend oder gar ständig über »absolutistische« Regime verfügten, hat nichts daran ändern können, dass in der Ausbildung solcher Regime – an vielen Stellen und, grosso modo, in derselben Epoche – gleichwohl das Signum des Zeitalters gesehen wurde. Vor diesem Hintergrund darf eine Diskussion über den »Absolutismus«, wenn sie denn nötig erscheint, nicht bei der Epochenbezeichnung beginnen oder gar aufhören, sondern muss sich mit der zugrunde liegenden Erscheinung – dem politischen System der absoluten Monarchie – als solcher beschäftigen. Mit anderen Worten: Die Konstituierung einer Epoche europäischer Geschichte unter der Bezeichnung »Absolutismus« scheint dann unproblematisch, ja geboten, wenn in der europäischen Staatenwelt der Frühen Neuzeit genügend Regime ausgemacht werden können, die wir als »absolute« Monarchien qualifizieren können.

Zur Begriffsgeschichte

Hier tritt nun eine weitere Schwierigkeit zutage. Wie so viele »-ismen« ist »Absolutismus« (»absolutistisch«) kein quellennaher, in der behandelten Epoche selbst geprägter Begriff. Seine Entstehungsgeschichte in der substantivischen Form beginnt, von einigen, wenig repräsentativen Vorläufern abgesehen, im ersten Drittel des 19. Jahrhunderts. Und, noch wichtiger, er war polemischen Ursprungs. Er diente in England und anfangs auch in Deutschland zur Kennzeichnung eines für überwunden gehaltenen, autoritären, »despotischen« Regimes aus frühliberaler Sicht. Politisch aufgeladen und instrumentalisiert, hatte er damit zunächst nicht die Aufgabe, sich einem historischen Tatbestand verstehend anzunähern, ihn auf den »Begriff« zu bringen, sondern gegenwärtige Zustände vor einer negativen historischen Folie positiv zu zeichnen.

Von diesem Zeitpunkt, das heißt dem ersten Drittel des 19. Jahrhunderts an, entwickelte sich der Gebrauch des Begriffs »Absolutismus« in der staatsrechtlichen und politischen Publizistik und in den entstehenden historischen Wissenschaften in zweifacher Richtung: Auf der einen Seite finden wir einen »politischen« Absolutismusbegriff, der sich seiner Herkunft aus der liberalen Absolutismuskritik des frühen 19. Jahrhunderts stets bewusst blieb und bis in die Gegenwart hinein Anhänger findet. Er begreift unter »Absolutismus« vor allem die freiheitsfeindlichen, autoritären Systeme des 18. Jahrhunderts, die einer Entwicklung der Menschheit zu mehr Partizipation und Freiheit im Sinne des im Zeitalter der Aufklärung sich artikulierenden frühliberalen Gedankenguts entgegenstanden und von der Monarchiekritik des 18. Jahrhunderts generell als »Despotismus« bezeichnet wurden. Er ist in gewisser Weise von recht kurzem Gedächtnis, legt er doch alles Gewicht auf die Tatsache wider, dass die durch die Revolutionen in England, Nordamerika und Frankreich ins Bewusstsein der Menschheit gebrachten Menschenrechte, insbesondere die Rechte auf Freiheit und Eigentum, die vorangehenden Regime als besonders autoritär und damit als skandalös erscheinen ließen. Er bezieht sich dabei auf schriftlich-verfassungsmäßig verbriefte Rechte und betrachtet es als sekundär oder gar obsolet, dass viele Menschen zuvor, in der ständischen Welt der Privilegien, schon gegen Staatseingriffe und Staatsansprüche abgesichert waren – nicht durch abstrakte Rechts- und Freiheitsgarantien im Sinne einer geschriebenen Verfassung freilich, sondern durch konkrete vertragliche Zusicherungen im Sinne von »Privilegien«, nicht durch »Freiheit« also, sondern durch »Freiheiten«.

Auf der anderen Seite steht der komplexere »systemgeschichtliche« Absolutismusbegriff, der, sich von der polemischen Begriffsverwendung lösend, als Absolutismus ein evolutionär folgerichtiges System von Staat und Verwaltung begreift, mit dessen Hilfe die europäische Völkerfamilie (inklusive Russland) einen Weg aus den personalrechtlich gebundenen Systemen des hohen und späten Mittelalters in die Welt der flächenhaften Anstaltsstaatlichkeit der Neuzeit fand. Er spiegelt die Tatsache wider, dass sich in der Sprache vieler Publizisten und Historiker im Verlauf des 19. Jahrhunderts eine insgesamt weniger staatskritische, nicht selten prononciert staatsbezogene Betrachtungsweise durchsetzte. Seines polemischen Gehalts entkleidet, wurde »Absolutismus« zur Bezeichnung für ein umfassendes realhistorisches Geschehen. Diese Erweiterung und Veränderung des Begriffsgebrauchs fand vor allem in Deutschland statt, im Rahmen der entstehenden Wissenschaft von der Geschichte, die zunächst vor allem eine Geschichte von Staaten und Nationen war und dabei, im Sinne der Entwicklungs- und Individualitätsidee des Historismus, auf das besondere Schicksal der europäischen Völkerfamilie und ihrer großen Staatsindividuen – Königinnen und Könige, Minister, führende Ratgeber und andere – abhob. Auf diese Weise errang der ehemals polemische Begriff eine neue, positive Wirkung, die sich allerdings auf einen recht engen Ausschnitt historisch-politischer Wirklichkeit bezog: Geschichte des Absolutismus wurde jetzt in erster Linie zu einer Geschichte der »absoluten« Monarchen und Monarchinnen, mit Vorliebe jener großen Herrschergestalten, die im Verlauf des Staatsbildungsprozesses ihrer Nationen diesem besondere Impulse zu geben wussten: Philipp II. von Spanien, Heinrich VII., Heinrich VIII. und Elisabeth I. von England, die ersten drei Bourbonen in Frankreich, der Große Kurfürst und sein Enkel, Friedrich Wilhelm I. von Brandenburg-Preußen, die deutschen Kaiser Ferdinand II. und Leopold I. als Inhaber der höchsten Macht in ihrem Mächtekonglomerat Österreich-Böhmen-Ungarn, Karl XI. von Schweden sowie unter den mittleren Mächten gewiss noch Friedrich III. von Dänemark, Maximilian I. von Bayern und August II. von Sachsen. Und zumindest am Rande wurde auch die russische Geschichte einbezogen, wobei bis heute offen blieb, inwieweit es sich beim Russland Peters des Großen und Katharinas II. tatsächlich um mit dem übrigen Europa vergleichbare Regime handelte. Dezidiert abgegrenzt wurde die Betrachtung dieser Mächte von jenen, die im Verlauf der europäischen Geschichte der Frühen Neuzeit keine autoritären Regime erhielten, sondern »libertäre«, das heißt auf einer starken ständischen Selbstbestimmung gründende Verfassungen entwickelten: das Königreich Polen mit seiner voll entwickelten Adelsdemokratie, die Republik der Vereinigten Niederlande und die Schweizerischen Eidgenossenschaften.

Unter diesen Auspizien trat der Begriff »Absolutismus«, jetzt nicht selten auch in der quellennäheren, weil im 17. Jahrhundert schon auftauchenden Version »absolute Monarchie«, vor allem in Deutschland in der Sprache der Historiker einen bis ins 20. Jahrhundert hinein sich steigernden Siegeszug an. Noch ein im Jahr 1973 zusammengestellter Sammelband der Wissenschaftlichen Buchgesellschaft in der Reihe »Wege der Forschung« kündet von diesem erfolgreichen Prozess. Mit dem Blick auf eine inzwischen weitgehend kanonisierte Sichtweise der europäischen Staatengeschichte von den Religionskriegen bis zu Napoleon gewann der Begriff seine zentrale historiographische Position, und diese wäre gewiss heute noch unangefochten, hätten die Perspektiven der historischen Forschung und des historischen Erzählens, ja des historischen Verstehens und Erklärens als solche sich nicht verändert. Denn inzwischen hat sich die Geschichtswissenschaft von ihrer im 19. und frühen 20. Jahrhundert vorherrschenden Konzentration auf den Blick »von oben«, auf das Staatliche, ja Politische überhaupt gelöst und eine Fülle anderer historischer Wirklichkeiten in den Blick genommen und damit auch die Politikgeschichte in vielfacher Weise beeinflusst. Absolutismus, ob als Begriff für ein politisches System oder für eine ganze Epoche, musste sich nun angesichts einer Erkenntnislage bewähren, die auf eine weitaus vielfältigere historische Wirklichkeit verwies als noch im 19. und in der ersten Hälfte des 20. Jahrhunderts.

Jean Bodin und das Adjektiv »absolut«

War Absolutismus, so wie die Historiker den Begriff wissenschaftlich mehr als ein Jahrhundert lang verwandten und heute noch verwenden, kein historisch überkommener, den Quellen entnommener Begriff, so liegt die Sache mit dem Adjektiv »absolut« komplizierter. Es erscheint in einer für die weitere begriffsgeschichtliche Entwicklung bedeutsamen Weise zum ersten Mal in der Staatstheorie des französischen Juristen Jean Bodin (1529–1598). Dieser sprach in seinem 1576 auf Lateinisch und Französisch erschienenen Hauptwerk »De re publica libri sex« (Six livres de la république) von der *potestas absoluta* bzw. *puissance absolue* als einer staatsrechtlichen Qualifikation, die der von ihm theoretisch begründeten staatlichen Obergewalt, der »Souveränität«, zukomme. Als Souveränität wird dabei »die höchste, gegenüber Bürgern und Untertanen ausgeübte und von den Gesetzen *losgelöste* Gewalt« verstanden. (»Maiestas est summa in cives ac subditos legibusque *soluta* potestas«). Bodin ist aus diesem Satz der Ruhmeskranz geflochten worden, der erste bedeutende Theoretiker der »absoluten Monarchie«, ja des Absolutismus überhaupt gewesen zu sein, obwohl sein von Widersprüchen und Dunkelheiten nicht freies Werk dafür kaum Belege bietet. Ganz eindeutig ist dagegen, dass Bodin der erste europäische Theoretiker der staatsrechtlich überaus bedeutsamen Idee der »Souveränität« war, jener Idee mithin, dass es innerhalb eines Staates eine klar zu erkennende und zu definierende, legitime Obergewalt geben müsse, die, von Gott abgesehen, keiner anderen Gewalt – sei es im Inneren, sei es von außen – untergeordnet und auch nicht den von ihr selbst erlassenen positiven Gesetzen unterworfen sein dürfe. Mit Bodin brach sich mithin nicht in erster Linie die Theorie des *Absolutismus*, das heißt einer möglichst umfassenden Machtzusammenballung in der Hand des souveränen Staates, Bahn, sondern die Idee der *Souveränität* selbst, der »dem modernen Staat eigentümlichen, höchsten, nicht abgeleiteten, allumfassenden, unbeschränkten Hoheitsgewalt« nach innen und nach außen.

Doch wie so oft in der Geschichte – beide Vorstellungen wurden mit gleicher Intensität auf Bodin zurückgeführt und durchliefen von ihm aus ihre immer stärker voneinander unabhängige Wirkungsgeschichte. Fraglos hat Bodin mit seinem von humanistischer Bildung strotzenden, nicht immer leicht zu überblickenden Traktat von 1576 dazu beigetragen. Denn so sehr er sich bemühte, staatsrechtlich-systematisch und nicht historisch-politisch zu argumentieren, so wenig konnte und wollte er verbergen, dass er vor allem aus einem Grund schrieb: Er wollte der europäischen Staatenwelt, vor allem seinem eigenen Land und dessen Dynastie, in der Krise der religiösen Staaten- und Bürgerkriege den Weg zu einer Überwindung der Religionskrise weisen, indem er die Notwendigkeit einer starken, von innen wie von außen unbestrittenen Staatsgewalt nachwies. Und da auch der Staatsrechtler Bodin politisch dachte und handelte, hielt er nicht mit seiner Auffassung zurück, dass für die großen Territorialstaaten Europas die Monarchie die optimale Regierungsform und damit die gegebene Inhaberin der Souveränität sei. Von dort war es dann kein weiter Weg mehr zu der Einsicht, Bodin, der Theoretiker, ja »Erfinder« der Souveränität, sei auch der Wegweiser zu einem besonders starken, »absoluten« Fürstenregiment gewesen. Nicht erst die Historiker des 19. und 20. Jahrhunderts sahen das so, sondern auch manche Fürsten des 16. und 17. Jahrhunderts sowie ihre Ratgeber und Minister, die sich gern auf Bodin beriefen und ihn – neben anderen – zum Kronzeugen der »thèse royale«, einer starken Königs- oder starken Fürstengewalt erhoben.

Seit der Zeit Bodins, seit den religiösen Bürgerkriegen des ausgehenden 16. Jahrhunderts, wurde in Europa mit besonderer Intensität über die Zweckmäßigkeit und auch den moralischen Nutzen eines starken, »absoluten« Fürstenregiments diskutiert – und ebenso über die Gegenposition, ein durch kontrollierende Gesetze und Institutionen eingeschränktes fürstliches Regiment. Eine reiche Traktatliteratur, durch den Buchdruck in ihrer schnellen Verbreitung gefördert, nahm sich dieses Themas an, die entstehende Staats- und Politikwissenschaft, noch nicht als solche bezeichnet, aber doch schon weithin präsent, sorgte dafür, dass das Thema an den theologischen und juristischen Fakultäten der alten und neu entstehenden Universitäten behandelt wurde. Will man der Gefahr entgehen, all diese Autoren mit ihren facettenreichen Schriften durch eine allzu harte Trennungslinie anhand des Wortes »absolut« voneinander abzugrenzen, so bietet sich die Gegenüberstellung von Anhängern und Gegnern der »thèse royale« an. Bodin, in seiner Fürstenlehre keinesfalls ein harter und konsequenter »Absolutist«, neigte ohne Frage der »thèse royale« zu, viele jener Autoren hingegen, die für deutliche Begrenzungen der fürstlichen Gewalt eintraten und dabei auch solche Grenzen beschrieben, die Bodin als Verletzung des Prinzips der Souveränität empfinden musste, gehörten zu den Kritikern der »thèse royale«, ohne damit zugleich das Prinzip der Fürsten- bzw. Königsherrschaft grundsätzlich abzulehnen.

Die ständische Argumentation

Viele Gegner der Souveränitätslehre Bodins argumentierten »ständisch«. Sie hoben darauf ab, dass der territoriale Fürstenstaat der Neuzeit, dessen Konturen sich im Verlauf des 16. und beginnenden 17. Jahrhunderts immer deutlicher abzeichneten, ein Werk von Fürsten *und* Ständen sein müsse, wobei die Fürsten die herrschende Dynastie, die Stände aber »das Land« verträten bzw. das Land »seien«. Für die politische Opportunität dieser Haltung konnten sie auf die Verfassungsgeschichte seit dem 15. Jahrhundert verweisen. Überall in Europa hatten ständische Institutionen, von den Fürsten in ihren Konflikten mit inneren oder äußeren Gegnern nicht selten dringend benötigt und daher hofiert, ihren Beitrag zur staatlichen Entwicklung geleistet und dabei, häufig in enger Übereinstimmung mit den Fürsten, Konsensgepflogenheiten entwickelt, auf die sie jetzt nicht mehr verzichten wollten. Auch ein Autor wie Jean Bodin erkannte das an und hielt die Stände auch in »königlichen Monarchien« *(monarchies royales)*, wie er sein Staatsideal nannte, für ein wichtiges verfassungspolitisches Element, ohne ihnen allerdings Anteil an der Souveränität einzuräumen. Im Zeitalter der konfessionellen Auseinandersetzungen jedoch wurde die Konfrontation härter, gerieten die Konsenspraktiken außer Übung. In einem katholisch gebliebenen Land wie Frankreich zum Beispiel, das im Norden, Westen und Süden eine beachtliche protestantische Minderheit kannte, verband sich ständisches Gedankengut intensiv mit der calvinistischen Minderheitenkonfession, die im Hochadel besonders viele Anhänger hatte. Und als in diesem Land für einen kurzen historischen Augenblick, in der Zeit zwischen 1584 und 1593, ein protestantisches Königtum möglich und schließlich für wenige Jahre auch Wirklichkeit wurde, übernahmen die katholischen Gegner des Protestanten Heinrich IV. bereitwillig die ehemals von Hugenotten vertretenen ständischen Positionen, während sich ehemalige hugenottische Ständeautoren jetzt zu Anhängern der »thèse royale« wandelten. So kam es, dass sich im Zuge der intensivierten Staatsbildung im weiteren Verlauf des 17. Jahrhunderts immer häufiger Ständevertreter als Opponenten der »thèse royale« exponierten, so dass schließlich die Frage, ob ein Fürstenstaat mit einem hohen oder eher geringen Anteil ständischer Mitsprache regiert wurde, zu einem der zentralen Kriterien für die Bewertung der verfassungspolitischen Stellung eines solchen Staates wurde. Dabei wurde der Begriff »absolut« im Sinne Bodins nur gelegentlich eingesetzt. Den entscheidenden begriffsgeschichtlichen Schritt taten erst spätere Historiker; sie bezeichneten jene Fürstenherrschaften des 16., 17. und 18. Jahrhunderts, die das ständische Mitspracherecht, zum Beispiel in der Frage der Steuerbewilligung, leugneten, als »absolute« bzw. »absolutistische«. Dabei konnten sie sich formal nicht auf Bodin berufen, was sie gleichwohl immer wieder taten; denn für diesen bedeutete »puissance absolue« keinesfalls »von ständischer Mitsprache«, sondern eben »von den Gesetzen losgelöste« Gewalt. So wurden aus den gegenüber ihren Ständen selbstbewusst und konsequent auftretenden Fürsten des 17. und 18. Jahrhunderts bei den zeitgenössischen Anhängern der »thèse royale«, vor allem aber in der späteren Forschung allmählich die »absoluten« Monarchen, die schließlich einer ganzen Epoche – dem Zeitalter des Absolutismus – ihren Namen gaben.

Neben der Zurückdrängung des ständischen Einflusses waren diese Regime in den Augen der Historiker durch eine Reihe weiterer staatlicher Errungenschaften gekennzeichnet: durch den Aufbau eines auf die fürstliche Herrschaft hin orientierten Beamtentums, später »Bürokratie« genannt; durch den Ausbau eines staatlichen Heeres- und Militärwesens, schon im 17. Jahrhundert »stehendes Heer« *(miles perpetuus)* genannt; durch die Inauguration einer staatlich organisierten und kontrollierten Wirtschaftspolitik, später »Merkantilismus« oder »Kameralismus« genannt; schließlich durch die Begründung eines umfassenden, der Disziplinierung und Domestizierung des bis dahin äußerst unruhigen Adels dienenden Hofsystems. Mit der Anerkennung und Betonung dieser Entwicklungen als den zentralen, überall in Europa auszumachenden, je nach den Ressourcen des Landes nur quantitativ voneinander unterschiedenen Leistungen der europäischen Monarchien war das Bild fertig –

das Bild des europäischen Absolutismus, das bis in die vorletzte Generation unserer Schulbücher hinein Bestand hatte.

Neuansätze der Forschung

Diese Gesamtvorstellung vom Absolutismus oder von der »absoluten« Monarchie ist in den letzten drei Jahrzehnten durch eine breite Diskussion über Staat und Gesellschaft in der europäischen Frühen Neuzeit erheblich in Frage gestellt worden. Fünf Schwerpunkte der Neubewertung zeichnen sich ab:

Der »ständische« Forschungsansatz: Er nimmt die von den alteuropäischen Ständen immer wieder vorgebrachten Monita gegenüber ihren Landesherren ernst und verweist nicht nur auf die zahllosen politischen Auseinandersetzungen zwischen Fürsten und Ständen, die keinesfalls immer eindeutig zugunsten der Fürsten ausgegangen, sondern auch auf die tatsächlichen Einflusssphären ständischen Denkens und Handelns, die vom neuzeitlichen Fürstenstaat niemals wirklich entscheidend eingeschränkt worden seien. Dabei waren die Argumente niemals einheitlich und, leider, auch nicht immer eindeutig. War der tatsächliche, im Sinne einer festen Verfassungsordnung nachweisbare Einfluss von ständischen oder ständisch geprägten Institutionen auf die Machtausübung durch die Monarchie in der Zentrale gemeint, eine regelrechte ständische Mitregierung also, die zum Beispiel auch bei der Besetzung des Königsamtes, etwa in Gestalt einer formellen Königswahl, zum Ausdruck kam? Eine solche Form ständischer Mitwirkung hat es, vom auf Dauer »ständischen« Königreich Polen abgesehen, nur in den flächenmäßig kleineren Staaten, in Schweden, Dänemark, in manchen Territorien des Reichs gegeben, niemals aber in den großen Monarchien Spaniens und Frankreichs, auch nicht in Österreich oder in Brandenburg-Preußen. In Dänemark und Schweden suchte sich dieser Einfluss, da er nicht auf dem politischen Willen *aller* Stände, sondern nur auf dem des Hochadels beruhte, zudem nicht über die an sich »zuständige« ständische Versammlung, den Reichs*tag*, einen Weg in die Wirklichkeit, sondern über den Reichs*rat*, eine ursprünglich königliche Institution, die vom Adel gleichsam okkupiert worden war. Und es war in beiden Ländern der von den übrigen Ständen beherrschte Reichs*tag*, der schließlich eine Entscheidung für die Umwandlung der jeweiligen Wahlmonarchie in eine »absolute« trug – in Dänemark bis ins 19. Jahrhundert, in Schweden nur für wenige Jahrzehnte. Und selbst in England, wo mit den Revolutionen des 17. Jahrhunderts die hochwirksame Mitsprache einer Ständeversammlung zum Tragen kam, blieb der königlichen Prärogative, zum Beispiel in der Außen- und Militärpolitik, immer noch ein bedeutender Sektor alleiniger politischer Entscheidungsbildung vorbehalten. Versteht man ständische Mitwirkung in diesem hoch formalisierten Sinne, meint man damit gar, wie in einer bestimmten rechtsgeschichtlichen Tradition, einen förmlichen ständisch-fürstlichen »Dualismus«, so war er keinesfalls für ganz Europa und ganz gewiss nicht für jene Monarchien kennzeichnend, die wir als »absolute« bezeichnen.

Anderen Autoren der ständischen These ging es daher auch nicht um diesen formellen Aspekt, um das Konstrukt eines Dualismus. Sie sahen, wie etwa Dietrich Gerhard, ständische Wirksamkeit auch dort gegeben, wo sie nicht in der Tätigkeit einer zentralen ständischen Institution, gleichsam in der institutionellen Konkurrenz zur Landesherrschaft, zum Ausdruck kam. Ihr Ausgangspunkt ist vielmehr die Einsicht, dass die alteuropäischen Monarchien, sozial gesehen, keine weit über die »Beherrschten« hinausgehobenen Institutionen waren, sondern – in dieser Hinsicht war nur Russland anders – als Staatsspitze über einer differenzierten ständischen Gesellschaft standen, die ihre Einflussmöglichkeiten keinesfalls nur über eine zentrale Ständeversammlung, sondern auf vielfältigen anderen Wegen zur Geltung bringen konnte: über formelle Versammlungen der Stände einzelner Provinzen, über ständische Ausschüsse, über Einflüsse auf königliche Institutionen wie Räte, Gerichte, Kammern und, nicht zuletzt, auf den Hof, über Patronage- und Klientelbeziehungen und über andere Einrichtungen mehr. Dementsprechend ging es dieser Forschungsrichtung auch nicht eigentlich um eine Absage an den Begriff des Absolutismus, sondern um die Veränderung unseres Bildes vom Absolutismus, um die Erweiterung jenes Blicks, der bis dahin so oft an den Machtzentralen und ihren Handlungsträgern hängen geblieben war.

Der »regionalistische« Forschungsansatz: Er hat viel Gemeinsames mit dem ständischen Ansatz, er beschränkt sich aber nicht auf das verfassungs- oder sozialgeschichtliche Argument einer Partizipation der Stände, sondern stellt die mehr oder minder deutliche Voraussetzung der älteren Absolutismusforschung in Frage, Absolutismus sei immer auch mit einem intensiven Zentralismus verbunden gewesen. Weit mehr, als der Blick von oben und von der Zentrale aus zu erkennen erlaube, sei im Zeitalter des Absolutismus der Regionalismus der Eliten wirksam gewesen, selbst die zahllosen landesherrlichen Amtsträger hätten über ihre dichten Beziehungen zu den regionalen Eliten dazu beigetragen, dass der Absolutismus in den Provinzen zumindest der großen Staaten nicht hätte »nach unten« durchgreifen können. Wenn zum Beispiel französische Intendanten des 18. Jahrhunderts in den südlichen Provinzen Frankreichs zunehmend mit den lokalen und regionalen Eliten kooperierten – etwa beim Straßen- und Städtebau, bei der Armenversorgung oder bei der ökonomischen Entwicklung der Provinz –, dann bedeutete das nicht nur, dass damit der Wille der Zentrale in der Provinz respektiert wurde. Umgekehrt wurde daraus in vielen Fällen eine Einflussmöglichkeit der regionalen Eliten auf Entscheidungsprozesse der Zentrale. Nicht immer ging das ohne Konflikte ab, doch zumindest im 18. Jahrhundert scheint eine Kooperation zwischen dieser klassischen Institution der Zentralverwaltung und den Provinzen weit mehr stattgefunden zu haben als ein Jahrhundert zuvor, als sie im Konflikt durchgesetzt wurde. Besonders wichtig für diesen Forschungsansatz und seinen Erfolg war die Tatsache, dass es »Regionen« und »Regionalismen« naturgemäß vor allem in den großen Flächenstaaten wie Frankreich und Spanien und in den territorial zusammengesetzten Gebilden wie Österreich-Böhmen-Ungarn und Brandenburg-Preußen gab, die gerade in der Entwicklung unserer Vorstellung von Absolutismus eine besondere Rolle gespielt haben.

Der »rechtsgeschichtliche« Forschungsansatz: Er stellt gegenüber einer allzu sehr auf die Macht des Herrschers und die Zentralisierung zielenden Thesenbildung die Rechtsförmigkeit der alteuropäischen Staaten und Gesellschaften heraus, die Kontinuität und Wirksamkeit rechtlicher Institutionen und Verfahren mithin, die es auch unter dem Absolutismus gegeben habe und die es den Untertanen absoluter Monarchen in der Regel erlaubt hätten, sich gegen Eingriffe der absoluten Monarchen in ihre überkommenen Rechtsbestände zur Wehr zu setzen. Auch die Herrschaftsausübung der Monarchen sei im Wesentlichen rechtsförmig verlaufen, wofür Rechtsformen wie die Hausgesetze, Erbfolgeordnungen, Huldigungen, Wahlkapitulationen, Königskrönungen und -weihen und andere als Beweis dienten. Nicht zuletzt Jean Bodin, so diese Forschungsrichtung, der Kronzeuge des Absolutismus, sei in vielen Partien seiner »République« Anhänger dieser alteuropäischen Rechtstradition gewesen, die auch die Monarchie einband in ein umfassendes, über jedem Monarchen stehendes Rechtsdenken. Denn Bodin hatte ja nicht gelehrt, der Fürst stehe »über dem Recht«, sondern lediglich »über den Gesetzen.« Extremer Protagonist dieser Forschungsrichtung in Deutschland ist Günter Barudio mit seiner eigenwilligen Absolutismusdarstellung im Rahmen der Fischer Weltgeschichte. Allerdings überzieht Barudio seinen im Prinzip gelungenen, anti-etatistischen Ansatz derart, dass Geschichte kaum mehr »Macht«, nur noch »Recht« und der tatsächliche Gang der Geschichte nur noch ein einziger Verlauf von Rechts- und Verfassungsakten zu sein scheint.

Der »finanzgeschichtliche« Forschungsansatz: Er stellt die komplexeste und zugleich wirksamste Infragestellung des bisherigen Absolutismusbildes dar und steht mit den vorangehenden drei Argumenten in enger Beziehung. Der frühneuzeitliche Fürstenstaat, den wir als »absolute Monarchie« zu bezeichnen uns angewöhnt haben, ruhte auf drei wesentlichen Säulen – dem Hof, dem Beamtentum und dem Heer- bzw. Kriegswesen. Alle drei Elemente waren derart hohe Kostenfaktoren, dass kein Fürst in der Lage war, sie aus den ihm nach der spätmittelalterlichen Rechtsauffassung zustehenden Einkünften (Domanialgut, Regalien) zu bestreiten. Jeder Fürst, der an einer Verteidigung, Befestigung und oder gar einem territorialen Ausbau seiner Herrschaftsgewalt interessiert war, musste daher auf andere Ressourcen zurückgreifen – auf die Vermögen seiner Untertanen und die ausländischer Geldgeber. An beide kam er, das war einhellige Rechtsauffassung und weithin respektierter Rechtstatbestand, auf keinem anderen Weg als und dem der vertraglichen Abmachung mit ihren Besitzern, sprich: der Anleihe, und dem der Besteuerung heran. So wurde der frühneuzeitliche Fürstenstaat zum Verschuldungs- und später auch zum Steuerstaat. Steuern und Anleihen jedoch brachten jeden Fürsten, er mochte sich so »absolut« gebärden, wie er wollte, in Abhängigkeit von jenen Personen, Familien, Gruppen, Institutionen im In- und Ausland, die bereit und in der Lage waren, Steuern zu zahlen bzw. Anleihen zu zeichnen. Gewiss konnte im Steuerwesen manches mit Zwang und Gewalt erreicht werden. Die Geschichte spätmittelalterlicher und frühneuzeitlicher Volksaufstände, die zumeist auch Steuerunruhen waren, zeigt jedoch, dass die Grenzen hier eng gezogen waren und eine unablässig auf direkte Besteuerung der nicht-privilegierten Schichten zielende Politik auf Dauer wenig erfolgreich war. Jene historische Monarchie, die dieses Mittel in einer für die europäischen Maßstäbe bis dahin unvorstellbaren Weise angewandt hatte – die französische vor und während des Dreißigjährigen Kriegs – hatte diese Erfahrung in reichem Maße machen müssen. Und dass es gefährlich war und viel Vertrauen kostete, wenn Fürsten ihre Anleihen nicht angemessen verzinsten oder pünktlich zurückzahlten, dafür hält die Geschichte von Münzverschlechterungen und Staatsbankrotten in der Frühen Neuzeit in vielen Staaten anschauliche Beispiele bereit.

So schränkte das Finanzierungsproblem all jene Fürsten ein, die vielleicht einen massiven »Befreiungsschlag« ihres Regiments in Richtung auf eine Stärkung der monarchischen Gewalt im Sinne der »thèse royale« planten und von der Realität daran immer wieder gehindert wurden. Die absolute Monarchie par excellence der älteren Forschung, das Regiment Ludwigs XIV., liefert eine Fülle von Belegen für die These, dass dieser König immer bereit war, im Interesse seiner aufwändigen, europaweiten Unternehmungen und des kostspieligen Ausbaus seines Hofsystems auf die Durchsetzung rigider Absolutheitsansprüche zu verzichten, vor allem in den Jahrzehnten dauerhaften Kriegs. Das Regierungssystem des Sonnenkönigs war trotz aller herrscherlichen Abgehobenheit ein durch Patronage, Klientelbeziehungen und Gläubigermacht »gebremstes« System, in dem weder für einen konsequenten Zentralismus noch für eine perfekt funktionierende Bürokratie, noch gar für eine rigide Autokratie Platz war.

Der Kontinuitätsansatz: Es waren vor allem angelsächsische Historiker, die in den letzten Jahren, in erster Linie auf Frankreich blickend, auf diesen Aspekt der vertikalen Verflechtungen zwischen Königtum, königlichem Finanzsystem und »Eliten« hingewiesen haben – Verflechtungen, die die Vorstellung eines rigorosen Durchgreifens des Absolutismus von oben bis nach ganz unten in ihren Augen als reines Konstrukt erscheinen lassen. Und mehr und anders als zum Beispiel deutsche und auch französische Historiker, die dies gleichsam auf die Beharrungskraft »nichtabsolutistischer« Elemente im Absolutismus zurückführen, betonen die angelsächsischen Historiker die Kontinuität – nicht so sehr von abstrakten Institutionen und Rechtstraditionen, sondern von konkreten Herrschaftspraktiken und Partizipationsgewohnheiten, derer sich das französische Königtum seit dem hohen Mittelalter stets zu seinem Vorteil bedient habe. Der absolute König des 17. Jahrhunderts habe ebenso wie die Renaissancemonarchie oder die Könige des späten Mittelalters auf »consent« und »cooperation« gesetzt. Zwar wird die Bedeutung neuer, zentralstaatlicher Institutionen (zum Beispiel der Intendantur im 17. Jahrhundert) nicht geleugnet, zwar wird nicht übersehen, dass eine Gestalt wie Richelieu mit ihrer massiven Betonung der Staatsräson und ihren harschen Reaktionen gegenüber dem alten Adel in der Krisensituation des früheren 17. Jahrhunderts herausragt aus der an sich gegebenen Kontinuität von »Kooperation«, doch wird davon nicht die gesamte Interpretation der Epoche, insbesondere nicht des Zeitalters Ludwigs XIV., abhängig gemacht. Mehr als andere lassen sich die angelsächsischen Historiker bei der Betrachtung der europäischen Monarchien von der – sehr englischen – Vorstellung einer Kontinuität der königlichen »Prärogative«

leiten, der unbestrittenen Vorrangstellung des Monarchen auf klar umrissenen Herrschaftsfeldern, die nicht erst im Zeitalter des Absolutismus praktiziert wurde, sondern schon die großen Renaissancemonarchien des 15. und 16. Jahrhunderts kennzeichnete.

Wie kann angesichts dieser Forschungslage eine Geschichte der »Epoche des Absolutismus« aussehen? Kann der Begriff ersetzt werden, sollte an seine Stelle ein beweglicherer, stärker beschreibender und daher blasserer wie zum Beispiel »frühneuzeitlicher Fürstenstaat« treten? Das vorliegende Buch, das sich einer Revision des älteren Absolutismusbildes verpflichtet fühlt, stellt einen Versuch in dieser Richtung dar. Zwar leugnet er nicht, dass im Verlauf der europäischen Staatengeschichte seit den Religionskriegen eine neue Etappe im europäischen Staatsbildungsprozess einsetzte, die auch in der Philosophie und Kultur, im politischen Denken und dem Mentalitätswandel der Eliten ihren Ausdruck fand. Er leugnet aber wohl den radikalen Epochencharakter dieser Entwicklung und auch ihre zumindest in Deutschland eingeführte Periodisierung. Das Jahr des Westfälischen Friedens als Beginn einer »Epoche des Absolutismus« anzusetzen, ergibt weder aus deutscher noch gar aus europäischer Sicht einen Sinn. Im Jahr 1648 gehörten die beiden bedeutendsten »absolutistischen« Regime des 17. Jahrhunderts innerhalb des Reichsverbands – das Kaiser Ferdinands II. für seine Erbländer und Maximilians I. von Bayern – bereits der Vergangenheit an; das damals »moderne« Spanien, eine Schöpfung Philipps II. (1556–1598), war in vollem Niedergang begriffen; auch England hatte den Versuch der Stuarts, die königliche Prärogative über das bis dahin akzeptierte Maß hinaus auszudehnen, bereits auf revolutionärem Weg abgewehrt; Frankreich schließlich erlebte um 1648 mit der Episode der Fronde eine erste heftige Reaktion auf die Politik Richelieus und Ludwigs XIII., der selbst die begrifflich vorsichtigen englischen Historiker die Qualifikation »absolutistisch« nicht absprechen.

Statt dessen soll der europäische Fürstenstaat, der seit dem späten 16. Jahrhundert eine alle anderen Staatsformen dominierende Gestalt gewann, in den weiteren zeitlichen

Horizont eingeordnet werden, in den er gehört und in dem sein Gewicht zugleich relativiert wird – in den langandauernden Prozess europäischer Staats- und Nationenbildung, der nicht erst im 17. Jahrhundert begann und nicht schon zu Beginn des 19. Jahrhunderts endete. Er setzte vielmehr im hohen und späteren Mittelalter ein und zog sich bis in das späte 19. Jahrhundert hin. Wollten wir ihn graphisch veranschaulichen, so wäre die stetig ansteigende Gerade ein denkbar ungeeignetes Symbol: Der Prozess verlief nicht stetig, sondern in langen Wellen des Auf- und Abschwungs, die zu jenen des säkularen Wirtschaftsgeschehens in eine Parallele zu setzen gewiss ein interessantes Unterfangen wäre. Immer wieder sind Ergebnisse des Staatsbildungsprozesses, die zu einem bestimmten Zeitpunkt als gesichert gelten konnten, in der Folgezeit wieder in Frage gestellt und sogar zurückgenommen worden – nicht in ihrer Totalität freilich, so dass es nachher niemals wieder so wurde, wie es vorher gewesen war.

Bibliographische Hinweise

Zur Entfaltung des Gedankengangs in dieser Einleitung habe ich mich auf die theoretisch orientierte Literatur der neueren Absolutismusforschung gestützt – von den relevanten Sammelbänden von Hubatsch (1973), von Aretin (1974), Oestreich (1968, 1969) und E. Hinrichs (1986) über P. Anderson (1979) bis hin zu der im Zusammenhang mit Henshall (1993) neu begonnenen Debatte, die unter anderem bei Duchhardt (1994) und Asch/Duchhardt (1996) dokumentiert wird. Dass im Prinzip alle größeren Gesamtdarstellungen zur europäischen und deutschen Geschichte der Frühen Neuzeit, so etwa Vierhaus (1978, 1984, 1987), Schilling (1988, 1989), Bonney (1991) und andere, intensive Auseinandersetzungen mit dem Absolutismusproblem enthalten, braucht hier nur am Rande betont zu werden. Zu Begriff und Periodisierung vgl. auch Blänkner (1992) und Kunisch (1986). Die inzwischen schon als etwas älter zu bezeichnende Ständeforschung, die Mitte der sechziger Jahre des 20. Jahrhunderts einsetzte, wird bei Gerhard (1969, 1977) gut dokumentiert. Über die zum Abschluss dieser Einleitung besprochenen Neuansätze der Absolutismusinterpretation liegen sehr detaillierte Literaturhinweise in den Anmerkungen zu den einzelnen Kapiteln von Henshall (1993) vor. Besondere Erwähnung verdient noch, dass Horst Dreitzel aus der Perspektive der frühneuzeitlichen deutschen politischen Theorie, freilich den paradigmatischen Gegensatz zu Frankreich zu stark betonend, zu einer Relativierung der Absolutismusbegrifflichkeit gekommen ist. Vgl. vor allem Dreitzel (1992).

II. Der frühneuzeitliche Fürstenstaat in seiner Epoche

1. Spätmittelalter und 16. Jahrhundert

Es war kein Zufall, dass der intensive Staatsbildungsprozess, den Peter Moraw mit Blick auf Deutschland in das schöne Bild »von offener Verfassung zu gestalteter Verdichtung« gefasst hat, im Heiligen Römischen Reich um 1470, also zu einem Zeitpunkt einsetzte, als die lange wirtschaftliche Depression seit etwa 1350 sich in einen langsamen und stetigen Aufschwung umzukehren begann. Die langen Wellen der europäischen Wirtschaftskonjunkturen vom Mittelalter bis ins 19. Jahrhundert hinein folgten, cum grano salis, den Nachfrageimpulsen, die von der Bevölkerungsentwicklung ausgingen. Obwohl die Pest noch regelmäßig in Europa wütete, begann die europäische Bevölkerung zwischen 1470 und 1500 wieder zu wachsen, und mit ihnen all jene wirtschaftlichen Tätigkeiten, die sich um die Produktion der Grundnahrungsmittel drehten. Die Staaten, ob nun in Gestalt ausgedehnter Territorien, ob in der eines kleinen, kompetenten Stadtstaates, profitierten von dieser Entwicklung, wenn auch, wie Wirtschaftshistoriker des späten Mittelalters nachgewiesen haben, in gehörigem zeitlichen Abstand. Ihre Budgets wuchsen an, ihre Chancen, über Einkünfte aus Domänen und Regalien, aus Zöllen und Abgaben, aus direkten und indirekten Steuern allmählich an der günstigen Konjunktur teilzunehmen, bestimmten auch ihre politischen Handlungsspielräume. Wenn es sich um Stadtstaaten, vor allem in Oberitalien, handelte, konnten sie mit Erscheinungsformen der Konjunktur schon sehr gut umgehen, denn dieser Staatstyp war seit langem eng mit dem wirtschaftlichen Geschehen verbunden und wusste es durch genaue Direktiven für seine Kaufleute zu beeinflussen. Es ist daher kein Zufall, dass Staaten wie Venedig, Florenz oder Mailand von der spätmittelalterlichen Depression, die eine Agrarkrise war und den Handel nur insoweit betraf, als dieser sich auf Massennahrungsmittel bezog, nicht annähernd so stark mitgenommen wurden wie andere Staaten. Die großen territorialen Flächenstaaten verstanden im Vergleich dazu sehr wenig von Wirtschaft und betrieben keinerlei Wirtschaftspolitik. Sie mussten dies im Verlauf der folgenden Jahrhunderte erst mühsam von den Stadtstaaten lernen und sahen sich daher in der Regel sehr unvermittelt vor die Auswirkungen der krisenhaften Ab- und Aufschwünge in Landwirtschaft, Handel und Gewerbe gestellt.

Die Situation seit der Mitte des 15. Jahrhunderts

Wirtschaftliche Entwicklungen waren nicht die einzigen, vielleicht nicht einmal die wichtigsten Komponenten für den Beginn des Verdichtungsprozesses der europäischen Staatsbildung im 15. Jahrhundert. Was die großen territorialen Flächenstaaten des Westens anging, so standen sie im späten 15. Jahrhundert – in einer Zeit mithin, als auch im »dualistischen« Reich dank erfolgreicher Reformen ein Konsens über neue politische Ordnungselemente gefunden wurde – vor einer ganz neuen Erfahrung innerer und äußerer Handlungsfähigkeit. Der hundertjährige Krieg war beendet, und erst jetzt wurde deutlich, was in Zukunft das Territorium Frankreich, was England sein würde. Als danach die inneren »Rosenkriege« in England nach verhältnismäßig kurzer Zeit ein Ende fanden, war dort das Terrain für die Tudordynastie und ihren frühneuzeitlichen Aufschwung bereitet. In Frankreich, wo sich im Norden und Osten die spätmittelalterliche Staatsbildung Burgunds zu bedrohlicher Konkurrenz entwickelt hatte, konnte Ludwig XI. durch militärisches Vorgehen und durch raffiniertes Taktieren das Feld zumindest so weit klären, dass das »französische« Burgund dauerhaft zu Frankreich kam. Zugleich wies sein hartes Regiment dem französischen Königtum und der Valois-Dynastie einen Weg in eine Zukunft, ein Regiment, das Mittelalterhistoriker zumindest im Sinne einer Metapher gern als »absolutistisch« bezeichnen: Ludwig XI. und seine Epoche dienten den geschichtsbewussten französischen Königen des Barockzeitalters nicht zufällig als Belegfeld für die »thèse royale« im Diskurs über die Spielräume königlichen Handelns. Schon jetzt jedenfalls wurde Frankreich, wie es die Mediävisten gern formulieren, zu einem »Königsstaat« *(Etat monarchique)*.

Doch interessant ist in diesem Zusammenhang vor allem Spanien: Seit dem mittelalterlichen Kaisertum Spaniens hatte es auf der iberischen Halbinsel keine wesentliche Zusammenfügung der staatlichen Kräfte mehr gegeben. Die Königreiche Kastilien und Aragon (in anderer Weise auch Portugal) hatten bis in die sechziger Jahre des 15. Jahrhunderts hinein nebeneinanderher gelebt und dabei ihren Ständen nahezu volle Freiheit in der Nutzung ihrer Privilegien gelassen, Justiz und Verwaltung in die Stagnation geführt und die Masse der nicht privilegierten Bevölkerungen dem ausbeuterischen Zugriff ihrer Herren ausgeliefert. Im Jahr 1469 wurden die Thronfolger beider Reiche miteinander vermählt – Isabella von Kastilien, die Schwester des regierenden Königs Heinrich IV., und Ferdinand von Aragon, ihr Vetter, der für den sizilianischen Teil des aragonesischen Reichs schon seit 1458 König war. Dies war eine bedeutsame Epoche in der Geschichte der Halbinsel, denn mit der Eheschließung wurde, auch wenn Isabella und ihre Ratgeber eifersüchtig darauf achteten, dass sie nur eine Personalunion und nicht eine territoriale Vereinigung zur Folge hatte, zum ersten Mal wieder gesamtspanische Politik möglich. Und es war unstreitig spanische, nicht kastilische oder aragonesische Politik, was folgte: die Abwehr portugiesischer Thronansprüche auf Kastilien nach dem Tod Heinrichs IV. (1474), die Vertreibung der Mauren aus Andalusien (»Reconquista« 1481–1492) und damit die Wiedereroberung des Königreichs Granada und seine Integration in das kastilische Reich und schließlich auch die Entsendung des Kolumbus auf dem Seeweg nach Indien (1492), die mit der Entdeckung Amerikas endete.

Und auch ein Blick auf den Norden muss getan werden, um den Kranz jener Länder abzuschreiten, in denen, außer im Reich, im Verlauf der nächsten zwei Jahrhunderte ab-

2 Das zu Stein gewordene Bild einer großen, zukunftsträchtigen Verbindung zweier stolzer Menschen. Isabella von Kastilien und Ferdinand von Aragon, »neue« Monarchen in reinster Ausprägung und im Jahr 1469 ehelich miteinander verbunden, schmücken die Fassade der Universität von Salamanca. Der Ehebund besiegelt den Bund der Staaten, aus der Halbinsel der voneinander getrennten iberischen Reiche beginnt allmählich Spanien zu werden. Die griechische Umschrift des Medaillons besagt: »Die Könige der Universität und die Universität den Königen«.

solute Monarchien entstehen sollten bzw. der Versuch dazu unternommen werden würde: Auch im Norden Europas war das 15. Jahrhundert eine Epoche stetiger staatlicher Konzentration, die hier ganz deutlich von einer Macht, von Dänemark, bestimmt wurde. Unter der tatkräftigen Führung des dänischen Königtums hatte sich 1397 die Kalmarer Union zwischen Dänemark, Norwegen und Schweden zusammengefunden – ein bedeutender Versuch zur Stabilisierung der seit Jahrhunderten extrem konfliktreichen Verhältnisse in Skandinavien, dem gleichwohl nur ein wenig mehr als hundertjähriger Erfolg beschieden war. Dänemark nutzte unter Margarete (1387–1412) und Erich dem Pommern (1412–1439) die Union, um den verhassten Gegner im baltischen Raum, die Hanse, mit Hilfe der konkurrierenden Holländer auszuschalten. Schweden bewahrte im Inneren sein fundamentales Misstrauen gegenüber dem dänischen Übergewicht in der Union, und sowohl hier als auch in Dänemark zeigten sich in der Unionszeit die hochadeligen Reichsräte als kompromisslose Gegner einer Stärkung der Königsgewalt und unterminierten die Union fortgesetzt in diesem Sinne. Als das Bündnis 1523 zerbrach, lief alles wieder auf die einzelstaatliche Entwicklung hinaus, die nun für eine lange Zeit von den kompetenter gewordenen, vom hohen Adel beherrschten Reichsräten, nicht etwa den Reichstagen, geprägt wurde.

Verdichtungen

Geben uns die vorangehenden Bemerkungen erste Hinweise auf »Verdichtungen« im 15. Jahrhundert und ihre Protagonisten in verschiedenen europäischen Ländern, so ist es nun vonnöten, auf einige dahinter stehende Faktoren zu blicken, die erst verständlich machen, warum diese Erfolge eintreten konnten. In der Verfassungsgeschichte wurde früher gern mit der Vorstellung »vom Personenverbandsstaat zum institutionellen Flächenstaat« operiert, um die angedeuteten Prozesse, die im späteren 15. Jahrhundert ihren Abschluss fanden, begrifflich zu fassen. So problematisch es auch erscheinen mag, einen für alle Länder geltenden, gleichsam nach einem Schema und wie selbstverständlich ablaufenden Prozess anzusetzen, so plausibel erscheint die Formel doch insgesamt auch heute noch: Wichtig wurde die Tatsache, dass Herrschaftsgewalt »territorialisiert« wurde, dass für die Verwaltung eines Gebiets nicht mehr primär das persönliche Treueverhältnis zwischen Herrn und Vasallen, sondern ständige Institutionen in der Justiz- und Finanzverwaltung mit einem festen Beamtentum eine Rolle spielten oder zumindest zu spielen begannen. Für die Zukunft der europäischen Staaten brachte das genug Probleme mit sich, da kein Staat wirklich in der Lage war, das wachsende Heer von Beamten zu versorgen; zunächst jedoch bedeutete das gegenüber der Vergangenheit einen unbestreitbaren Kompetenzgewinn der königlichen Verwaltungen. Und da die großen Monarchien in ihrer Auseinandersetzung mit den früheren Trägern von Verwaltungsfunktionen, mit dem Adel und seinem Drang zur herrschaftlichen Eigenberechtigung und Selbstherrlichkeit, sich dieses modernen Mittels besonders intensiv bedienten, erweckte ihre Herrschaft bei der Masse der Beherrschten durchaus den Eindruck einer gewissen Modernität und eines Freiheitsgewinns im Vergleich zu den vorigen, den feudalen Zeiten.

Begünstigt wurde dieser Prozess der »Werbung« für eine neue Herrschaftsform und Staatsidee im 15. Jahrhundert durch günstige personale und dynastische Konstellationen. Es ist auffällig, dass alle genannten Staaten in der zweiten Hälfte des Jahrhunderts über tatkräftige, fähige Herrscherpersönlichkeiten verfügten. Ob Ludwig XI., der zwar niemals beliebt, aber außerordentlich geschickt und, hinsichtlich seiner Interessen, von politischem Weitblick war; ob das spanische Königspaar, das in sich in einer Art »Arbeitsteilung« sowohl politische Geschicklichkeit und Handlungsfähigkeit (Ferdinand) als auch rigide Glaubensstrenge und gleichwohl Popularität (Isabella) vereinigte; ob Heinrich VII. von England, der Begründer der glanzvollen dynastischen Tradition der Tudors; ob – schon am Ende des vorigen und zu Beginn des 15. Jahrhunderts – Margarete von Dänemark und ihr Nachfolger Erich der Pommer – Mittel-, West- und Nordeuropa erlebte in ihnen allen zum ersten Mal seit langem wieder so etwas wie Kompetenz auf seinen Thronen. Auch

Kaiser Maximilian I. lässt sich in diesen Kranz einordnen, fügten sich unter ihm doch erfolgreiche österreichische Heirats- und Hausmachtpolitik und Reform des Reichs für einige Zeit zu einer relativ gelungenen Einheit.

Der dynastische Fürstenstaat

Vor längerer Zeit haben angelsächsische Historiker für diese auffällige Erscheinung erfolgreicher monarchischer Herrschaften den zusammenfassenden Begriff der »New Monarchies« entwickelt, der sich freilich nicht wirklich durchgesetzt hat. Er bezog sich nicht nur auf das späte Mittelalter, sondern umschloss gleichermaßen die großen Renaissancefürsten des 16. Jahrhunderts in ganz Europa, das heißt also all jene lang dauernden Königsherrschaften und dynastischen Kontinuitäten zwischen der Krise des Spätmittelalters und der Krise der Konfessionalisierung, die Europa und seiner überkommenen Völkerfamilie nach dem Ende der großen, universalistischen Konzeptionen des Mittelalters ein erstes Mal die Vorstellung einer auf einer ganzen Reihe von Staaten beruhenden Stabilität vor Augen führten. Inzwischen wird über vergleichende Aspekte dieser Epoche nur noch wenig diskutiert, doch haben sich zwei Begriffe, die uns die Möglichkeit der Zusammenfassung und des Überblicks geben, in der Literatur gehalten: »Renaissancemonarchie« und »Dynastischer Staat«. Der erste ist vor allem ein Epochenbegriff, der die neue Stärke einiger monarchischer Staaten in Europa in der Zeit zwischen der Mitte des 15. und der Mitte des 16. Jahrhunderts umschreibt. Er trägt der Tatsache Rechnung, dass Königsherrschaft einherging mit einer intensiven Förderung der Renaissancekunst, in der sich das Menschenbild der Renaissance zu realisieren schien. Der zweite Begriff ist aus anderem Grunde wichtig und vielleicht noch bedeutsamer. Er ist allgemein, umfasst im Grunde die Gesamtepoche monarchischer Stärke in Europa zwischen dem 15. und 18. Jahrhundert und belegt recht anschaulich, warum dieser Staat funktionierte: Nicht nur der einzelne Herrscher zählte, sosehr er auch während seiner Regierungszeit im Zentrum stand, sondern der Besitz, die Ansprüche und die Kontinuität der Familie und damit auch das dauernde Streben nach ihrer Sicherung und ihrem Überleben - sei es durch Krieg und Eroberung, sei es durch Heiraten, Bündnisse, Erbschaften. Jene europäischen Staaten, die sich im Renaissancezeitalter endgültig an die monarchische Regierung als die ihnen gemäße gewöhnten - noch einmal sei betont, dass dies bei weitem nicht alle Staaten waren - handelten sich damit in der Regel auch den dynastischen Faktor als Element der Stabilität, nicht selten freilich auch als Problem ein. Die Namen der großen Herrscherdynastien - Habsburg, Valois, Bourbon, Tudor, Stuart, Jagiello, Vasa, Oldenburg, Rurik, Romanow, Gottorf, Wittelsbach, Wettin, Hohenzollern - gehörten fortan zur europäischen Geschichte wie die der einzelnen Länder und Territorien, über die sie herrschten, um die sie kämpften, die sie gewannen, verloren, wieder gewannen.

Dabei bedeutete dynastischer Staat und dynastische Herrschaft nicht immer und nicht unbedingt, dass sich in jedem Staat schon eine dynastische Erbfolge durchgesetzt hatte; dies war im Spätmittelalter eigentlich nur in Frankreich der Fall, woraus die dortige Monarchie eine ungeahnte Stärke und der französische Staat in der Konkurrenz mit den anderen einen beträchtlichen Vorteil zog. Die übrigen Dynastien, wenn sie macht- und herrschaftsbewusst waren, bemühten sich um solche die Erbfolge von den Zufällen einer Wahl lösenden »Hausordnungen«, und erreichten das, wenn überhaupt, zu sehr unterschiedlichen Zeiten. Doch eine Dynastie konnte ihr Gewicht auch entfalten, wenn, wie im Fall Polens oder des Kaisertums im Reich, der König von den Ständen bzw. einem ständischen Gremium wie den Kurfürsten gewählt wurde, weil ihr Kandidat auch bei der Wahl in der Regel ein Übergewicht hatte.

Beamte

Der moderne Staat war (und ist), nicht anders als seine antiken Vorläufer, nicht zuletzt durch ein Heer von Beamten gekennzeichnet. Der dynastische Fürstenstaat des späten 15. und des 16. Jahrhunderts sorgte für den ersten großen Einstellungsschub in der europäischen Geschichte, den wir mit ein wenig Mut zu begrifflichem Anachronismus auch als erste Bürokratisierungswelle bezeichnen können. Aus der Geschichte des Heiligen Römischen Reichs sind uns vor allem die standes-, rechts- und verwaltungsgeschichtlichen Umrisse dieser Entwicklung vertraut. Seit der zweiten Hälfte des 15. Jahrhunderts betritt der juristisch geschulte, an Universitäten ausgebildete Fachmann die Bühne – Kenner des römischen Rechts, Diener eines Fürsten, Fürstbischofs oder eines Stadtmagistrats, kompetent in Fragen der Rechtsprechung, des Finanzwesens und der Kanzleipraxis, in der Regel Absolvent einer auf Reichsterritorium und nicht mehr unbedingt im Ausland liegenden Universität: Zwischen 1454 und 1506 wurden im Reich nicht weniger als neun neue Universitäten gegründet, im Verlauf des 16. Jahrhunderts kamen, niederländische Gründungen nicht mitgezählt, neun weitere hinzu. Die Absolventen der juristischen Fakultäten dieser Hochschulen fanden sich in den nun entstehenden staatlichen Kollegien und Kanzleien wieder, und je mehr die Staaten an Kompetenz und Handlungsfähigkeit gewannen, um so mehr bedurften sie des juristisch-fachlichen Wissens dieser »neuen« Leute, die nicht generell, aber in aller Regel dem Bürgertum entstammten und insofern, verglichen mit den Amtsträgern früherer Zeiten, »niedriger« Herkunft waren.

In anderen Ländern sind weniger die standes-, als vielmehr die sozialgeschichtlichen Auswirkungen dieser revolutionären Entwicklung erforscht worden. Der spanische *letrardo*, der die Rechte *(letras legales)* studiert hatte, ist in gewisser Weise der Keim eines ganzen neuen Standes – und eines neuen Problems, denn seine Vermehrung wurde im Zeitalter Isabelas von Kastiliens und Ferdinands von Aragon derart gefördert, dass daraus schon bald ein soziales Problem entstand. Nicht alle *letrardos* kamen zu Ansehen und zu einer dauerhaften Position, und an den Universitäten Spaniens drängelten sich im 16. Jahrhundert so viele Studenten der Rechte, dass wir geradezu von einer Krise dieser Universitäten sprechen können. Für Spanien – seit der Herrschaft der katholischen Majestäten ein großes Reich nicht nur auf der iberischen, sondern auch auf der Appeninhalbinsel und nach 1500 in der Neuen Welt – ist auch der

Vorgang der sozialen Entwurzelung dieser Beamten nachgewiesen. Durch das ganze »unmögliche Riesenreich« (Pierre Chaunu) führte der Lebensweg manch eines königlichen Amtsträgers, und nicht immer standen, wie bei dem aus Besançon stammenden Kardinal Granvella, der zum ersten Minister Kaiser Karls V. aufstieg, Erfolg und eine Spitzenposition am Ende einer solchen Laufbahn.

Spanien und Frankreich sind, aus der Sicht der Forschung, jene beiden Staaten, in denen das Hauptproblem dieser ersten europäischen Bürokratisierungswelle am deutlichsten hervortrat – die Ämterkäuflichkeit und -erblichkeit und, damit verbunden, der Ämterhandel. Nachgewiesen sind diese Phänomene überall in Europa, in diesen beiden großen Flächenstaaten zeigte sich schon bald ihre ganze Problematik. Im Kern war es keine Überraschung, dass die großen Flächenstaaten der Renaissance die Überführung des »öffentlichen« Amtes in das Privateigentum der Amtsinhaber auf dem Wege der Käuflichkeit in erheblichem Umfang zuließen. Sie wollten wegen der gewachsenen Staatsaufgaben einerseits mehr Verwaltung als jemals zuvor, sie konnten sie andererseits aber nicht angemessen bezahlen. Wo Beamte keine angemessene Bezahlung erhalten, müssen andere Wege ihrer Versorgung gefunden werden. So kam es zur Gestaltung des Amtes und seiner an sich »öffentlichen« Einkünfte als eines eigentumsähnlichen Anspruches des Beamten und zu einer zunächst vorübergehenden, später dauerhaften Eingliederung in das Eigentum *(patrimonium)* der Beamten; daraus entwickelte sich dann das System der »Anwartschaften« *(survivances)* als Procedere des Übergangs einer Amtsstelle vom Inhaber auf seinen Erben und schließlich die volle, in Frankreich sogar gesetzlich fixierte Erblichkeit. Dass sich in diesem Land schließlich ein regelrechter – vom Staat nicht nur geduldeter, sondern aus finanziellen Gründen geförderter – Ämterhandel entwickelte, wird schon im expansiven und verschwenderischen Renaissancezeitalter deutlich. Das System blieb jedoch in der Epoche der absoluten Monarchie von so einschneidender Bedeutung für die Monarchie und die Staatsstruktur, dass später ausführlicher davon die Rede sein soll.

Wofür brauchte der Renaissancestaat so viele Beamte? Gehen wir vom Alltagsbedarf und nicht von den Exzessen aus, wie sie durch den Ämterhandel schnell um sich griffen, so waren es vor allem die Institutionen der Justiz- und die Finanzverwaltung, in denen die »neuen Leute« tätig wurden. Die königliche Rechtsprechung, vornehmste Aufgabe eines Monarchen und vielfach zunächst in Konkurrenz zu anderen, älteren Gerichten ausgeübt, nahm territoriale Gestalt in einer allmählich sich ausbildenden Gerichtshierarchie an, die ihre Autorität nicht mehr aus der persönlichen Anwesenheit des Königs, sondern aus der Delegation seiner höchsten Amtsgewalt an seine neuen Amtsträger zog. Die im Verlauf des Territorialisierungsprozesses gewachsenen Kroneinkünfte und, wenn denn Steuern bewilligt wurden, auch ihre Erträge wurden zum Tätigkeitsfeld einer wachsenden Zahl von Kronbeamten. Und beide Beamtengruppen bildeten schnell ständische Formen des Zusammenhalts aus – Korporationen, mit deren Hilfe sie ihre Rechte darstellten und verteidigten; denn dieser »moderne« Staat entwickelte sich nicht auf einer grünen Wiese, sondern inmitten einer ständisch-korporativ gegliederten Welt, in der die horizontale Solidarität – die Solidarität innerhalb der Familie, der Gruppe, des Klans, des Standes – mehr zählte als alles andere, und in der das neue Prinzip, die vertikale Hierarchisierung von oben nach unten, es schwer hatte, sich durchzusetzen.

Staaten, Fürsten und Stände

Damit stehen wir bei einem weiteren Kennzeichen des Renaissancestaates – auch in seiner deutlichen monarchischen Ausrichtung, wie er sie in den großen Flächenstaaten des Westens fand: dem institutionalisierten Ständetum in Gestalt von Ständeversammlungen mit zwei, drei oder, ganz selten, sogar vier Kurien. Die in der Einleitung schon zitierte Formel vom »Dualismus« bringt die Rolle des Ständischen überpointiert und unzureichend zugleich zum Ausdruck. Denn wo, wie in Frankreich im 15. und über weite Strecken des 16. Jahrhunderts oder in England im Zeitalter der Reformation, Ständeversammlungen für die Gesamtstaaten (die *Etats Généraux* und die beiden *Houses of Parliament)* zusammentraten, taten sie dies, einmal davon abgesehen, dass sie der königlichen Einberufung bedurften, in der Regel auf Wunsch der Monarchen und waren insofern mehr Ausdruck eines gemeinsamen Willens zur Lösung eines gemeinsamen Problems, das heißt Zeichen von »consent and cooperation«, als eines Konflikts. In diesen Staaten, selbst in England, ist es bis ins 17. Jahrhundert hinein nicht wirklich zu einem »Dualismus« gekommen. Die königliche Prärogative beherrschte das Feld und wurde in Frankreich selbst in Zeiten des Religionskonflikts in der zweiten Hälfte des 16. Jahrhunderts niemals von den Generalständen, wohl allerdings von einzelnen Adelsparteien und von diesen dann massiv in Frage gestellt. Wo die dynastische Tradition weniger gefestigt war als in Frankreich und England, gewannen ständisch beherrschte Institutionen zumindest zeitweise mehr Einfluss: Die adeligen Reichsräte von Schweden und Dänemark im 16. und frühen 17. Jahrhundert wurden schon erwähnt, und es verdient Beachtung, dass sie hier bereits auf eine Epoche deutlicher Versuche reagierten, einen königlichen Machtzuwachs – in diesem Fall des dänischen Königtums während der Unionszeit – zurückzudrängen. Es ist freilich kein Zufall, dass dies in zwei Staaten geschah, die im Vergleich zu den westlichen Monarchien wesentlich kleiner, überschaubarer und daher auch »direkter« zu regieren waren. Schon im 16. Jahrhundert deutet sich hier für ganz Europa eine Unterscheidung an, die auch für das 17. und 18. von großer Bedeutung werden sollte: die zwischen kleinen und großen Staaten. Die kleinen Staaten setzten die möglichen Herrschaftsformen in der Regel direkter und unmittelbarer um – sei es, wie im 16. Jahrhundert, die Vorherrschaft starker ständischer Räte, sei es, wie im 17. und 18. Jahrhundert, die einer absoluten Monarchie, die in den skandinavischen Staaten, wie noch zu zeigen sein wird, im Zuge regelrechter Staatsumwälzungen eingeführt und mit Hilfe förmlicher »Staatsgrundgesetze« beschrieben wurde.

Doch die vorherrschende Bühne des institutionalisierten Ständetums war, von Polen, dem deutschen Reichstag und vom englischen Parlament im 17. Jahrhundert einmal abgesehen, nicht die nationale, nicht der »Gesamtstaat«, sondern die regionale. Kaum einer der großen europäischen Staaten des 15. und 16. Jahrhunderts verfügte über ein Territorium, das nicht aus einzelnen, früher einmal selbstständigen Einheiten zusammengesetzt war, überall lebten ältere staatliche Formationen nach ihrer Integration durch Erbfall, Hochzeit oder Eroberung im neuen staatlichen Verband fort. Die Neuen Monarchien des 15. und 16. Jahrhunderts waren zwar territoriale Flächenstaaten, aber keinesfalls schon Zentral- und Einheitsstaaten, und wir werden sehen, dass dies auch für die absoluten Monarchien des 17. und 18. Jahrhunderts noch gilt. Dies war die große Chance des institutionalisierten Ständetums, denn hier konnte es seine zumeist auf das Regionale, Partikulare gerichteten Initiativen entfalten. In Spanien und Frankreich gehörten die regionalen *Cortes* und *Etats provinciaux* zur verfassungsgeschichtlichen Realität des Renaissancezeitalters, ohne dass daraus Zweifel über die Souveränitätsrechte der jeweiligen Monarchen entstanden wären. Spanien freilich wuchs im 16. Jahrhundert zu einem derart großen Mächtekomplex heran, dass es mehrfach zum Schauplatz regionaler, von Ständen getragener Abspaltungsbewegungen wurde. Im früheren 17. Jahrhundert versuchten die Katalanen in einer Reihe von Aufständen ohne Erfolg, vom »Mutterland« loszukommen; erfolgreicher waren zuvor die sieben Provinzen der nördlichen Niederlande, die ihre vom konfessionellen Dissens getragene Bewegung zur Ablösung vom spanischen Zentrum mit Hilfe von Ständeversammlungen vorantrieben.

Auch innerhalb des alten Reichs spielte die regionale ständische Struktur eine besondere Rolle. Gegenüber dem Kaiser selbst in einer Position der Standschaft, hatten die einzelnen Reichsstände in ihren Territorien mit eigenen Landständen zu tun, deren Bedeutung als potentielles Gegengewicht zum Landesherrn umso größer war, je mehr staatliche Macht die Landesherren entfalteten. Wie die Landstände im alten Reich diese Position im Einzelnen ausfüllten, wie weit sie sich im Ringen mit ihren Landesherren um »consent and cooperation« bemühten oder aber Konflikte provozierten, war von Land zu Land sehr verschieden und änderte sich im Verlauf des 17. und 18. Jahrhunderts, als die »thèse royale« auch innerhalb der deutschen Reichsstände zunehmend Anhänger fand. Im ganzen 16. Jahrhundert allerdings war der Einfluss der Landstände überall noch groß, und es ist legitim, in ihnen die Parallele zu den spanischen Cortes und den französischen Provinzialständen zu sehen.

Stände wie Landesherren standen einander im frühneuzeitlichen Europa grundsätzlich als Anspruchsteller gegenüber, die aus eigenem, nicht-abgeleiteten Recht und Selbstverständnis heraus handelten. Es gab keine geschriebenen Verfassungen, in denen die verfassungsrechtlichen Positionen beider Seiten gleichsam konstitutionell fixiert war. Es gab allerdings sehr wohl Herrschaftsverträge, Wahlkapitulationen, Erbhuldigungsakten; diese skizzierten, wenn ein Fürst zum Beispiel durch eine Wahl durch die Stände an die Macht gekommen war, die Bedingungen für diese Wahl, die Rechte der Stände und die Pflichten der Fürsten. Immer wieder bemühten sich die Stände, solche akzidentiellen Positionsbeschreibungen im Sinne dauernd gültiger Verfassungsnormen zu behaupten, schriftlich zu fixieren und ihre wohl-erworbenen Rechte *(jura quaesita)* zu verewigen; immer wieder versuchten die Landesherren, die darin sichtbar werdenden ständischen Ansprüche einzuschränken und zurückzudrängen. In dieser über Jahrhunderte geführten Auseinandersetzung lag das Wesen der politischen »Verfassungen« und der inneren Politik der frühneuzeitlichen Staaten, und es hing von der jeweiligen Stärke der Stände bzw. der Landesherren ab, ob und wer letztendlich obsiegte oder ob ein dauerhafter Ausgleich im Sinne eines Dualismus zu Stande kam. Dabei formte sich das, was wir den modernen Staat nennen, allmählich heraus, und die immer wieder diskutierte Frage, wer diesen Staat denn nun repräsentierte, der Fürst oder die Stände, lässt sich zumindest mit dem Blick auf das 16. Jahrhundert nicht generell beantworten. Die Fürsten hatten die Neigung, das Ganze des Staates und seine Repräsentation für sich zu reklamieren und die Stände in eine Position des Engen, Regionalen, Partikularen zu rücken. Die Stände leisteten einer solchen Interpretation durch ihr eigenes Verhalten vielfach Vorschub, doch lässt sich daraus nicht in jedem Fall der Schluss ziehen, sie hätten nur ihr eigenes, nicht aber das Wohl des ganzen Landes im Auge gehabt. In den schwierigen Fragen der Besteuerung etwa, dem wichtigsten Feld ständischen Einflusses dort, wo dieser erhalten blieb, vertraten sie, ihr eigenes Interesse durchaus mit dem des ganzen Landes verbindend, gegenüber dem verschwenderischen Finanzgebaren des Renaissancefürstentums eine Position der Vorsicht und Behutsamkeit, die möglicherweise weitsichtiger war als die der fürstlichen Kammern. Ein schönes Beispiel bieten dazu die bayerischen Stände in der Zeit Herzog Wilhelms, des Vaters von Maximilian I. Wilhelm repräsentierte durchaus den Typ des überaus verschwenderischen Fürsten der Spätrenaissance, der wegen seiner Konflikte mit den Ständen und seinen Räten schließlich sogar abdanken musste. Dabei leisteten nicht eigentlich die Landstände die Hauptarbeit auf der Gegenseite des Herzogs, sondern die herzogliche Hofkammer, die allerdings aus Vertretern der Landstände bestand und den Kampf gegen Herzog Wilhelm als einen Kampf für das »Gemeinwohl des Landes« (Heinz Dollinger) verstand. Ein anderes markantes Beispiel bieten in dieser Hinsicht die Stände des Herzogtums Württemberg, die sich, wie Ernst Walter Zeeden betont hat, in diesem Zeitraum »ihrem Herzog deutlich in Erinnerung brachten und ihn gelegentlich fühlbar korrigierten.« Die Zeiten waren für die Landstände auch in Württemberg nicht immer so günstig wie im 16. Jahrhundert, doch zeigt die weitere Geschichte des Verhältnisses zwischen Herzog und Ständen im 17. und 18. Jahrhundert – von Seiten der Herzöge wurde es dauerhaft in Richtung auf eine Stärkung der »thèse royale« interpretiert –, dass nicht überall und notwendigerweise »Absolutismus« das Ergebnis einer solchen Entwicklung sein musste.

Das Verhältnis zu Rom

Großen Vorteil zogen einige Renaissancestaaten schließlich aus der Tatsache, dass sie ihr Verhältnis zum Papsttum, neben dem Kaisertum die zweite universale Macht des Mittelalters, relativ dauerhaft klären konnten. Bemerkenswert war vor allem das Vorgehen Spaniens und Frankreichs, jener beiden Staaten also, in denen im Zeitalter der Konfessionalisierung und des Absolutismus die Synthese von Katholizismus und europäischem Großmachtstreben ihren stärksten Ausdruck finden sollte. Beide Staaten bieten in der Frühen Neuzeit einen außerordentlich eindrucksvollen Beleg dafür, in welch starkem Maße unter dem weitgespannten Schirm christlich-katholischer Gläubigkeit weltliche Interessen verfolgt und durchgesetzt werden konnten. In beiden Staaten wurden die Grundlagen dafür schon im ausgehenden 15. Jahrhundert gelegt.

In Spanien ist dieser Prozess eng mit der Geschichte der spanischen Inquisition verbunden. Sie war keine römische, sondern eine spanische Institution, entstanden nach längeren Verhandlungen zwischen Papsttum und dem spanischen Herrscherpaar mit dem Ziel, staatlicherseits gegen die Ketzer – und das hieß am Ende des 15. Jahrhunderts in Spanien: gegen all jene Mauren und Juden, die nicht zur Konversion bereit waren – vorzugehen. Dass dies staatliche, nicht päpstliche Politik war, wurde bedeutsam für die Zukunft des spanischen Großreichs. Ferdinand von Aragon, der politische Gestalter dieser Politik, nutzte die Inquisition nicht nur in seinem rücksichtslosen Kampf zur Herstellung innerer Ruhe und Einheit. Er setzte es auch gegen die Kurie in Rom ein, als diese gegen die missbräuchliche Verwendung dieser kirchlichen Institution zu rein politischen Zwecken protestierte. Sowohl Ferdinand als auch Isabella, Inkarnationen des altkirchlich-katholischen Prinzips, bestanden auf ihrem als »unvordenklich« bezeichneten Recht, die Inhaber aller Kirchenämter und Pfründen selbst zu ernennen.

Durch die Inquisition schuf das spanische Königspaar eine erste, alle Länder der beiden Kronen umfassende Institution im ganzen Reich, gleichsam ein Modell für die noch zu schaffende staatliche Einheit. »Über dem Fundament der Kircheneinheit konnte der einheitliche Staat errichtet werden, unter den Auspizien einer Krone, die sowohl mit Hilfe der Kirche als auch auf Kosten der Kirche gestärkt worden war« (Hellmut Diwald). Inquisition bedeutete freilich nicht nur Ketzerverfolgung. Allein ihre Existenz führte dazu, dass auch kirchliche Missstände angeprangert, Reformen nicht nur postuliert, sondern verwirklicht wurden. Unter der Führung des bedeutenden Franziskaners Francisco Ximenez de Cisneros, des Beichtvaters der Königin, erlebte die Kirche Spaniens im späten 15. Jahrhundert umfassende Reformen der Klöster und Kongregationen und auch des weltlichen Klerus. In gewisser Weise wurde Spanien durch eine umfassende Kirchenreform schon am Ende des 15. Jahrhunderts gegen den überall in Europa aufkeimenden Geist der Reformation immunisiert. Geleitet von seinem strenggläubigen Herrscherpaar, ließ sich dieser Staat hinfort weder von Rom noch gar von den neuen Glaubensströmungen des Reformationszeitalters von seinen – wesenhaft politisch verstandenen – Zukunftsvorstellungen der inneren Einheit und äußeren Expansion abbringen.

Etwas anders sahen die Dinge in Frankreich aus. Das Land benötigte im 15. Jahrhundert keine Inquisition, denn es gab dort keine »Ketzer« und auch keine königliche Politik, die die französischen Juden zu solchen erklärte. Dies hatte zur Folge, dass Frankreich im 16. Jahrhundert weniger gut vorbereitet war, als es von der Reformation in ihrer calvinischen Gestalt erfasst wurde. Es gab Zeiten, in denen das Land, wie noch zu zeigen sein wird, »von der Spitze« her zu einem protestantischen zu werden drohte. Warum die Krone diesen Weg letztlich niemals wirklich beschreiten wollte, hing mit einem weiteren, mit der Entwicklung in Spanien vergleichbaren Tatbestand zusammen. Auch die französische Krone hatte ihr Verhältnis zum Papsttum schon seit dem 15. Jahrhundert weitgehend, und zwar zu ihren Gunsten, geklärt. Es begann mit der berühmten Pragmatischen Sanktion von Bourges (1438); diese, ein Ergebnis der Dominanz des französischen Klerus auf dem Konzil von Basel, schränkte unter anderem das päpstliche Stellenbesetzungsrecht für kirchliche Stellen in Frankreich erheblich ein und untersagte hinfort die Zahlung von jährlichen Abgaben (»Annaten«) an Rom. War die Sanktion noch in erster Linie ein – dem Königtum nicht in allen Punkten genehmer – Erfolg der gallikanischen Kirche, so wurde diese im folgenden halben Jahrhundert, vor allem durch die geschickte Politik Ludwigs XI., mehr und mehr zu einem

Instrument der königlichen Kirchenpolitik gegenüber Rom: Das Konkordat Franz' I. mit Rom im Jahr 1516 besiegelte diese Entwicklung und gestand dem französischen König nun ein massives kirchenpolitisches Recht zu – die Ernennung sämtlicher Erzbischöfe und Bischöfe sowie von ungefähr 500 Äbten und Prioren. Zudem verlor Rom, außer in einigen ganz großen kirchenrechtlichen Angelegenheiten, seinen Einfluss, ihm verblieb lediglich die kanonische Einsetzung der neuen Stelleninhaber, und es erhielt auch die Annaten wieder zurück.

Das Absolutismusparadigma, so ließe sich die Bedeutung dieses Kapitels für unsere Argumentation auf den Punkt bringen, hat niemals hinreichend deutlich machen können, welch großes Wegstück »verdichteter« Staatsbildung der frühneuzeitliche Fürstenstaat schon im 15. und 16. Jahrhundert zurückgelegt hatte, bevor dann die »Epoche des Absolutismus« begann. Zwar wurden die Fakten nicht geleugnet, doch waren sie im Wesentlichen Bestandteil von »Vorgeschichten«, die in einem streng teleologischen Verfahren auf das 17. Jahrhundert bezogen wurden und erst hier gewissermaßen ihren Sinn fanden. Demgegenüber muss auf den Epochencharakter der »New Monarchies« des 15. und 16. Jahrhunderts hingewiesen und ihr enger struktureller Zusammenhang mit der Geschichte des späten 16. und des 17. Jahrhunderts unterstrichen werden. Der Staat des »Absolutismus« gewann sein besonderes Aussehen auch und gerade dadurch, dass er auf eine Entwicklungsleistung der Renaissancemonarchie reagierte, sie gewissermaßen als sein entscheidendes Reformfeld begriff – die erste Welle der frühneuzeitlichen Bürokratisierung, von der unter dem Stichwort »Beamte« schon die Rede war.

Das Problem wird gewiss deutlicher, wenn wir einmal in einem allgemeinen Sinne nach den Gegnern der fürstenstaatlichen Staatsbildung im 16. und 17. Jahrhundert fragen. Es waren gewiss die Stände – je nach Territorium und Machtkonstellation einzelne Städte, kirchliche Institutionen und auch die Bauern, vor allem jedoch der Adel, die Speerspitze der alten, feudalen Welt, die gerade im Zeitraum der Krise zwischen 1560 und 1660 unruhigste soziale Kraft in ganz Europa. Aber reicht das aus? Ging es nur und immer um die alten, »feudalen Kräfte«? Ging es nur um die aufsässigen Mitglieder des Hochadels, die noch von einem eigenen Territorium mit eigener Souveränität träumten? Ging es gar nur um die »unzufriedenen« Mitglieder der fürstlichen Dynastie, die nicht König oder Landesherr geworden waren, die man zwar abgefunden hatte, die aber nichts besseres zu tun hatten, als Unruhe am Hof zu schüren, Staatsstreiche zu planen, Provinzen in den Separatismus zu treiben? Die intensive Erforschung der europäischen Volksaufstände des früheren 17. Jahrhunderts hat zumindest in Frankreich sehr klar ergeben: Es ging nicht nur um sie, sondern auch um eine andere, viel weniger »glänzende«, sozialgeschichtlich aber bedeutsamere Schicht. Seit langem schon hatte der Staat, der keinesfalls schon ein »absoluter« war, Institutionen der Territorialverwaltung ausgebildet, seit langem schon hatte er dazu Personal benötigt und folglich auch rekrutiert, seit langem schon bildeten diese »Beamten« in der Finanz- und Justizverwaltung regelrechte Kollegien und Korporationen, die ihre beruflichen und sozialen Interessen zu verteidigen wussten und dies auch und gerade gegen einen Staat taten, der nach dem Ende des ökonomisch günstigen und daher ungestraft verschwenderischen Renaissancezeitalters in mehreren Wellen Reformen seiner eigenen Verwaltungspraxis einzuleiten versuchte. »Die ich rief, die Geister, werd' ich nun nicht los« – die Klage des Goetheschen Zauberlehrlings beleuchtet mit besonderer Eindringlichkeit, was in den großen Renaissancemonarchien des 16. Jahrhunderts im Hinblick auf das Verhältnis zwischen Staat und Beamten vor sich ging. Es macht daher wenig Sinn, die Geschichte des spätmittelalterlichen und frühneuzeitlichen Fürstenstaats als die Konfrontation einer dauernd sich modernisierenden staatlichen Kraft auf der einen Seite mit einer dauernd Widerstand leistenden »feudalen« oder »ständischen« Welt auf der anderen zu schreiben; es geht vielmehr um den überaus komplexen Prozess der Staatsbildung, der niemals ein stetiger, geradliniger und ruhiger war und sehr oft in Widerspruch mit sich selbst geriet.

Bibliographische Hinweise

Dieses Kapitel beruht in erster Linie auf allgemeinen älteren Darstellungen zur »Modernität« der europäischen Staatlichkeit im 15. und 16. Jahrhundert bzw. zur Kontinuität von Spätmittelalter und Früher Neuzeit von Hassinger (1959), Strayer (1975) und Gerhard (1981). Zur Semantik der sich ausbildenden Herrengewalt im späten Mittelalter die interessante und provokante Studie von Algazi (1996); zum Konzept der »New Monarchies« Slavin (1964). Besonders wichtig sind die kurzen, aber in vergleichender Hinsicht wegweisenden Bemerkungen zum 16. Jahrhundert bei Braudel (1990), Bd. 2. Zu Deutschland vgl. Moraw (1989) und Zeeden (1977), das Zitat S. 228, zu Spanien Diwald (1975), das Zitat S. 279, und Elliott (1991); zum Problem des dynastischen Fürstenstaats Kunisch (1982). Das wichtigste Buch zum Ämterhandel in Frankreich ist immer noch Mousnier (1971), dazu auch, vor allem für das 17. und 18. Jahrhundert, der Sammelband von Malettke (1980). Einer der besten Gesamtüberblicke zum 16. und zur ersten Hälfte des 17. Jahrhunderts ist Bonney (1991).

2. Die Religionskriege und die Neubegründung der französischen Monarchie

Die »Neue Monarchie«

In vieler Hinsicht war Frankreich das Musterbeispiel einer Neuen Monarchie. Eine konsequente, schon im 14. Jahrhundert fixierte dynastische Erbfolge, wonach immer der älteste lebende Sohn des Königs, danach der nächste männliche Verwandte erbberechtigt, jegliche Erbfolge in weiblicher Linie hingegen ausgeschlossen war; der Aufbau eines wirklichen Königsstaats nach dem Ende der Auseinandersetzung mit England; die Ausbildung eines territorialen Flächenstaats durch zielstrebige Erwerbung oder Rückerwerbung von Territorien oder zumindest von Ansprüchen im Süden, Osten und Norden; der Beginn einer flächenstaatlichen Bürokratisierung im Justiz- und Finanzwesen mit der zentralen Figur des durch Ämterkäuflichkeit abgesicherten *officiers* – das alles waren wirkungsvolle Elemente des spätmittelalterlichen und frühneuzeitlichen Staatsausbaus, ohne die die französische Geschichte des 17. und 18. Jahrhunderts nicht zu verstehen ist. Es überrascht daher nicht, dass französische Historiker neuerdings dazu neigen, die Kontinuität vom 15. bis zum 17. Jahrhundert, das heißt bis zur Ausbildung der »monarchie absolue«, weit mehr als bisher zu betonen und damit in gewisser Weise auch den massiven Wandel zu leugnen, den das Königtum Ludwigs XIV. nach bisheriger Auffassung der Forschung im französischen Regierungssystem bewirkt hat.

Trotz aller »Bürokratisierung« war das französische Renaissancekönigtum des 16. Jahrhunderts noch durch einen personalen Herrschaftsstil gekennzeichnet. Es gab keinen dauerhaften Hof, gar ein zentrales Hofsystem, wie es im Spanien Philipps II. seit 1560 schnell gebildet wurde. Der Hof reiste im 16. Jahrhundert noch zwischen mehreren Hofanlagen – unter anderem Amboise, Blois, Fontainebleau,

Paris – hin und her, und die damit gegebenen Chancen zur persönlichen Begegnung mit den Führungskräften des Landes wurden weidlich genutzt. Institutioneller Kontinuitätsträger im Zentrum des Landes war nicht der Hof, sondern der oberste Gerichtshof, das Pariser Parlament, eine aus dem mittelalterlichen Rat des Königs hervorgegangene Versammlung professioneller Juristen (Legisten), die sich zum obersten Appellationsgericht des Königreichs entwickelt und seit dem 14. Jahrhundert sehr viel zur rechtlichen Stützung der königsstaatlichen Entwicklung beigetragen hatte; im 17. und 18. Jahrhundert sollte sie daraus und aus der glänzenden Platzierung ihrer Institution im Herzen Frankreichs, auf der Ile de la Cité von Paris, großen Gewinn auch im Kampf mit dem Königtum ziehen.

Im Vergleich zum Pariser Parlament spielten die Generalstände eine weit geringere Rolle, doch sie spielten eine. Im späten 15. und im Verlauf des 16. Jahrhunderts wurden sie mehrfach einberufen, und stets geschah das in Notsituationen, in denen die Monarchie Hilfe, etwa in Gestalt eines Beschlusses über neue Steuern, dringend benötigte. Wenn im späteren 16. Jahrhundert die Generalstände häufiger tagten als jemals zuvor, so war das in erster Linie ein Zeichen für die Krise, in welche die Monarchie geraten war. Die Generalstände wurden jedoch niemals so stark, und das heißt in erster Linie: so einig, dass aus ihrer Einberufung mehr erwuchs als ein kritisches Echo auf die Schwächen der königlichen Politik. Sobald fähige und lang regierende Monarchen im Spiel waren, trat das Ständetum in seiner nationalen institutionellen Gestalt weitgehend zurück. Wirksamer erhielt sich das ständische Element im Grunde in den Provinzen, vor allem in den erst in jüngerer Zeit zu Frankreich gekommenen großen Herzogtümern und Grafschaften des Westens, Südwestens, Südens und Ostens. An vielen Stellen gab es im 16. Jahrhundert noch gut funktionierende Provinzialstände *(Etats provinciaux)*, und wenn die Forschung früher der Ansicht war, dass sie auf Grund einer beharrlich zentralistischen Tendenz der königlichen Politik in der Folgezeit allmählich aus der Verfassungsentwicklung Frankreichs zurückgedrängt wurden, so zeigt sich heute, dass davon generell nicht die Rede sein kann: Von besonders »zentralistischen« Phasen unter Richelieu und Colbert einmal abgesehen, bemühte sich die französische Monarchie darum, das Ständetum zu nutzen, statt es zu zerstören; wo es den Provinzialständen zum Beispiel besser als den königlichen Beamten gelang, Steuerzahlungen oder Anleihen für den königlichen Staat zu organisieren, blieben sie bis zum Ende des Ancien Régime erhalten.

Die Religionskriege

Einen wesentlichen Einschnitt in der Geschichte der französischen Monarchie und des französischen Staats im Renaissancezeitalter bedeuteten die Religionskriege in der zweiten Hälfte des 16. Jahrhunderts. Ihre Gefahr für die Stabilität der Renaissancemonarchie lag in der Verbindung von Konfessionalisierung und ständisch-adeliger Politik: Indem die beiden in Frankreich wirksamen Konfessionen – der von Genf aus machtvoll in das Land hineinwirkende Calvinismus und der französische Katholizismus, der sich aus einer langen, vorreformatorischen Tradition heraus von Rom demonstrativ unabhängig hielt – Anhänger in herausragenden Familien des Hochadels fanden, bildeten sich regelrechte Adelsparteien aus, die sich um Einfluss auf den Hof und den König bemühten. Das lothringische Haus der Guisen wurde in diesen Kämpfen zur Führungsmacht auf katholischer Seite und sammelte jene Kräfte des Hochadels um sich, die ohne Einschränkung für die altkirchlichen Belange eintraten. Der höchste Repräsentant der hugenottischen Adelspartei war Anton von Bourbon, König von Navarra, der sich freilich als unzuverlässiger Calvinist erwies und die tatsächliche Führung der »Partei« seinem jüngeren Bruder, dem Fürsten von Condé, überließ. Dieser war es denn auch, dem in den folgenden Jahren die Sammlung zahlreicher Hochadeliger um die Sache der Calvinisten gelang. Von 1562 an war das französische Königtum mehr als drei Jahrzehnte lang dem Druck dieser Situation ausgesetzt, und seine Versuche, zwischen den beiden Parteien das Gesetz des Handelns nicht zu verlieren, machten einen wesentlichen Teil seiner Politik in dieser Zeit aus. Die Lage wurde noch dadurch erschwert, dass zum ersten Mal seit dem ausgehenden 15. Jahrhundert kein handlungsfähiger König mehr zur Verfügung stand: Heinrich II. hinterließ nach seinem plötzlichen Tod (1559) nur minderjährige Söhne, die Politik des Königreichs lag zwischen 1559 und 1572 in der Hand der Königinmutter, Katharina von Medici. Sie war eine erfahrene und geschickte Politikerin, doch fehlte ihr als Regentin, was das Wesen der in langer Tradition gewachsenen Monarchie ausmachte: die erbrechtliche Legitimation des wirklichen, das heißt männlichen Königtums. Religionskrise und Krise der Valoisdynastie trafen um 1560 somit zusammen und führten Frankreich, nach den Urteilen von Zeitgenossen eines der glanzvollsten und stabilsten Staatswesen des Renaissancezeitalters, in seine größte Staatskrise bis hin zur Französischen Revolution.

Die Einzelheiten dieser Krise können hier nicht dargestellt werden, wohl aber die wesentlichen Folgerungen, die sich daraus für die Geschichte Frankreichs und seiner Monarchie ergaben. Der »französische Königsstaat« wurde im Verlauf der Religionskriege und der Krise der Valois-Dynastie an den Rand seiner Existenz geführt. Protestantische wie katholische Provinzen gewannen unter ihren adeligen Führern ein derartiges Maß an politischer Unabhängigkeit, dass die Auflösung der bisherigen staatlichen Einheit unausweichlich schien. Zu diesem Eindruck trug der Verlust der Kapitale bei. Zwischen 1585 und 1594 war Paris praktisch eine selbständige, vom König nicht mehr zu kontrollierende oder gar zu beherrschende Kommune. Und was aus der Sicht der Monarchie noch bedenklicher war: Die Idee des von Gottes Gnaden eingesetzten, von menschlicher Satzung unabhängigen Königtums schien am Ende. Wenn ein legitim im Amt befindlicher König wie Heinrich III. von den radikalen katholischen Kräften in der Stadt, die theologische Fakultät der Sorbonne eingeschlossen, offen als Tyrann bezeichnet werden konnte, gegen den auch das Mittel des Attentats eingesetzt werden dürfe, so stellte das den bisher von der Mehrheit der Franzosen getragenen Konsens über die legitime Erbmonarchie in Frage.

Ein Ausweg aus der Krise in Richtung auf eine erneute, jetzt definitive Stärkung des monarchischen Regiments und der »thèse royale« wurde gleichwohl gefunden, weil bei allem ständischen Partikulargeist, bei allem Religionseifer und allem sozialen Hass, der inzwischen herrschte, die Idee der ganz Frankreich repräsentierenden Monarchie nicht ihre Attraktivität verloren hatte. Es gab im Frankreich des ausgehenden 16. Jahrhunderts viele Menschen, die den Religionskonflikt und seinen massiven Einflüssen auf das politische Leben satt hatten; es gab eine Gruppe von bedeutenden Publizisten und Praktikern der politischen Verwaltung, die einen Ausweg aus der Krise in einer über den Religionsparteien stehenden, politischen Lösung des Konflikts suchte und die daher geradezu die Partei der »Politiker« genannt wurde; schließlich gab es mit dem seit 1584 als Thronprätendenten auftretenden Protestanten Heinrich von Navarra einen Kandidaten für das Königsamt, der in der Lage schien, die Krise der Valoisdynastie zu überwinden und eine eigene dynastische Identität, die der Bourbonen, zu begründen.

Heinrich IV.

Heinrich von Navarra, als Heinrich IV. ab 1589 König von Frankreich, brachte die Hoffnungen und Wünsche all jener zum Ausdruck, denen es um ein »politisches« Ende des Religionskonflikts ging. Seinen einzigen Makel in den Augen seiner katholischen Gefolgsleute – sein protestantisches Bekenntnis – räumte er mit seiner Konversion zum Katholizismus (1593) aus dem Weg. Danach war sein Regiment durch einen kontinuierlichen Prozess der Befriedung und des Wiederaufbaus gekennzeichnet, der hier nicht im Einzelnen beschrieben werden muss. Auch seine ehemaligen Glaubensbrüder profitierten von dieser Neubesinnung auf die monarchische Stärke des Landes. Sie erhielten mit dem Edikt von Nantes (1598) ein Toleranzedikt, das sich von der Kette vorangehender Waffenstillstandsvereinbarungen zwischen den Parteien dadurch unterschied, dass es jetzt einen König gab, der sein eigenes Edikt ernst zu nehmen bereit war. Mit dem Edikt leitete Heinrich IV. eine etwa zwanzigjährige Phase »positiver Protestantenpolitik« der französischen Krone ein, die erst unter Richelieu und, vor allem, Ludwig XIV. wieder aufgegeben wurde.

Generationen von Historikern, vor allem auch deutsche Protestanten, haben in der Protestantenpolitik Heinrichs IV. und in seinem rationalen Umgang mit all jenen Fragen, die zuvor zu so viel Erbitterung und Hass zwischen den Franzosen geführt hatten, den Grund für den Erfolg seines Regiments gesehen. Die These von dem »konfessionell neutralen Staat«, der von den »Politikern« vorgedacht und von Heinrich IV. ein erstes Mal verwirklicht worden sei, hat lange Zeit Gültigkeit besessen. So sehr sich dieser Eindruck beim Umgang dieses Königs mit den Parteiführern seines Landes aufdrängt, so wenig vermag er die Wandlung des ganzen Landes zu erklären. Hier sind neuerdings Züge im Regiment dieses Königs herausgearbeitet worden, die durchaus nicht zum Bild des gelegentlich in die Nähe der Aufklärung gerückten Toleranzpolitikers passen wollen. Unter dem ersten Bourbonen wurden die herrschafts- und wirkungspolitischen Voraussetzungen für eine eminente Stärkung des Ansehens und der Ausstrahlung der Monarchie geschaffen. Überaus bewusst schloss dieser König in der Epoche seines Friedensregiments nach 1598 an die Traditionen der Monarchie an; er war möglicherweise kein »Absolutist«, aber er richtete seine ganze Energie darauf, gegenüber Personen und Korporationen im Lande, die sich an Ungehorsam und Widersetzlichkeit gewöhnt hatten, mit harter Hand durchzugreifen und die königliche Prärogative zur Geltung zu bringen. Es gelang ihm, dem Ansehen der Monarchie vor allem auch bei ihren eigenen »Dienern«, den *officiers* in Paris und in den Provinzen, wieder Geltung zu verschaffen und das zu werden, was jeder französische König vor und nach ihm in diesem vom adeligen Denken so tief durchdrungenen Land sein musste, wenn er denn wirklich König sein wollte: der bedeutendste Herr im Land mit der weitaus größten und mächtigsten Anhängerschaft. Er nutzte dazu, neben der Androhung königlicher Gewalt, auch Mittel der sozialen Privilegierung, die in seiner Zeit selbst umstritten waren und es bis an das Ende der alten Monarchie blieben: Unter Heinrich IV. wurde die Ämterkäuflichkeit, schon lange eine gängige, der Staatskasse

3 Heinrich IV., Kupferstich, 1600. (Herzog August Bibliothek Wolfenbüttel). Henri IV., der Béarner, der Gascogner, der »vert galant«, in einer unvertrauten Pose – nicht als volksnaher König des populären Gedächtnisses, sondern als triumphierender Krieger, der Spanien und »die Rebellen« der Religionskriegszeit und der Liga unter die Füße seines kraftstrotzenden Pferdes gezwungen hat. Um 1600, als dieser Kupferstich erschien bzw. vom Hof verbreitet wurde, gab es ein Programm zu verkünden: Die Monarchie, noch im Louvre zu Hause, und dieser Triumphator haben einander gefunden, lassen sich nicht mehr trennen, sind eins, und Frieden für Frankreich und die Untertanen des Königs ist das Ziel dieser Verbindung.

nützliche Praxis, ein weiteres Mal gesetzlich erweitert und durch die Möglichkeit für den *officier* ergänzt, das Amt als Erbe innerhalb einer Familie zu halten. Der ganze Stand der *officiers*, in den Religionskriegen an große Distanz zum schwachen Königtum gewöhnt, wurde auf diese Weise erneut an den Thron gebunden – allerdings auf Kosten einer Regelung des Ämterwesens, die den völligen Verzicht auf eine Kontrolle der Amtsführung der »officiers« beinhaltete.

Die Maschinerie der Hofpropaganda, unter Ludwig XIV. vielleicht eines der wirkungsvollsten Herrschaftsinstrumente des französischen Königtums, lief schon in der Regierungszeit Heinrichs IV. an, und stets war es der erbrechtlich legitimierte, mit einer besonderen Aura versehene Nachfolger der mittelalterlichen Kapetinger und zugleich der von Gott mit einer besonderen Herrschaftsgnade ausgezeichnete König, der da propagiert und gefeiert wurde. Schließlich schuf der ehemalige Protestant auf dem Lilienthron, nach der Befriedung seiner vormaligen Glaubensbrüder, die Voraussetzungen für die dauerhafte Durchsetzung der katholischen Religion als der im Lande geltenden, *einen* Staatsreligion: Auf die Initiative Heinrichs IV. wurde der Jesuitenorden wieder ins Land gelassen, führende Protestanten zum Übertritt zum Katholizismus gedrängt, regelrechte Pensionskassen für zum Katholizismus übergetretene calvinistische Priester eingerichtet, das Verhältnis zum Papsttum auf eine dauerhafte Basis gestellt und überhaupt eine religiöse Stimmung kultiviert, die der Hinwendung breiter Bevölkerungsschichten zur – katholischen – Frömmigkeit günstig war. Die Synthese von starker Monarchie und gallikanisch verstandener Katholizität, die das Wesen und die Wirkungsmächtigkeit der monarchischen Idee in Frankreich im klassischen Jahrhundert ausmachte und die wir immer ein wenig verkürzt in den Begriff »absolutistisch« zu fassen versuchen, wurde schon im Zeitalter Heinrichs IV. vorbereitet.

Bibliographische Hinweise

Eine der wichtigsten, die politische Geschichte mit der Religionsgeschichte verbindenden Analysen ist Crouzet (1990). Er ist stark angeregt von Denis Richet, dessen zentrale Aufsätze zur religiösen Mentalitätsgeschichte Frankreichs im fraglichen Zeitraum gesammelt vorliegen in Richet (1991). Aus der überaus reichlichen Biografik zu Heinrich IV. erwähnenswert im Sinne unserer Thesen Mousnier (1970), Babelon (1982), Garrisson (1984), E. Hinrichs (1994), Greengrass (1995); zum Edikt von Nantes Garrisson (1984); zur politischen Verlaufsgeschichte im 16. und frühen 17. Jahrhundert Le Roy Ladurie (1988), Meyer (1990), Bonney (1991), E. Hinrichs (1994); zur politischen Verfassungsgeschichte Frankreichs im fraglichen Zeitraum und darüber hinausgehend Richet (1973), Major (1980, 1994).

3. Anspruch und Wirklichkeit einer absoluten Monarchie: Frankreich von Heinrich IV. bis Ludwig XIV.

Das französische Königtum im 17. Jahrhundert

Heinrich IV. hatte klare Vorstellungen von der zukünftigen Größe der Monarchie; verwirklichen konnte er sie nicht. Seine Ermordung, früher als Akt eines religiösen Fanatikers und Einzelgängers gedeutet, wird heute mit der fehlenden Bereitschaft weiter Bevölkerungskreise in Verbindung gebracht, dem ehemaligen Protestanten auf dem Lilienthron seine königliche Rolle, vor allem ihre sakralen Bestandteile, abzunehmen. Wirksam wurde der von ihm intensiv gepflegte Mythos der erneuerten Monarchie erst nach seinem Tod (1610), in dem folgenden halben Jahrhundert, als seine Politik – nach innen wie nach außen – immer mehr zur Richtschnur des politischen Handelns wurde.

Versuchen wir, die weitere Entwicklung des französischen »Absolutismus« zusammenfassend in den Blick zu nehmen, so fallen drei zentrale Strukturelemente ins Auge, die seit der Krise der Religionskriege gut auszumachen sind und in ihrer intensiven Verflechtung untereinander von nun an recht eigentlich das politische System der absoluten Monarchie in Frankreich prägten.

Erstens: Das Königtum, von einer sich zunehmend professionalisierenden Beamtenschaft in der Zentrale und später auch in den Provinzen unterstützt, baute die Monarchie als Herrschaftssystem für ganz Frankreich aus und verschaffte ihr dabei, an die Entwicklungen des 16. Jahrhunderts anknüpfend, ein institutionelles Gefüge, das den Bedürfnissen eines institutionellen Flächenstaats entsprach. Schon unter Heinrich IV. gab es, in improvisierter Form, Abgesandte des Königs, die in bestimmten Provinzen für einige Zeit die Aufgabe eines modernen *missus dominici* wahrnahmen. In die Amtszeit des Kardinals Richelieu fiel der erste Versuch einer Etablierung von Provinzintendanten, der freilich in den Aufstandsstürmen der *Fronde* noch einmal widerrufen werden musste. Unter Ludwig XIV. war es dann endgültig so weit: Die *intendants de justice, police et des finances* wurden und blieben für lange Zeit das modernste Instrument der Provinzialverwaltung; im 17. Jahrhundert wurden sie noch sehr eng an der Kandare der Zentrale gehalten, im 18. Jahrhundert emanzipierten sie sich zu einer machtvollen Provinzialbehörde, die, oft in Übereinstimmung mit den regionalen Eliten, durchaus eigene Initiativen entfaltete.

Parallel zur Provinzialverwaltung modernisierte sich die Zentrale, wenngleich das über allem schwebende Königtum bis ins späte 18. Jahrhundert hinein beharrlich an seiner alten, auf dem Gottesgnadentum beruhenden Herrschaftskonzeption festhielt. Hüter dieser Traditionalität der Zentrale war und blieb der königliche Rat in seiner alten Funktion; verwaltungsmäßige Modernität drang gleichwohl ein, indem sich unterhalb des *conseil* eine in direkter, persönlicher Abhängigkeit vom Monarchen stehende Form von Fachverwaltung ausbildete. »Staatssekretäre«, bisher vor allem für einen Kranz von Provinzen zuständig, übernahmen jetzt auch feste Ressortaufgaben, so für die äußeren Angelegenheiten und das Kriegswesen, während aus der alten Funktion einer Oberintendanz für das Finanzwesen allmählich der *contrôle général des finances* entstand, das wichtigste Instrument der zukünftigen inneren Entwicklung Frankreichs, dem auch die Provinzintendanten zugeordnet waren. Es waren regelrechte Fachministerien, die sich da abzeichneten, auch wenn dieser Begriff noch nicht benutzt wurde.

Im Zusammenhang mit dem Prozess der Institutionalisierung wuchs in Frankreich, wie in anderen europäischen Ländern auch, das Bewusstsein vom Staatscharakter des Königreichs. Den Königen, ihren Beamten und einer wachsenden Zahl von Untertanen wurde immer bewusster, dass Frankreich nicht nur der Herrschaftsraum des legitimen, dynastischen Königtums war, sondern zugleich etwas davon Unabhängiges, das Schicksal der Dynastie Überdauerndes – ein Staat in dem nun allmählich entstehenden, modernen Sinn. Schon im Sprachgebrauch eines Henri IV war das

4 Ludwig XIV., Gemälde eines unbekannten Malers, zweite Hälfte des 17. Jahrhunderts.

Die Kunstproduktion am Hof Ludwigs XIV. war vielfältig und differenziert, und sie wusste sich auf die Bedürfnisse der Öffentlichkeit und des Königs einzustellen. Der junge Ludwig erscheint hier, wie der Großvater zuvor (in Abbildung 3), als Triumphator; er ist Jupiter, der die Geister der Zwietracht aus der Zeit der Fronde unter sich gelassen hat. Während seiner gesamten Regierungszeit wird der Rückblick auf die Fronde für den König handlungsleitende Kraft besitzen, sein gelegentlich manischer Einheitswille und sein Wunsch, die Welt allein nach seinen Vorstellungen zu sehen, erfahren aus diesem Erinnerungsreservoir immer wieder neue Nahrung.

deutlich geworden, wenn er im Verlauf seines Lebens immer häufiger von »dem Staat« *(l'estat)* spricht, wo er früher von »meinem Staat« *(mon estat)* gesprochen hatte. Bei Richelieu trat dann die Argumentation für den »Staat« mit einer solchen Schärfe und, wie gelegentlich betont wird, Kälte auf, dass von da an niemand mehr an dem politischen Stimmungs- bzw. Mentalitätswandel zweifeln konnte, der sich im Staatspersonal Frankreichs seit den Religionskriegen vollzogen hatte. Ludwig XIV. sollte ihn mit seinem berühmten »Abschiedswort« »Ich gehe, aber der Staat wird nach mir bleiben« nur noch bestätigen.

Zweitens: Dennoch war es nicht allein und vermutlich nicht in erster Linie der staatliche Apparat, der im Frankreich des 17. Jahrhunderts Gehorsam hervorrief und dafür sorgte, dass das Land allmählich das Aussehen dessen bekam, was die Historiker später eine gut funktionierende »absolute Monarchie« nennen sollten. Wichtiger noch waren die Legitimationsbemühungen der Monarchie und die unablässige Betonung ihrer geistig-religiösen Grundlagen. Pierre Goubert, ein monarchistischer Übertreibung völlig unverdächtiger Sozialhistoriker, hat einmal von der »Religion der Monarchie« gesprochen und damit genau beschrieben, warum das französische Königtum im 17. Jahrhundert so großen Erfolg hatte und worauf dieser beruhte: Die Grundlagen der Verehrung des Monarchen in den breiten Bevölkerungsschichten waren immer schon religiöser Natur gewesen, doch wurde diese im 17. Jahrhundert vor dem Hintergrund der nach den Religionskriegen erneuerten katholischen Spiritualität massiv gesteigert. Unter Heinrich IV., einem von seiner Biografie und seiner Persönlichkeit her dafür nur wenig geeigneten Herrscher, hatte das noch nicht gut funktioniert. Unter Ludwig XIII. und Ludwig XIV. jedoch wuchsen Katholizität und Königtum in der Person der Monarchen zu einer festen, unauflöslichen Einheit zusammen und ergaben ein Bild des Königs, das sich ohne Einschränkung in den Dienst einer religiös fundierten Verehrung stellen ließ.

Drittens: Bei aller sakralen Erhabenheit, in die das Land durch die Religion der Monarchie geführt wurde, musste es doch auch regiert und verwaltet werden. Und das war ein durchaus irdisches, alltägliches Geschäft. Vor allem war es ein kostspieliges Geschäft. Der neue Staat kannte zwar noch keine weit ausgreifende Staatstätigkeit, doch stellten allein schon die Justiz- und Finanzverwaltung erhebliche Anforderungen; seit dem 16. Jahrhundert waren infolge des gesteigerten außenpolitischen Engagements erhebliche Initiativen (und damit Kosten) für die Kriegsführung, die Diplomatie und die Bündnispolitik hinzugekommen, und diese nahmen in den großen Konflikten des 17. Jahrhunderts, in deren Verlauf Frankreich aus der Position einer vom Hause Habsburg umklammerten Macht in die eines europäischen Hegemons hineinwuchs, gewaltig zu. Erste Ansätze zu einer staatlich geförderten Wirtschaftspolitik in einzelnen Sektoren, die wir als »Merkantilismus« bezeichnen, wurden im Wesentlichen durch das Instrument des königlichen »Privilegs« – der direkten königlichen Subvention also – vorangetrieben und stellten die königliche Verwaltung vor neue Aufgaben (und Ausgaben). Die »Religion der Monarchie« schließlich verlangte nach neuen Formen der Präsentation des Hofs: Mit der Selbstregierung Ludwigs XIV. im Jahr 1661 begannen bald schon die Planungen für den neuen, zentralen, alles Bisherige in den Schatten stellenden Hof und damit das Wachstum eines Budgetpostens, der bis dahin keine besondere Rolle gespielt hatte.

Finanzen und Verschuldung

Frankreich war vermutlich auf kein Problem so schlecht vorbereitet wie auf die Schaffung eines diesen neuen Aufgaben entsprechenden Finanzsystems. Das Königtum, der Theorie und dem Herkommen nach auf die Gesamtheit seiner Domanialeinkünfte verwiesen, hatte seine Finanzierungsbasis zwar schon im 15. Jahrhundert durch die direkte Steuer der *taille* erweitern können, und eine Reihe von indirekten Steuern, insbesondere die auf Salz *(gabelle)*, war hinzugekommen. Damit war Frankreich noch kein Steuerstaat, doch der Weg dorthin war definitiv beschritten. Die Versuche, im Zusammenhang mit der von Richelieu durchgesetzten Beteiligung am Dreißigjährigen Krieg die Steuerlast des Landes zu erhöhen, führten zu heftigen Volksaufständen in vielen Provinzen des Westens, Südens und Südostens. Diese hatten zwar in der aktuellen Situation keinen großen Erfolg, hinderten die königliche Verwaltung aber in der Folgezeit daran, in der Betätigung der Steuerschraube das einzige Mittel ihrer Finanzpolitik zu sehen.

Den Weg, den die englische Geschichte zumindest im Verlauf des 17. Jahrhunderts anbot – das Arrangement der Krone mit den Führungsschichten des Landes zur Festlegung ihres finanziellen Beitrags zu den Staatsausgaben auf dem Weg über Beratungen im *Parliament* – wollten die französischen Könige und ihre Berater nicht gehen, weil sie seit den Tagen der Religionskriege der Idee der Generalstände zutiefst misstrauten. Im Übrigen waren »Führungsschichten« in England und Frankreich im 17. Jahrhundert etwas durchaus Verschiedenes: dort, in England, eine schon relativ geschlossene, in sich gefestigte soziale Schicht aus *gentry* und Londoner Kaufmannschaft mit verhältnismäßig gleichgerichteten Interessen, die im Unterhaus den Ton angab; hier, in Frankreich, das weit gefächerte soziale Spektrum vom Hohen Klerus über den hohen Adel, die *noblesse de robe* bis hinab zum vielgliedrigen Dritten Stand, in dem, wie die Versammlung der Generalstände von 1614/15 gezeigt hatte, wenig innere Einheit bestand.

So kam es, dass das Prinzip der Verschuldung in der französischen Politik wie in der vieler anderer europäischer Mächte, die eine aktive Mächtepolitik betrieben und zudem noch ein aufwändiges Hofsystem unterhielten, eine herausragende Rolle zu spielen begann. Vom frühen 17. Jahrhundert an bis hin zur großen Verschuldungskrise vor der Revolution war dieser absolute Staat ein überaus aktiver und ideenreicher Verschuldungsstaat, und es leuchtet ein, warum das Prinzip der »Absolutheit«, und das heißt vor allem: der inneren wie äußeren Handlungsfähigkeit des Königtums mit dem der Verschuldung ständig in Konflikt geriet: Ein Staat, der auf solvente Gläubiger im In- und Ausland angewiesen war, musste auf Vertrauen sehen, konnte sich keine Staatsspitze erlauben, die ihre sakrale Entrücktheit und ihren autokratischen Anspruch derart auf die Spitze trieb, dass das politische Alltagsgeschäft, und das heißt vor allem:

die Mobilisierung von Geld mit ihr nicht mehr zu bewältigen war.

Auf diese Weise gewannen in der Geschichte Frankreichs vom späten 16. bis zum späten 18. Jahrhundert all jene Elemente an Gewicht, deren einfluß und Bedeutung in den letzten Jahren, vor allem von angelsächsischen Historikern, herausgearbeitet worden sind und die es so überaus problematisch erscheinen lassen, den französischen König als jenes Musterbeispiel des Absolutismus anzusehen, als das er bisher immer gegolten hat: Nicht anders als der englische König war auch der französische auf intensive Zusammenarbeit mit den Führungsschichten seines Landes angewiesen, auch wenn er, anders als jener, dazu nicht den Weg einer formellen Institutionalisierung über eine zentrale repräsentative Versammlung beschritt. Als Ergebnisse dieser *cooperation* hat die Forschung in den letzten Jahrzehnten ausgemacht: die Ausweitung des Ämterhandels unter Einschluss der Ämtererblichkeit unter Heinrich IV.; den Aufbau eines unter Richelieu und Mazarin zunächst noch kleinen, persönlichen, auf einzelnen »Kreaturen« beruhenden Systems von Kronfinanciers, das schon unter Ludwig XIV., erst recht aber im 18. Jahrhundert zum umfassenden System der Steuerpachten ausgeweitet wurde; die oft übersehene Tatsache, dass diese Steuerpächter *(fermiers généraux)* keinesfalls nur königliche Steuern pachteten, sondern auf vielen Ebenen zum Wohl der Staatsfinanzen (und der eigenen) tätig wurden und dabei letztlich die Funktion einer Art »Kapitaldrainage« erfüllten: Über sie, ihre fein gesponnenen und mit ihrem wachsenden Erfolg immer besser ausgebauten Familien- und Klientelbeziehungen im ganzen Land fand das Geld der wohlhabenden, keinesfalls nur bürgerlichen, sondern auch adeligen (und nicht selten auch bäuerlichen) Untertanen den Weg in die königlichen Kassen. Mit Hilfe all dieser sich allmählich zu Strukturelementen der Monarchie entwickelnden Verfahren gelang es der Monarchie, ihre elementaren Finanzprobleme wenn auch nicht zu bewältigen, so doch über lange Jahrzehnte unter Kontrolle zu halten.

Wie dieses System im Einzelnen funktionierte, ist von keinem Historiker besser beschrieben worden als von David

D. Bien. Sein Thema sind die »Sekretäre des Königs« *(secrétaires du Roi)* –ursprünglich königliche Beamten zur Organisation der Kanzleien bei den verschiedenen hohen Gerichtsinstitutionen des Landes. Im 18. Jahrhundert freilich waren sie dies nur mehr dem Titel, keineswegs der Funktion nach. Dieses Amt vermehrte sich im Übergang vom 17. zum 18. Jahrhundert um mehr als das Fünffache – um 1670 gab es 104 solcher Stellen, um 1730 waren es 492. Dieser eklatante Fall von Ämterausweitung hatte nichts mit einem entsprechenden Wachstum der Aufgaben der königlichen Gerichtskanzleien zu tun, ihre geradezu wundersame Vermehrung war einzig und allein dem königlichen Kapitalbedürfnis zu danken, das er über den Verkauf solcher und einer Vielzahl anderer Ämter befriedigte. Ein *secrétaire du Roi* war im 18. Jahrhundert kein ortsanwesender Beamter mehr – die Inhaber der 1769 nach der Integration Korsikas in das Königreich geschaffenen Sekretärsstellen, die im Wesentlichen aus der Kaufmannschaft der Stadt Reims stammten, haben Korsika niemals gesehen. Er war vielmehr Mitglied des königlichen Finanzsystems, dessen Stelle so ausgestattet (und daher auch so teuer) war, dass sie ihm und seinen Abkömmlingen den erblichen Adel einbrachten – ein großer Anreiz, die beträchtliche Familieninvestition zu leisten und damit eine langfristige Strategie des sozialen Aufstiegs einzuleiten.

Privilegien und Patronage

Und das System betraf nicht nur die Finanzen, oder besser: es griff weit über die Finanzen hinaus. Wer königliche Ämter kaufte, Anleihen finanzierte, sich an königlichen Handelsgesellschaften oder anderen Unternehmungen beteiligte, sich vom König zu diesem Zweck »Privilegien« übertragen ließ, der trug, gleichgültig, welchen Stands er war, zur Stützung der Monarchie bei; wem der König Einkünfte aus investiertem Kapital garantierte, wem er Ämter verkaufte, besondere Privilegien verlieh, Titel überließ, den sicherte er in gewisser Weise sozial und band ihn in ein umfassendes Patronagesystem ein, gleichgültig, wie die Familie, die Klientel, der ganze Stand des Betreffenden einstmals zur Krone gestanden hatten.

Das Prinzip der Patronage ist in der neueren Forschung als eines der zentralen Funktionselemente der französischen Monarchie des 17. und 18. Jahrhunderts erkannt worden. Eines der eindrucksvollsten Beispiele dafür bietet die Institution der zumeist adeligen Provinzgouverneure. Im späten Mittelalter und im 16. Jahrhundert waren sie im Prinzip zwar von der Krone ernannte, aber der Sache nach weitgehend unabhängige, gelegentlich sogar sehr mächtige »Provinzfürsten«, die einem schwachen Königtum von der Peripherie her sehr gefährlich werden konnten. Im Zeitalter der Religionskriege war bzw. wurde das Königtum schwach, und die Gefahr der »Kantonisierung« Frankreichs mit einem schwachen König an der Spitze und starken katholischen und hugenottischen Gouverneuren in den Provinzen war jederzeit gegeben. Lange Zeit haben wir geglaubt, dass die Monarchie seit Heinrich IV. und Richelieu dieses Problems Herr wurde, indem sie die Institution eines Provinzgouverneurs zwar formell bewahrte, ihre Träger aber faktisch entmachtete. Harding hat nun deutlich machen können, dass die Dinge im 17. und 18. Jahrhundert komplizierter lagen. Zwar verloren die Provinzgouverneure ihre früheren, vor allem militärischen Funktionen und Machtmittel, doch die Institution blieb erhalten, sie blieb eine Domäne des Adels und sie wuchs allmählich auch in eine neue Funktion hinein. Nach dem Wiedererstarken der Monarchie setzten die adeligen Gouverneure zunehmend auf Kooperation mit dieser, sie spielten nicht nur bei der Staatsfinanzierung eine Rolle, sondern trugen auch zur politischen Loyalität der vielgliedrigen, in vielen Provinzen sehr regionalistischen Ancien-Régime-Gesellschaft gegenüber der »absoluten« Monarchie bei. Neben den Intendanten, den Steuerpächtern und anderen Finanziers fassen wir in der Institution des Provinzgouverneurs im 17. und 18. Jahrhundert damit ein weiteres Element, das uns das Funktionieren dieses politischen Systems nach der Beendigung der Religionskriege zu erklären vermag.

Bibliographische Hinweise

Die Literatur zum französischen Ancien Régime wächst von Jahr zu Jahr, insbesondere durch das unvergleichlich rege Interesse, das diese Geschichte nach wie vor bei angelsächsischen Historikern findet. Im Hinblick auf die klassische Verfassungs- und Sozialgeschichte ist der Beitrag der englischen und amerikanischen Geschichtswissenschaften zum französischen Ancien Régime inzwischen vermutlich bedeutsamer als der der Franzosen selbst. Neben den Studien des Verfassers (E. Hinrichs 1969, 1989, 1994), der überaus lesenswerten Gesamtbetrachtung des französischen Ancien Régime bei Goubert/Roche (1984) und dem unverzichtbaren Buch von Antoine (1970) über den königlichen Rat beruhen diese Kapitel daher vor allem auf den gediegenen Studien von Gruder (1968), Bonney (1978, 1981, 1995), Bosher (1970), Harding (1978), Morril (1978), Dessert (1984), Beik (1985), Bien (in E. Hinrichs 1986), Kettering (1986), Mettam (1988), Collins (1988), Campbell (1996). Zur religiösen Sozialgeschichte Frankreichs fundamental die Studien von Richet (1991) und seinem Schüler Crouzet (1990) sowie das neue Buch von Van Kley (1996). Die besten französischen Übersichten bei Jean Meyer (1990) und Le Roy Ladurie (1988, 1991). Zur Biografik herausragend die Reihe bei Fayard, zum Beispiel Babelon (1982) zu Heinrich IV., Goubert (1973, 1990) zu Ludwig XIV. und Mazarin, Dessert (1987) zu Fouquet, Bluche (1986) zu Ludwig XIV. und Antoine (1989) zu Ludwig XV.

4. »Absolute« Monarchien im übrigen Europa

Es war lange Zeit ein beliebtes Verfahren, das übrige Europa von Frankreich aus in den Blick zu nehmen, getreu der Vorstellung, dass das französische Beispiel in Europa Schule gemacht habe, dass es zu einem Vorbild geworden sei. In mancher Hinsicht war das plausibel: Frankreich wurde unter Ludwig XIV. zum Hegemon Europas, und es war naheliegend, dass der Blick der übrigen europäischen Landesherren in Richtung Frankreich ging, wenn sie den Versuch unternahmen, ihr eigenes Selbstverständnis zu bestimmen und ihre Regierungsweise festzulegen. Der Hof, die Sprache und die Kultur Frankreichs entfalteten im Barockzeitalter ihre gewaltige Wirkung im übrigen Europa, die Diplomatie des Sonnenkönigs war in gewisser Weise Herrin des politischen Geschehens auf dem gesamten Kontinent. Dennoch wird man sich fragen müssen, ob überall dort, wo von absoluter Monarchie bzw. Absolutismus die Rede ist – zu nennen wären: Spanien, Österreich, Bayern, Brandenburg-Preußen, Sachsen, andere, kleinere Reichsstände, aber auch Dänemark und Schweden – tatsächlich von einem einheitlichen System zu sprechen ist, das dazu noch dem französischen vergleichbar oder gar im Sinne eines Einflusses von diesem abhängig war. Mehrere Argumente sprechen dagegen:

Unterschiedliche zeitliche und herrschaftsgeschichtliche Voraussetzungen

Ein erster, kurzer Blick gilt *Spanien.* Dieses Land stand im 17. Jahrhundert nicht mehr im Zentrum des europäischen Geschehens, es hatte seine unter Philipp II. errungene Hegemoniestellung an Frankreich verloren. War und blieb Spanien gleichwohl eine absolute Monarchie? Die traditionelle Auffassung war schon recht differenziert: ganz gewiss unter

Philipp II., weit weniger unter seinen Nachfolgern im 17. Jahrhundert, als der Einfluss der spanischen Granden auf die Regierungskollegien in Madrid immer größer und das Land Schauplatz einer regelrechten »aristokratischen« Reaktion gegen den monarchischen Zentralismus wurde, überhaupt nicht mehr am Ende des 17. Jahrhunderts, als es durch das Aussterben der spanischen Habsburger zu einem Spielball der europäischen Mächte wurde – und dies, obwohl im iberischen Königreich seit seiner Neubegründung durch Isabella und Ferdinand eine unumstrittene dynastische Erbfolgeordnung herrschte. Die Geschichte der absoluten Monarchie in Spanien war demnach beendet, bevor sie in Frankreich so richtig begann, im Übergang vom 16. zum 17. Jahrhundert. Und heute neigt die Forschung dazu, sogar den Absolutismus Philipps II. als ein auf die Zentrale in Madrid beschränktes, rein verwaltungsgeschichtliches Phänomen zu betrachten, von dem der große Herrschaftsbereich der ehemaligen Königreiche Kastilien und Aragon nur wenig oder gar nicht erfasst wurde und auch nicht das Königreich Portugal, seit es im Jahr 1580 mit Spanien in Personalunion vereinigt war.

Was die stärkste Macht im Heiligen Römischen Reich angeht, das Erbgroßherzogtum *Österreich* mit seinen »Nebenländern« Böhmen und Ungarn, so verzichtet die Forschung seit langem darauf, die an mittelalterlichen Reichsvorstellungen orientierte Politik Karls V. dem Begriffsfeld »Absolutismus« zuzuordnen. Karl, von Geburt Burgunder, dessen stärkste Hausmacht die österreichischen Erbländer waren, verlor, seitdem er deutscher Kaiser (1519) war, das Interesse an den rein österreichischen Zusammenhängen, die allein eine Grundlage für die Entwicklung eines institutionellen Flächenstaats hätten bilden können. Er beherrschte jetzt ein europäisch-amerikanisches Riesenreich, das mit solchen Mitteln nicht regiert werden konnte; in vielen seiner Länder, nicht zuletzt in Spanien und im Reich, übten ständische Institutionen ein effektives Mitregiment aus. Unter seinen Nachfolgern auf dem deutschen Königsthron – bis 1740 waren es immer Habsburger – gewann der Staat der österreichischen Habsburger zumindest von der Spitze her ein deutlicheres absolutistisches Profil. Anders als Karl V.

begriffen sie, dass die Macht des deutschen Königs im Reich auf der Pflege seiner reichsständischen Hausmacht beruhte. Dass Karl V. diesen Teil seiner Herrschaft schon früh (1521/22) seinem Bruder, Erzherzog Ferdinand von Österreich, übertrug, sollte sich für den Staatsbildungsprozess in diesem Teil des alten Reichs überaus positiv auswirken. Denn Ferdinand hatte weit mehr als sein Bruder einen Blick für die zeitgemäßen Entwicklungstendenzen in Staat und Politik; in mancher Hinsicht wurde er für Österreich-Böhmen-Ungarn so etwas wie ein »Neuer Monarch«, der dieses im 16. Jahrhundert in keiner Weise zu einem einheitlichen Staat zusammenwachsende Konglomerat immerhin von der Spitze her auf ein Herrschaftszentrum hin orientierte. Indem die Habsburger dann seit Ferdinand II. (1619–1637) die österreichischen Erbländer gar zu einer Bastion der Gegenreformation, des Barock und der neuen katholischen Spiritualität ausbauten, wählten sie einen Weg, der zweifellos dem Frankreichs ähnlich war. Doch taten sie es nicht in Anlehnung an das französische Beispiel, sondern zur gleichen Zeit, in gewisser Weise sogar in Konkurrenz zu diesem.

Man darf sich allerdings von den Ausmaßen der habsburgisch-österreichischen Staatsbildung, insbesondere ihrer Möglichkeiten zur Zentralisierung, keine übertriebenen Vorstellungen machen. Verfolgt man den österreichischen Staatsbildungsprozess vom späten 16. Jahrhundert bis zu Leopold I., so fallen zwei in gewisser Weise gegenläufige Tendenzen auf: einmal der seit Rudolf II. und Ferdinand II. so überaus erfolgreiche Prozess der Gegenreformation, der mit der Ausbildung eines Herrschertypus und eines Hofsystems verbunden war, die ohne Schwierigkeiten dem Typus »absolute Monarchie« zugeordnet werden können; auf der anderen Seite das Fehlen einer manifesten Form staatlicher Zentralisierung. Weder schuf sich dieser Staat mit seinen Institutionen in Wien (Hofrat, Hofkammer und andere) ein zentralistisches Übergewicht, noch führte er für die Erbländer oder gar für die beiden Königreiche Böhmen und Ungarn eine einheitliche und wirksame Provinzialverwaltung ein. Als der Prozess der Gegenreformation erst einmal beendet und die übergroße Mehrheit der prominenten Adelsgeschlechter in den Erbländern dem alten Glauben zurückgewonnen war, etablierte sich das politische System der Habsburger in einer nur für diesen »Staat« bezeichnenden und unvergleichlichen Weise. Nicht Zentralismus und Absolutismus kennzeichneten es, sondern ein höfisch-ständischer Paternalismus, der auf einer engen Symbiose von Dynastie und den führenden Adelsgeschlechtern der Länder beruhte. Wo Landrechte, provinziale Freiheiten, Regionalismen aller Art ein kräftiges Eigenleben führten – in dem völlig unübersichtlichen Gesamtgebilde der Erbländer war das an vielen Stellen der Fall –, da ließ der Kaiser sie gewähren und zog gerade aus dem Gewährenlassen seinen stärksten Gewinn. Als es dem in neuer, katholischer Loyalität mit der Krone verbundenen Adel im Verlauf des 17. Jahrhunderts gelang, die beiden wichtigsten, potentiell »zentralistischen« Institutionen – die Hofkammer und den Hofkriegsrat – mehr und mehr in seine Hand zu bekommen, war es um die Zukunft eines wirklichen österreichisch-habsburgischen Zentralismus geschehen, den vielleicht Ferdinand II., gewiss aber nicht mehr Leopold I. angestrebt hatte. Und das alles gilt schon bei einem Blick auf die Erbländer und bezieht die naturgemäß noch dezentraleren Verhältnisse in Böhmen und Ungarn nicht einmal ein.

»Letztlich war ein Regieren von Wien aus nicht möglich, ohne den örtlichen Interessen entgegenzukommen. Hochadel und Klerus konnten vordergründig auf den Sitzungen der Landtage, etwas substantieller in ständischen Einrichtungen und durch jegliche Art kaum institutionalisierbarer Kanäle, mit ihrem Herrscher über Fragen der Verwaltung, über die Erhebung direkter Steuern, über die Zahl der Rekruten für die Armee, über die Rechtsprechung und über die höheren Geheimnisse der Politik verhandeln. Hätte Habsburgs Vorherrschaft in Mitteleuropa nur auf Regierungsmaßnahmen beruht, so wäre sie in der Tat äußerst schwach gewesen.« (Robert J. W. Evans)

Der letzte Satz ist das Resümee der Beobachtungen eines der besten Kenner Österreichs im 17. Jahrhunderts zum österreichischen Regierungssystem in diesem Jahrhundert, und es gilt in mancher Hinsicht für alle großen, so genannten absoluten Monarchien in Europa.

Etwas anders sah es in *Bayern* aus, allerdings nur in der ersten Hälfte des 17. Jahrhunderts unter Maximilian I. (1597–1651), dem Anführer der katholischen Liga und bedeutendsten katholischen Politiker im Dreißigjährigen Krieg. Durch konsequente fürstliche Machtpolitik erreichte dieser eine außerordentlich unabhängige Stellung im Inneren, durch die Erhebung des Herzogtums Bayern zum Kurfürstentum einen Statusgewinn seiner Dynastie nach außen und durch die Einverleibung der Oberpfalz aus dem Bestand des pfälzischen Kurfürstentums eine spürbare Vergrößerung seines Territoriums. Wie kaum ein anderer europäischer Fürst brach er mit Entschiedenheit, ja Brutalität mit den Traditionen des verschwenderischen und improvisierenden Renaissancefürstentums und führte schon vor dem Dreißigjährigen Krieg Verwaltungsreformen durch, die dem Herzogtum ein deutliches monarchisch-zentralistisches Gepräge gaben. Dass daraus kein Staat mit einem machtvollen Drang zur deutschen Mittel- oder Großmachtbildung wurde, lag an späteren Entwicklungen: Sie zeichneten sich durchaus durch eine gewisse Dynamik aus, die allerdings nicht von dem Streben nach innerem Staatsausbau, sondern – aus der Sicht Bayerns – von »außenpolitischen« Erwägungen bestimmt war. Kein anderer deutscher Reichsstand hat sich im Verlauf des Jahrhunderts zwischen 1650 und 1750 mehr um territoriale Erweiterung und, vor allem, um Rangerhöhung seiner Dynastie bemüht als Bayern. Nach dem Gewinn des Erzbistums Köln im Jahr 1583, nach dem Gewinn der Kur im Verlauf des Dreißigjährigen Kriegs

5 Kurfürst Maximilian I. von Bayern, Gemälde, nach 1641.
Ein vielfach variiertes Ganzkörperporträt des bedeutendsten frühneuzeitlichen Wittelsbachers, des Kurfürsten Maximilian I. von Bayern. Wie kaum ein anderer repräsentierte er den Geist und die Kraft des mittelstaatlichen Fürstentums, wie es in der »monströsen« Verfassungswirklichkeit des Heiligen Römischen Reiches in der Epoche zwischen dem Augsburger Religionsfrieden (1555) und dem Westfälischen Frieden (1648) Gestalt gewann. Das Gemälde spiegelt Eigenschaften wider, auf welche die katholische Partei und mit ihr die gesamte Gegenreformation vertrauen konnte: Kampfbereitschaft, Härte, Verschlagenheit, aber auch politische Klugheit, Konsequenz

richtete sich das bayerische Streben jahrzehntelang auf die denkbar höchste Rangerhöhung – das Kaisertum. Für eine kurze Episode wurde es tatsächlich Wirklichkeit – unter Kaiser Karl VII. zwischen 1742 und 1745 –, aber aufs Ganze gesehen wirkt die bayerische Politik des späten 17. Jahrhunderts, vor allem unter der Regierung des dynamischen Kurfürsten Maximilian II. Emanuel um 1700, und der ersten Hälfte des 18. Jahrhunderts doch stets wie die Politik einer großen europäischen Dynastie, die für ihre ehrgeizigen Ziele ein viel zu kleines Territorium zur Verfügung hatte und daher ständig über dessen Grenzen hinausstrebte. Bayern spielte damit ohne Frage eine bedeutende, auch mächtepolitisch bedeutende Rolle im Konzert des europäischen Mächtesystems, als Belegfeld für »Absolutismus« aber fiel es um so mehr aus, je mehr es sich nach dem Tod Maximilians I. in diese Richtung bewegte.

Wie haben wir die Entwicklung im Kurfürstentum *Sachsen* zu beurteilen, im Staat der albertinischen Wettiner, die dank einer konsequenten lutherischen Konfessionspolitik im Verlauf des 16. Jahrhunderts zur lutherischen Führungsmacht im Reich, zur Anführerin des *Corpus Evangelicorum* wurde? Von »Absolutismus« ist im Hinblick auf diesen – ökonomisch schon im 16. Jahrhundert recht bedeutenden – Staat in der Literatur immer nur mit Zurückhaltung die Rede, und wenn, dann nur für seine späte Epoche, das heißt die Zeit von August dem Starken an. Ganz offensichtlich hängt unsere Wahrnehmung des Absolutismusphänomens auch von der Wucht und dem Glanz der Herrscherpersönlichkeit ab, die einen betrachteten Staat repräsentierte. August der Starke, als Kurfürst von Sachsen Friedrich August I., als August II. seit 1697 zudem König von Polen, tritt in der Literatur in mancher Hinsicht wie ein absoluter König auf – als selbständiger Gestalter einer sächsischen Außenpolitik mit der eigenen Kandidatur (und Wahl) zum König von Polen als Höhepunkt, mit der prunkvollen Ausgestaltung Dresdens zur barocken Fürstenresidenz par excellence, mit der Einleitung einer zentralstaatlichen Verwaltungsreform im ersten und zweiten Jahrzehnt des 18. Jahrhunderts. Das waren Vorhaben, die das politische Fassungsvermögen der bodenständigen sächsischen Landstände überforderten und zu deren Beurteilung oder gar Genehmigung sie vom Landesherrn nicht herangezogen wurden.

Seinem politischen Wollen nach erfüllte August daher gewiss viele der Kriterien eines nach *potestas absoluta* strebenden Fürsten. Zugleich ist sein politisches Handeln aber auch ein überaus treffendes Beispiel für die scheinbare Widersprüchlichkeit ebendieses Handelns, die zu einer tatsächlichen wird, wenn wir es ausschließlich mit dem Blick auf die sächsische Staatsbildung bewerten. Es besteht Einigkeit in der Forschung – Jacek Staszewski hat diesen Aspekt vor allem betont –, dass nichts der Entwicklung Kursachsens zu einer absoluten Monarchie mehr im Wege stand als der Wunsch Augusts des Starken, die polnische Krone für sich zu erobern. Von vornherein muss ihm klar gewesen sein, dass er in Polen vor seinen dortigen Wählern keinesfalls im Gewand eines absoluten Monarchen auftreten konnte. Polen war um 1700 eine voll entwickelte Adelsrepublik, die auch deshalb gern auswärtige Potentaten zum König machte, weil auf diese Weise die unangemessene Rangerhöhung eines einheimischen Magnatengeschlechts und damit auch dessen mögliche Ermutigung, in Polen eine starke monarchische Bastion aufzubauen, vermieden wurde.

Doch auch im Hinblick auf Sachsen hatte die Entscheidung Augusts von 1697 Folgen. Der Preis für den Erwerb der polnischen Krone war unter anderem die Konversion Augusts zum Katholizismus, ein Schritt, den der Kurfürst, der in der Literatur als religiös »indifferent« gilt, offenbar wenn nicht leichten, so doch nicht übermäßig schweren Herzens getan hat. Für die sächsische und die gesamte deutsche Öffentlichkeit sah das anders aus, war der Kurfürst von Sachsen doch konfessionspolitisch nicht irgendwer, sondern der vornehmste lutherische Landesherr, den das Reich kannte. Gewiss kam dem Konfessionellen um 1700 nicht mehr dieselbe Bedeutung zu wie noch einhundert Jahre zuvor, doch ohne Frage war die Konversion Augusts ein Ereignis, das alle Hüter der lutherischen Orthodoxie im Reich in helle Aufregung versetzen musste. Die sächsischen Stände – Erzlutheraner, die sie waren – verarbeiteten dieses Ereignis denn auch auf ihre Weise. Dafür zu sorgen, dass Sachsen weiterhin ein durch und durch lutherisches

Territorium blieb, betrachteten sie von nun an als ihre wichtigste Aufgabe, und sie hatten Erfolg damit: Sachsen blieb lutherisch, und seine Landstände zogen daraus ein beträchtliches Wachstum ihres ständischen Selbstbewusstseins.

Und noch eine weitere Konsequenz barg das Polenabenteuer Augusts des Starken. Wie nicht anders zu erwarten, brachte es erhebliche außenpolitische Verpflichtungen und Engagements für ihn und seinen Nachfolger mit sich, so im Nordischen Krieg, so auch in den sich anbahnenden Konflikten zwischen den beiden deutschen Führungsmächten Preußen und Österreich. Solchen Verpflichtungen, das lehrt das Beispiel Frankreichs unter Ludwig XIV., konnte ein Barockfürst, der auf ein aufwendiges Hofsystem und ein Stehendes Heer Wert legte, nicht ohne die Inkaufnahme einer massiven Verschuldung begegnen, und Sachsen hat in der Tat in der ersten Hälfte des 18. Jahrhunderts ein erhebliches Wachstum seiner Schulden erlebt. Die Verwaltungs- und Steuerreformen Augusts des Starken, im Vergleich zu anderen Staaten relativ früh eingeleitet und im Prinzip gut konzipiert, verloren auf diese Weise viel von ihrer beabsichtigten Wirkung. Und noch schwieriger wurde die Lage für Sachsen unter Augusts Sohn und Nachfolger, August III. Obwohl dieser Herrscher, wie Staszewski betont hat, nicht das Verdikt der Geschichte verdient, das bislang über ihm lag, lässt sich doch nicht leugnen, dass das außenpolitische Engagement der Wettiner für das Kurfürstentum – in letzter Analyse – weit mehr Probleme als Chancen mit sich brachte, vor allem, was das Verhältnis zu Brandenburg-Preußen anging, das durch seine Gebieterwerbungen des 17. Jahrhunderts zu einem unangenehm nahen Nachbarn Sachsens geworden war. Für Brandenburg-Preußen war es eben nicht gleichgültig, ob es sich bei dem Nachbarn im Süden nur um einen im Wesentlichen auf sich selbst beschränkten lutherischen Reichsstand oder um einen um europaweite Geltung bemühten Machtstaat in Personalunion mit der polnischen Adelsrepublik handelte. Entsprechend hat sich der Staat Friedrichs II., der Logik seiner Staatsräson folgend, in den Schlesischen Kriegen gegenüber Sachsen verhalten.

Und damit stehen wir bei der im 18. Jahrhundert bedeutendsten Macht im Nordosten Deutschlands. Das Kurfürstentum *Brandenburg* war im 17. Jahrhundert ein Reichsstand von mittlerer Größe und Bedeutung, der allerdings über einige bedeutende Machtchancen verfügte oder sich diese zu beschaffen wusste. Kurz nach ihrer erblichen Einsetzung in die Markgrafschaft im Jahr 1411 durch Kaiser Sigismund war dem Markgrafen Friedrich I. auf dem Konstanzer Konzil 1415 auch die Kurwürde übertragen worden, der kleine Staat gehörte von nun an zur Elite der deutschen Reichsstände. Am Ende des 15. Jahrhunderts hatte sich die Dynastie ein Hausgesetz gegeben, so dass die für andere Territorien so bedrohlichen Erbteilungen vermieden werden konnten. Am Beginn des 18. Jahrhunderts trat schließlich noch die preußische Königskrone hinzu, ein wirkungsvoller und ertragreicher Schritt, der auf die persönliche Initiative des so sehr im Schatten seiner Nachkommen stehenden Königs Friedrich I. zurückging. In den Mächtekonflikten des 17. Jahrhunderts begann das Kurfürstentum damit, seine territoriale Basis zu vergrößern. Seit dem Großen Kurfürsten (1640–1688) nahm er aktiv teil am Mächtegeschehen und versuchte, die beiden großen Machtströmungen der Zeit – den Machiavellismus und den Neustoizismus – zugunsten seiner Staatsidee zu nutzen. Doch seit wann war Brandenburg eine absolute Monarchie, und in welcher Hinsicht war es eine? Von der Staatsspitze, den Staatszielen und der zentralen Staatsorganisation her war das schon unter dem Großen Kurfürsten der Fall, und Friedrich I., Friedrich Wilhelm I. und Friedrich II. folgten ihm in dieser Hinsicht konsequent nach; doch keines der europäischen Territorien bestand nur aus der Staatsspitze, und Absolutismus war nicht nur ein Modell zur Organisation der Zentrale, sondern auch zur Durchdringung des Untertanenverbands, insbesondere des Adels. Und in dieser Hinsicht ist Absolutismus in der gesamten Frühen Neuzeit in den preußischen Staaten nach den Aussagen der modernen Preußenforschung ein Phantom geblieben; Brandenburg-Preußen gilt als die europäische Monarchie, die am konsequentesten von allen die Herrschaft des Adels auf dem Lande, in den Gutsbezirken, bestärkt und beschützt hat, und dies nicht nur im 17. Jahrhundert, als es galt, den Adel für die neue Staatsidee zu gewinnen, sondern auch später, bis an das Ende

Friedrichs II. und darüber hinaus. Was machen wir in diesem Fall mit dem Absolutismusbegriff, verengen wir ihn zu einem Begriff zur Charakterisierung der Zentrale oder verzichten wir auf ihn?

Wieder anders sah es in den skandinavischen Monarchien aus. In *Dänemark* wie in Schweden ging dem frühneuzeitlichen monarchischen Machtzuwachs eine Epoche ausgeprägter ständischer Einflüsse auf die Politik voraus. Das bedeutet nicht, dass die Monarchie dort im Verlauf des 16. und 17. Jahrhunderts nicht politische Akzente zu setzen verstand. Mit Christian III. (1534–1559) und Gustav Wasa I. (1523–1560) verfügten sowohl Dänemark als auch Schweden über herausragende Herrschergestalten im Sinne des Konzepts der »Neuen Monarchie«. Doch diese agierten jeweils in enger Kooperation, nicht selten auch im Konflikt mit dem Reichsrat, der in beiden Ländern vom hohen Adel beherrscht wurde. Vor allem aber blieben sie hinsichtlich der Nachfolgeordnung von diesem ständisch beherrschten Ratsgremium abhängig: Beide waren zunächst Wahlkönigreiche, ihnen fehlte damit die Stabilität einer dynastischen Erbfolge, die in Frankreich, Österreich und Brandenburg-Preußen die Grundlage der königlichen Machtstellung bildete.

Dass sich in Dänemark im 17. Jahrhundert an dieser Situation etwas änderte, hatte vor allem außenpolitische Gründe. Im Dreißigjährigen Krieg und davor noch eine europäische Großmacht, die auch den schwedischen Nachbarn in Grenzen zu halten wusste, verlor Dänemark diese Position in der ersten Hälfte des 17. Jahrhunderts infolge dauernder, weitgehend negativ verlaufender Auseinandersetzungen mit Schweden um die Vorherrschaft im Ostseeraum. Noch im Ersten Nordischen Krieg (1655–1660) musste Friedrich III. eine Reihe von umkämpften Landschaften an Schweden abtreten, und es war nicht überraschend, dass die negativen Folgen der dänisch-schwedischen Auseinandersetzungen in Dänemark auch mit den Besonderheiten der dortigen Herrschaftsverfassung erklärt wurden. In dem Land herrschte »ein System der voll entwickelten Adelsherrschaft« (Dietrich Gerhard). Der Reichsrat, mit Mitgliedern aus dem Hochadel besetzt, sicherte dem Adel den ausschließlichen Zugang zu den Ämtern, und gerade in der

Zeit des ersten Nordischen Kriegs war dieses ständische Regierungsgremium auf dem Weg, seine Stellung noch auszubauen. Durch Zugriff auf die Ämter, durch das ausschließliche Recht auf die Verwaltung des Kronguts, durch scharfe Abgrenzung gegenüber den anderen Ständen, zum Beispiel in der Heiratspolitik, wurde der dänische Adel im frühen 17. Jahrhundert »zu einer in sich geschlossenen Kaste mit Herrschaftsmonopol« (Dietrich Gerhard).

Gegen ihn richtete sich die Wandlung der dänischen Herrschaftsverhältnisse, die in den Jahren 1660 bis 1665 im Zusammenhang mit der Beendigung des Kriegs mit Schweden herbeigeführt wurde. Der König, in der Schlussphase des Kriegs nur mit Hilfe des Kopenhagener Bürgertums (und seiner Financiers) in der Lage, die Stadt gegen die schwedischen Belagerer zu verteidigen, gab diesem Bündnis gleichsam Verfassungsgestalt. Er nutzte die antiadelige Stimmung in den übrigen Ständen, vor allem bei den Bürgern Kopenhagens, übte Druck auf den Reichsrat aus und ließ sich im Oktober 1660 in einer gemeinsamen Versammlung aller Stände die Erbregierung übertragen. Aus einer eng an den adeligen Reichsrat gebundenen Wahl- wurde jetzt eine mit förmlicher *potestas absoluta* ausgestattete Erbmonarchie. Das Ganze fand dann Niederschlag in dem berühmten *kongelov* (*lex regia,* Königsgesetz) von 1665, das als einziges europäisches Gesetz dieser Art den Absolutismus gesetzlich festlegte.

In *Schweden* lagen die Dinge komplizierter. Zwar ist man gewohnt, von schwedischem Absolutismus erst für die Zeit nach dem Reichstag von 1680 zu sprechen, als unter Karl XI. (1660–1697), einem König aus dem Hause Pfalz-Zweibrücken, in einer ähnlichen, antiadeligen Stimmungslage wie zwanzig Jahre zuvor in Dänemark der hochadelige Reichsrat entmachtet und ein durch kein ständisches Gremium mehr beschränktes königliches Regiment durchgesetzt wurde. Doch hatten sich schon in der Verfassungsentwicklung der vorangehenden hundertfünfzig Jahre manche Elemente einer starken Königsgewalt ausgebildet. Schon Gustav Wasa war es gelungen, die machtvolle Position des hochadeligen Reichsrates, die mit dem Rezess von Kalmar (1483) begründet worden war, durch eine Art paternalistischen Absolutismus zu unterlaufen und sich dabei auch, wenn nötig, auf die im Reichstag repräsentierten unteren Stände – das freie Bauerntum eingeschlossen – zu stützen. Schon unter ihm wurde Schweden eine Erbmonarchie, freilich nicht in dem umfassenden Sinne, wie das von Frankreich oder Habsburg gesagt werden kann: Dem Reichsrat blieb sein Wahlrecht, doch war er gehalten, den neuen König aus der »Königsdynastie« der Wasa zu wählen. Schweden wurde, wie es in den zeitgenössischen Quellen hieß, zu einer *monarchia mixta*.

In der Folgezeit, unter den weniger fähigen Nachfolgern Gustav Wasas, gewann der Reichsrat wesentliche Positionen zurück, insbesondere auch jenes Recht, das ihm vor Gustav Wasa seinen Einfluss und damit das gesichert hatte, was einmal als »aristokratischer Konstitutionalismus« (Michael Roberts) bezeichnet worden ist: die Bindung jedes Monarchen an eine Charta, eine Wahlverpflichtung. Besonderen Ausdruck fand der hochadeligen Einfluss auf die schwedische Politik im 17. Jahrhundert in der Verteilung von Kronland an den Adel und in dem Druck, den dieser auf das freie Bauernland ausübte. Die anderen europäischen Staaten erst im späten 18. Jahrhundert vertraute Erscheinung einer »aristokratischen Reaktion« fand hier schon seit dem frühen 17. Jahrhundert statt, und da es sich bei der schwedischen Monarchie um einen der großen Kombattanten des Dreißigjährigen Krieges handelte, bestand aus der Sicht des Königs bis zum Friedensschluss von 1648 kaum eine Möglichkeit, an dieser Situation etwas zu ändern.

Erst nach Kriegsende entluden sich die sozialen Spannungen im Königreich in einem massiven Verfassungskonflikt, der in die Ereignisse der Jahre um 1680 mündete. Die unteren Stände – freie Bauern, die im schwedischen Reichstag eine eigene Ständekurie besaßen, Bürger, Klerus und selbst der niedere Adel – einigten sich gegen den hochadeligen Reichsrat, forderten die »Reduktion«, das heißt die Rückübertragung der von der Krone an den Hochadel verteilten Güter, und boten dem König dafür ein unbeschränktes, vom Reichsrat und seiner Charta nicht mehr zu kontrollierendes Regiment an. Dieses wurde dann in der Tat auf dem Reichstag von 1680 institutionalisiert. Der Reichsrat verlor sein wichtigstes Privileg, Mittler zwischen Volk und König zu sein, und wurde in einen königlichen Rat umgewandelt. Wie Dänemark war Schweden damit eine »absolute« Monarchie. Sie war in dieser »reinen« Form den schwedischen Verhältnissen offenbar derart inadäquat, dass schon vierzig Jahre später, nach der Katastrophe des Kriegsabenteuers Karls XII. (1697–1718) gegen Russland, ein erneuter Verfassungswandel eintrat, der freilich nichts weniger war als eine Rückkehr zu den alten, vom Hochadel bestimmten Verhältnissen: Mit der Freiheitszeit ab 1720 und der Aufwertung der Position des Reichstags traten in Schweden nahezu vor-parlamentarische Zustände ein, die aus der Epoche des Absolutismus, ja aus der Frühen Neuzeit herausführten. Der Begriff »vorparlamentarisch« bietet sich deshalb an, weil typische institutionelle Strukturmerkmale des späteren Parlamentarismus – das Ausschusswesen, die Ausbildung von dauerhaften tätigen, parteiähnlichen politischen Gruppierungen (»Hüte« und »Mützen«) unter den Abgeordneten, ein gewisses Initiativrecht von Abgeordneten und selbst von »normalen« Bürgern – hier schon auftauchten und von da an nicht mehr aufgegeben wurden.

Und *Russland?* War Russland in der Frühen Neuzeit eine absolute Monarchie? Passte es seinen Strukturen nach zum frühneuzeitlichen Fürstenstaat mittel- und westeuropäischer Prägung? Soweit die nicht-russische Literatur Begriffs- und Problembewusstsein erkennen lässt, ist das Bild relativ klar. Deutsche Osteuropahistoriker gehen von der Unterscheidung von »Autokratie« und »Absolutismus« aus. Autokratisch ist ein Regierungssystem, das ganz und gar auf das Herrscherindividuum zugeschnitten ist und über die für die übrigen europäischen Staaten kennzeichnenden »Zwischengewalten« im Sinne Montesquieus – Adel, Klerus, Gerichtsinstitutionen, Korporationen aller Art – nicht verfügt. Russland war bis in die Zeit Peters des Großen hinein ein autokratisches System. Zwar war mit dem Bojarentum ein Dienstadel vorhanden, dieser hatte aber keinerlei auf Eigenberechtigung fußende ständische Qualität. Gerade weil der russische Autokrat in der Zeit vor Peter hinsichtlich seiner Regierungstechnik so gut wie völlige freie Hand hatte, bildeten sich in Russland typische zentralstaatliche Einrichtungen aus (Zentralismus, Kabinettsregierung), die auch für den europäischen Absolutismus als typisch gelten. Mit anderen Worten: Die russische Autokratie war, was die Regierungsspitze angeht, in mancher Hinsicht dem Absolutismus verwandt, ihr fehlte aber jeglicher »gesellschaftlicher« Unterbau, wie er in den absoluten Monarchien des übrigen Europa vorhanden war und der, wie in diesem Buch dargelegt, derart vielgestaltig und in einem die absolute Monarchie einschränkenden Sinne wirksam war, dass wir auf dem Wege sind, auf den Absolutismusbegriff ganz zu verzichten.

Durch bewusst aus dem Westen importierte Vorstellungen, vor allem durch die förmliche Einrichtung von Ständen bzw. eines einzigen Standes, des Adels, unter Peter und unter Katharina II., durch die Übernahme von Kriegstechnik und Kriegsorganisation (Stehendes Heer), durch die Rezeption des europäischen Merkantilismus, durch die Ausbildung einer dem Westen vergleichbaren Vorstellung vom »Staat«, schließlich auch durch die überaus bewusste Übernahme der Theorie des aufgeklärten Absolutismus unter Katharina II. wurde dann ein allmählicher Wandel in Richtung auf ein dem Westen entsprechendes Regime eingeleitet und erreicht. Zwischen Peter dem Großen und Katharina, so ließe sich zusammenfassen, wurde aus der russischen Autokratie eine (importierte) absolute Monarchie, ohne dass freilich der »gesellschaftliche Unterbau« dem in allen Details entsprach. Es gab in Russland bis hin zu Katharina II. nach wie vor nur einen Dienstadel, der mit einigem Zwang in ein neuartiges Dienstverhältnis überführt worden war; es gab kein dem Westen entsprechendes Bürgertum, es gab vor allem nicht das dichte Geflecht von »Korporationen«, das nach der neueren Forschung konstitutiv war für das übrige Europa, insbesondere für Frankreich.

Katharina II. versuchte den Prozess der Angleichung an die übrigen europäischen Verhältnisse noch einmal voranzutreiben, indem sie dort ansetzte, wo der eigentliche Ausgangspunkt für die Andersartigkeit Russlands gelegen hatte und wo auch Peter im Grunde nichts verändert hatte – im russischen Adel. Er war vor Peter Dienstadel gewesen, er war es unter Peter unter veränderten Umständen geblieben; Katharina aber versucht es mit dem Instrument der Dienstbefreiung. Zwischen 1762 und 1785 liegen die gesetzlichen Versuche der Zarin, einen vom Dienst befreiten, tätigen, somit gleichsam eine eigene ständisch-soziale Rolle findenden Adel zu schaffen, ein Experiment, das allerdings seine Früchte nicht mehr im 18., sondern erst im 19. Jahrhundert trug, und dann auch in einer Weise, die Katharina nicht angestrebt hatte. Jetzt wurde der Adel tatsächlich zu einer eigenständigen Kraft, jetzt entwickelte er aber auch eine so ausgesprochen dualistische Vorstellung vom russischen Staat, dass er zum wesentlichen Träger von Opposition wurde – eine Rolle, die im Russland des 19. Jahrhunderts weder das Bürgertum im engeren Sinne, noch ein wie auch immer gefasster Dritter Stand im Sinne der Französischen Revolution zu ergreifen imstande war.

Was machen wir da mit unserem Absolutismus? Nimmt man es genau, so hat Russland im 18. Jahrhundert, von der Autokratie herkommend, durch Imitation und durch Import einen Absolutismus in »Reinkultur« geschaffen, wie er in keinem anderen europäischen Land vorlag. Für den Fall, dass wir im Westen auf den Begriff verzichten, wäre er ein sehr geeignetes Instrument, um die russischen Verhältnisse des 18. Jahrhunderts von denen der vorpetrinischen, der autokratischen Zeit zu unterscheiden. Falls wir unsere Begriffskorrektur nicht so weit treiben, bleibt Russland ein weiteres Glied in der langen Kette von Belegen für die Schwierigkeit, die Fülle unterschiedlicher Erscheinungen im Europa des Ancien Régime mit einem einzigen Begriff adäquat zu erfassen.

Unterschiedliche Größenordnungen

Hatte die Größe der einzelnen europäischen Staaten Einfluss auf ihre Regierungsformen, war die »absolute« Monarchie in kleinen Staaten leichter durchzusetzen als in großen? Oder war es eher umgekehrt? Die Frage ist von der Forschung noch nicht systematisch behandelt worden, so dass wenige Anmerkungen genügen müssen. Immerhin drängen sich schon nach den bisherigen Analysen einige Beobachtungen auf. Frankreich hatte in der Zeit des Pyrenäenfriedens (1659) zwischen 18 und 20 Millionen Einwohner, die auf einem etwa 495 000 Quadratkilometer großen Territorium lebten. In Schweden und Dänemark zusammen lebten um dieselbe Zeit 2,6 Millionen, in Bayern vermutlich deutlich unter einer Million Einwohner. Im zusammengesetzten Territorialstaat der Habsburger waren es, Böhmen und Ungarn eingeschlossen, gewiss um die sechs Millionen Einwohner, während Brandenburg in allen Staaten, die unter dem Großen Kurfürsten in Personalunion mit der Markgrafschaft vereinigt waren, vermutlich nicht mehr als vier Millionen zusammenbrachte.

Gewiss gab es keine mechanische Abhängigkeit der Regierungsform von der Bevölkerungszahl, noch weniger von der Flächengröße. Und doch lassen schon recht simple Überlegungen zur Verkehrsgeschichte und zur Kommunikationsgeschwindigkeit im 17. und 18. Jahrhundert einige Vermutungen über Zusammenhänge zwischen diesen Faktoren zu. Dass in Frankreich selbst bei höchster Konzentration auf das Herrschaftsziel im 17. Jahrhundert, etwa im Zeitalter Richelieus, beim Weg von der Zentrale in die Provinzen viel an Herrschaftsintensität verloren ging, lässt sich kaum bezweifeln. Alles hing davon ab, ob die Regierung in der Lage war, eine Herrschaftstechnik zu entwickeln, die trotz der Probleme der Distanzen und der Massen ein Höchstmaß an Effektivität erreichte. Wie in den folgenden Kapiteln noch im Einzelnen zu zeigen sein wird, gelang dies zu keinem Zeitpunkt. Zwar hat Richelieu in einer danach nie wieder erreichten Intensität (und Brutalität) versucht, der Idee des Staates auf allen Ebenen theoretisch und, wenn irgend möglich, auch praktisch zum Durchbruch zu verhelfen. Doch seine Amtszeit war kurz, seine Erfolge waren gering und die Opposition in Gestalt von Volksaufständen heftig. Danach entwickelte sich das französische System auf eine höchst charakteristische Weise: das das ganze Land erfassende und überragende nationale Königtum wurde an der Spitze, in der Zentrale, am Hof unablässig und mit allen zur Verfügung stehenden Mitteln der Technik und der Künste propagiert, inszeniert, repräsentiert und »fabriziert«, von ihm gingen auch unablässig Dekrete aus, die das ganze Land betrafen und überall Gehorsam erwarteten; doch als ein auf Dauer gestelltes, das gesamte Regierungs- und Verwaltungsgeschehen beherrschendes System realisiert wurde es nicht.

Dazu bildet ein Staat wie Dänemark den denkbar größten Kontrast. Die Konsequenz des Wechsels von 1660/65, die Dauerhaftigkeit des Arrangements, das damals zwischen dem König und dem Kopenhagener Bürgertum gefunden wurde, sind nicht vorstellbar ohne die Überschaubarkeit der Verhältnisse, die ihrerseits Voraussetzung dafür war, dass ein weiterer grundlegender Unterschied zwischen Frankreich und Dänemark auf Dauer zum Tragen kam: Dänemark hatte bis zum Ende der dänisch-niedersächsischen Phase des Dreißigjährigen Kriegs durchaus Großmachtambitionen, und diese standen in erster Linie unter dem Diktum der dänischen Interessenwahrung gegen Schweden im Ostseeraum. Nach dem Scheitern Christians IV. (1588–1648) wuchs der Druck Schwedens auf den Nachbarn, und die Ereignisse von 1660/65 waren ein verzweifelter, aber letztlich erfolgreicher Versuch, dieses Problem auf Dauer zu lösen. Mit ihnen waren die europäischen Großmachtambitionen Dänemarks endgültig vorüber, die neue, »absolutistische« Politik Dänemarks bis ins 19. Jahrhundert hinein hatte, von der internationalen Ausrichtung der dänischen Wirtschaft einmal abgesehen, in erster und fast einziger Linie eine innere Komponente: Dänemark wurde der erste europäische Staat, der im 18. Jahrhundert unter Führung bzw. Duldung der Krone zeitgemäße Reformen initiierte, es wurde der erste Protagonist des »aufgeklärten« Absolutismus. War nicht beides – die Kleinheit und Überschaubarkeit dieses Staates und sein Verzicht auf Großmachtambitionen, seine Wendung nach innen – die Vorbedingung für diesen »Erfolg«, eine Vorbedingung, die in größeren Staaten wie Frankreich, Österreich und selbst in Brandenburg-Preußen, vom Sonderfall Russland einmal abgesehen, in keiner Weise gegeben war?

Bibliographische Hinweise

Ein befriedigender Literaturbericht zu diesem Übersichtskapitel ist nicht vorstellbar, daher nur einige Hinweise auf die direkt benutzte Literatur ohne die Nennung einzelner Aufsätze und die schon zitierten Sammelbände. Zu Spanien Elliott (1969, 1984, 1991), Heine (1984), Hofmann (1985), Kamen (1978, 1980, 1991), Bernecker und Pietschmann (1993). Für Österreich allen voran zu nennen Evans (1986), das Zitat S. 119 f., aber auch Bérenger (1975), Ehalt (1980), Barker (1982) Ingrao (1995). Zu Bayern vor allem Bosl (1974), Dollinger (1978), Glaser (1976, 1980), Scherr (1989), Henzler (1993). Zu Sachsen Staszewski (1981, 1996), Blaschke (1992), Czok (1983, 1991, 1997). Zu Preußen immer noch wichtig die Beiträge der älteren Preußenforschung, in erster Linie von Hintze (1967, 1970) und C. Hinrichs (1971); daneben Baumgart (1969, 1983) Heinrich (1981), Puhle/Wehler (1986), Neugebauer (1977, 1993, 1996), Fürbringer (1985), Hahn (1989), Kamienski (1995), Salmonowicz (1995). Zu Dänemark bzw. Schweden Gerhard (1977), dort auch die Zitate, Roberts (1973, in E. Hinrichs 1986), Barudio (1976, 1981, 1985), Buchholz (1979), Upton (1987), Krüger (1983, in E. Hinrichs 1986, 1992), Zernack (1992). Zu Rußland Mediger (1952), Stökl (1963), Wittram (1964), Raeff (1966), Jones (1973), Torke (1974, 1986), Dukes (1982), D. Geyer (1982), Hoffmann (1988), Donnert (1989), Zernack (1994), M.S. Anderson (1995), Hübner (1998).

5. Und England?

Welche Rolle spielt England in unserem Zusammenhang, welches ist sein »Stellenwert« in der Debatte über den Absolutismus? Das englische Königreich gilt, wie die nördlichen Niederlande, Polen oder die Schweizerischen Eidgenossenschaften, als nicht-absolutistischer Staat, als »Alternative zum Absolutismus« (Heinz Duchhardt, Ernst Hinrichs). Der Absolutismusbegriff als ein polemischer ist im Wesentlichen in England geprägt worden, und er dient bis heute vielen Historikern und Publizisten dazu, die – positiv bewertete – Andersartigkeit Englands im Vergleich zum Kontinent herauszustellen. Wie kam es dazu, welche Argumente liefert die Geschichte, wie sehen sie vor dem Hintergrund einer veränderten Absolutismuskonzeption der modernen Geschichtswissenschaft aus?

Gehen wir vor wie bei den anderen betrachteten Ländern, so deutet zunächst wenig auf eine »Sonderentwicklung« Englands hin. Das insulare Königreich war wie Spanien und Frankreich einer der ersten europäischen Staaten, in denen sich die Territorialisierung der Königsgewalt im Sinne eines dynastisch-institutionellen Flächenstaats durchsetzte. Nach dem Abschluss der »Rosenkriege« (1455–1485) leitete die Dynastie der Tudor eine mehr als einhundert Jahre dauernde Epoche innerer Stabilität ein und begründete zugleich den »modernen« englischen Staat. Mit den großen Herrschergestalten des Renaissancezeitalters, mit Heinrich VII., Heinrich VIII. und auch noch Elisabeth I., bot England geradezu den Modellfall einer »New Monarchy«.

Unterschiede zum übrigen Europa

War die Situation Englands damit im 16. Jahrhundert in mancher Hinsicht vergleichbar mit der Frankreichs und Spaniens, so doch nicht in jeder. Es gab in England eine

Reihe von Strukturen und Ereignissen, deren Pendants wir auf dem Kontinent vergeblich suchen und die kurz beschrieben werden müssen, wenn der Weg der neuzeitlichen Geschichte Englands deutlich werden soll.

Erstens: Schon im 15. und 16. Jahrhundert, in der Entstehungsphase des »modernen« England, gab es eine das ganze Land umfassende und repräsentierende Ständeversammlung – die beiden Häuser des *parliament.* In einem, dem »oberen«, saßen die Aristokratie und die Bischöfe *(house of lords)*, im anderen, dem »unteren«, die gewählten Vertreter des Landadels und der Städte *(house of commons).* Beide Häuser konnten nur auf Einberufung des Königs tagen, was nur mit »bedingter« Regelmäßigkeit geschah. Sie hatten aber ein wichtiges, freilich nur für Krisenzeiten bedeutsames Recht errungen: das der Zustimmung zu Steuern. In »normalen« Zeiten musste der König mit den Kroneinkünften und den Einkünften aus seinem Grundbesitz auskommen.

Es wäre falsch, das Verhältnis zwischen Königtum und Parlament für das 15. und 16. Jahrhundert im Sinne eines gleichgewichtigen Dualismus zu beschreiben. Das Übergewicht der Krone war deutlich, und es wurde als Auswirkung ihrer *Prärogative* – ihres sehr weit gefassten Rechts, Beschlüsse ohne Zustimmung des Parlaments zu fassen – begriffen und akzeptiert. Diese war freilich, wie so vieles in England, niemals theoretisch festgelegt worden, sondern hatte sich in der Verfassungswirklichkeit des späten Mittelalters und des 16. Jahrhunderts herausgebildet. Zudem: Krone und Parlament agierten im 16. Jahrhundert in der Regel mehr mit- als gegeneinander, etwa bei der Frage der Einführung der Reformation, so dass sich die für einige europäische Staaten bedeutsame Frage, wer denn nun die verfassungsmäßige Priorität behaupten könne, für England zunächst nicht oder nur am Rande stellte.

In ihrem Urteil über die Bedeutung des englischen Parlaments schwankt die Forschung, auf längere Zeit betrachtet, munter hin und her zwischen der Behauptung seiner Einzigartigkeit und seiner Einschätzung als einer mehr oder minder normalen Ständeversammlung wie andere auch. Für einen systematischen Absolutismusvergleich muss bei aller notwendigen Betonung des Gewichts der königlichen Prärogative festgehalten werden: Nirgendwo sonst in den europäischen Staaten, die später »absolute« Monarchien wurden, hat die nationale Ständeversammlung, die ja etwas anderes war als die aristokratischen Reichsräte in Dänemark und Schweden, im 16. Jahrhundert eine so starke Position errungen wie das englische *parliament*. Diese beruhte nicht nur darauf, dass beide Häuser verhältnismäßig regelmäßig, und das heißt, nicht nur in Zeiten monarchischer Finanznot, einberufen wurden, sondern auch darauf, dass sich in dieser Institution, vor allem im Unterhaus, die Führungsschichten des Landes, die »politische Nation« mit ihren schon weitgehend gleichgerichteten Interessen, sammelten. Wollte ein englischer König die »thèse royale« stärker als bisher zur Geltung bringen, wollte er gar »Absolutismus« verwirklichen, so musste er, sofern er das Parlament dafür nicht gewinnen konnte, mit einem gut platzierten Gegner rechnen.

Zweitens: Auch in der Lokalverwaltung zeigte England im Vergleich zum übrigen Europa Besonderheiten. Während sich in Frankreich seit dem späteren 15. Jahrhundert in der Justiz- und Finanzverwaltung eine erste Welle der Bürokratisierung auftürmte, die schon im 16. Jahrhundert Probleme der Beamtenversorgung und der Funktionsfähigkeit der Institutionen mit sich brachte, ging England mit der Entwicklung des Amtes des Friedensrichters *(justice of the peace)* andere Wege. Der Tradition der mittelalterlichen Friedenswahrung entstammend, wurde dieses Amt seit dem 15. Jahrhundert mit umfassenden Kompetenzen in der Lokalverwaltung ausgestattet. Seine Inhaber freilich waren keine Beamten im modernen Sinne; sie wurden zwar vom König ernannt und auch als Vertreter der Zentralverwaltung in den Grafschaften betrachtet, sie mussten aber die Unkosten für das Amt selbst tragen, so dass nahezu alle Friedensrichter den wohlhabenden Schichten, vor allem der *gentry*, entstammten. Ihren persönlichen Gewinn zogen die Inhaber dieses gleichwohl sehr begehrten Amtes aus seinen immateriellen Werten. Es vermittelte Ansehen, Beziehungen, Einfluss und, wie sich bald zeigen sollte, einen leichten Zugang zu einem Unterhaussitz. Die Friedensrichter waren zwar Leute des Königs, doch verfügten sie über ein hohes Maß an Unabhängigkeit, das sie, vor allem als Mitglieder des

Unterhauses, im Konfliktfall zu keinem leichten Partner des Königs machte.

Drittens: Anders als im übrigen Europa verlief in England schließlich auch die Rezeption der Reformation. Sie wurde verhältnismäßig früh eingeführt, und zwar auf Initiative der Krone. Ihr bedeutsamstes Ergebnis, die Gründung der anglikanischen Staatskirche, stand schon bald fest, und es brachte im 16. Jahrhundert so gut wie keine inneren Unruhen mit sich, wenn wir einmal davon absehen, dass unter dem katholischen Regiment Maria Tudors (1553–1558) für einige Zeit der Versuch unternommen wurde, die Ergebnisse der Reformation in England wieder zurückzunehmen. Man vergleiche das mit der Situation in Frankreich, in den Niederlanden oder in den deutschen Staaten. Zwar sollte sich zeigen, dass nicht nur die englischen Katholiken, sondern auch viele Protestanten, denen die Reformation in England nicht weit genug gegangen war, mit diesem Ergebnis nicht zufrieden waren. Auch England sollte damit von inneren, religionspolitisch motivierten Streitigkeiten nicht verschont bleiben. Doch zunächst einmal, und das heißt: über das gesamte 16. Jahrhundert, zog die englische Monarchie größten Nutzen aus der Tatsache, dass sie das Religionsproblem unter Heinrich VIII. selbst entschieden angepackt und sich nicht zum Spielball religiöser Parteiungen hatte machen lassen.

England auf dem Weg zur absoluten Monarchie

Die großen Konflikte in der ersten Hälfte des 17. Jahrhunderts, die schließlich in den Prozess der englischen Revolutionen einmündeten, waren in ihrem Kern stets Konflikte über die Frage, ob die englische Monarchie mehr als das bisher der Fall gewesen war der »thèse royale« zuneigen, ob sie gar eine absolute Monarchie werden würde oder nicht. Die beiden Stuart-Könige in der Nachfolge Elisabeths I. taten vieles, um einer noch stärkeren Königsmacht im Sinne kontinentaler Vorbilder auf der Insel zum Durchbruch zu verhelfen. Bei Jakob I. (1603–1625) geschah dies mehr in theoretischer Weise, indem er politische Traktate schrieb, in denen die königliche Prärogative kräftig herausgestellt und das Königtum mit einer an das kontinentale Gottesgnadentum erinnernden Aura versehen wurde. Karl I. (1625–1649) ging einen deutlichen Schritt weiter und suchte sich, neben einer Reihe von Steuer- und Zolledikten, vor allem die Kirchenfrage zur Konfrontation mit dem Parlament aus. Die Kirchenpolitik seines anglikanischen Erzbischofs William Laud hatte das eindeutige Ziel, die anglikanische Staatskirche, die Schöpfung der Reformation, zu stärken, und zwar durchaus in der Absicht, im Land so etwas wie Religionseinheit unter ihren Fittichen herzustellen. Nicht nur die englischen Katholiken sollten unter Druck gesetzt werden, sondern mehr noch auch all jene Protestanten, denen die Reformation nicht weit genug gegangen war, vor allem die Puritaner. Laud beantwortete ihre Forderungen kämpferisch mit einer ganz deutlichen Betonung der staatskirchlichen Hierarchie, und er ordnete im Zeremoniellen eine Verstärkung der altkirchlichen, katholischen Elemente an. Ein Versuch zur Gegenreformation à l'anglaise, wenn man so will! Im Zusammenhang mit den absolutistischen Bestrebungen der Stuart-Könige war das eine ungeheure Herausforderung an das Land, auf die weithin, besonders im Puritanismus, mit Schrecken und Empörung reagiert wurde.

England als Alternative zum Absolutismus

Es ist bekannt, dass der von den Stuart-Königen und ihren Beratern gewählte Weg nicht in den »englischen Absolutismus«, sondern in die Revolutionen des 17. Jahrhunderts führte. Dass dies »notwendigerweise« geschah, behauptet heute kein Englandhistoriker mehr. Geschichte ist ein offener Prozess und folgt, soweit wir sie denn überhaupt erkennen und erklären können, keinen vorgegebenen Verlaufsmustern – weder einem heilsgeschichtlichen, noch einem gesellschaftlich-ökonomischen, noch einem wie auch immer gearteten anderen. Auf einer anderen Ebene liegt, dass in der vergleichenden Ex-Post-Betrachtung jene Voraussetzungen deutlich werden, die in England eine verfas-

6 Elisabeth I. von England, aus einem Gemälde von Hans Eworth, 1569. Die englische Tudor-Königin Elisabeth I., die den Engländern das Gefühl vermittelte, dass es auf der Insel ohne »Absolutismus« gehen würde. Nach der Auffassung eines ihrer Historiker hat sie sich aber in ihrem Land verhalten wie eine Hausfrau in ihrer Wohnung; sie habe zwar den Schmutz zusammenfegt, ihn dann aber unter den Teppich gekehrt. Das große Staatsporträt nach der strengen Mode der Zeit, die noch nach der Krone auf dem Haupt verlangte.

sungsgeschichtlich ganz andere Entwicklung als auf dem Kontinent erzwangen. Die Forschung bietet dazu ein Fülle von Erwägungen an, die hier nicht alle wiedergegeben werden müssen. Im Rahmen unserer Argumentation scheinen zwei Punkte von besonderer Bedeutung:

Erstens: Als Elisabeth I. 1603 starb und durch den Dynastiewechsel – der »fremde«, aus Schottland stammende Stuart Jakob I. wurde König – ein beträchtlicher Stimmungswechsel im Land eintrat, hatten die an einem ausgeglichenen Verhältnis zwischen Krone und Parlament interessierten Beobachter in den folgenden Jahrzehnten stets negative Vorbilder im Auge, die sie in die politische Debatte einführten: England war in ihren Augen dabei, eine absolute Monarchie zu werden, wofür Spanien unter Philipp II. und dem Herzog Alba, Frankreich unter Richelieu, aber auch die österreichische Politik Kaiser Ferdinands II. gegen das protestantische Böhmen standen. Die politische Nation Englands lernte, sich im Spiegel der kontinentalen Entwicklungen zu sehen und dabei ihre verfassungspolitischen Errungenschaften, so wenig diese bislang auch schriftlich festgelegt waren, zu verteidigen. Die Entwicklung einer negativen Vorstellung von kontinentalen, nicht-englischen Verhältnissen nahm in dieser Zeit ihren Anfang.

Zweitens: England war, wie die meisten anderen europäischen Staaten der Zeit, eine Monarchie, und wie in vielen anderen Fällen auch wurde das Königsamt nicht einem gewählten Vertreter übertragen, sondern einer schon im Mittelalter mit einer besonderen Aura versehenen »Königsdynastie« anvertraut. Im Gegensatz zu Frankreich hatte sich dieses Auswahlverfahren freilich noch nicht zu einer schriftlichen Haus- bzw. Erbfolgeordnung verdichtet. Dennoch war die dynastische Tradition in England seit Beendigung der spätmittelalterlichen Wirren erstaunlich fest und unumstritten. So stellte es zunächst kein Problem dar, dass nach dem Tod Elisabeths I., mit der die Tudorlinie an ihr Ende kam, mit den Stuarts die nächsten Verwandten auf den englischen Thron kamen. Dass sich in diesem Wechsel für die politische Nation Englands gleichwohl ein Problem verbarg, sollte sich erst danach zeigen. Die Stuarts waren enge Verwandte der Tudors, sie waren aber auch Fremde, denn sie waren – Schotten. Die »Fremdheit« der neuen Dynastie, ihre Herkunft aus dem vielen Engländern verhassten Schottland trug viel zur Konfrontation und zur Entfremdung der »politischen Nation« von ihrem angestammten Königtum bei. Man kann an dieser Stelle ein wenig »kontrafaktisch« spekulieren: Der Tudormonarchie auf dem Höhepunkt ihres Ansehens, einem Heinrich VII. also, einer Elisabeth I. hätten die Engländer möglicherweise eine Reihe von autoritären Akten, an denen Karl I. scheiterte, abgenommen. Vielleicht sogar eine absolute Monarchie?

Es ist nicht nötig, auf weitere Argumente einzugehen, die wie zwangsläufig darauf hinauslaufen würden, an dieser Stelle die Vorgeschichte der englischen Revolutionen zu erzählen. Diese Revolutionen haben das verfassungsrechtliche Gesicht Englands in der Frühen Neuzeit grundlegend verändert und dafür gesorgt, dass Absolutismus im Stile des Kontinents in England nicht stattfand. Die bedeutende Rolle der nationalen Ständeversammlung, der beiden Häuser des Parlaments, bei der Herbeiführung dieses Ergebnisses ist unbezweifelbar, auch wenn englische Revisionisten seit längerem den Versuch unternehmen, die Vorgeschichte der Revolutionen und ihre Auswirkungen im 18. Jahrhundert neu zu durchdenken und dabei einige Stereotypen der nationalen Selbstsicht der englischen Geschichte in Frage zu stellen. Gerade aus französischer (oder auch preußisch-deutscher) Perspektive betrachtet, kann aber überhaupt nicht daran vorbeigesehen werden, was es bedeutete, dass die politische Nation Englands sich im Verlauf der vorrevolutionären und revolutionären Konflikte des 17. Jahrhunderts eine Reihe von Verfassungsrechten eroberte, die fortan das Verhältnis von Königtum und Untertanen bestimmten: Mochten *Petition of right* (1628), *Habeas Corpus* (1679), *Bill of rights* oder *Toleration act* (1689) ihre Entstehung jeweils sehr praktischen und gelegentlich auch zufälligen Anlässen verdanken, mochten sie im 17. und 18. Jahrhundert immer wieder einmal von Aufhebungen bedroht sein – aus ihnen gingen doch auf Dauer feste Formen des Verfassungsrechts hervor, hinter die die Entwicklung nicht mehr zurückfiel.

Viele Englandhistoriker gehen davon aus, dass eine absolutistische Wende in England von vornherein unwahrscheinlich und, vor allem, auch unnötig war. Angesichts der bedeutenden Position, die das Parlament schon im 16. Jahrhundert erreicht hatte, angesichts des hohen sozialen Selbstbewusstseins der »politischen Nation«, angesichts der vor der Revolution so erfolgreichen, in Bezug auf das Souveränitätsproblem bewusst offen gelassenen Kooperation zwischen Krone und nationaler Ständeversammlung kann man sich diesen Argumenten nur schwer entziehen. Gerade deshalb verdienen neuere Forschungen Aufmerksamkeit, die aus den Revolutionen des 17. Jahrhunderts letztlich keine Schwächung, sondern eine Stärkung der englischen Monarchie ableiten. Zwar war der englische König im 18. Jahrhundert kein absoluter, sondern ein konstitutioneller Monarch, aber gerade deshalb war er, so die Argumentation, ein »starker« Monarch. Und dies selbst auf dem Gebiet des Verfassungsrechts: Immer noch gab es das Einberufungsrecht gegenüber dem Parlament. Im Gegensatz zum Pariser Parlament, das ja im Verlauf des 18. Jahrhunderts aus seiner beschränkten Rolle eines obersten Appellationsgerichts vollends heraustrat und sich zu einer nationalen Vertretungskörperschaft stilisierte, tagte es immer noch nicht regelmäßig. Immer noch bestand ein guter Teil der Prärogative des Königs, insbesondere in der Außen- und Kriegspolitik, die im 18. Jahrhundert einen nicht unerheblichen Teil englischer Politik ausmachten. Und auch diesen König umgab noch im 18. Jahrhundert eine Aura des Magischen und Sakralen. Daneben war der englische König auch in der Verfassungswirklichkeit ein »starker Monarch«: Mochte er im 18. Jahrhundert auch konstitutionell definitiv eingebunden sein, so musste das ihn und seine Regierung nicht schwächen, wenn er mit der Konstitution, und das heißt mit dem Parlament, seinen Parteien und Gruppierungen umzugehen verstand. Und schließlich »hinter den Kulissen«: Auch in England wuchs, und zwar seit dem großen Kompromiss von 1688, eine Bürokratie heran und damit eine starke Staatsmaschinerie, die bisher immer als »unenglisch« angesehen worden war und die es bis 1688 tatsächlich nicht gegeben hatte. Und das geschah im Benehmen mit dem Parlament und damit ohne die Gefahr, dass solche Prozesse durch Opposition immer wieder in Frage gestellt wurden wie in Frankreich durch die Parlamente.

Wir brauchen die englischen Verhältnisse nicht weiter zu verfolgen. Auch an ihnen lässt sich, zumindest für das 18. Jahrhundert, die Problematik des Absolutismusbegriffs aufzeigen. Wenn wir als Absolutismus im Sinne des in unserer Einleitung umrissenen weiteren Begriffs einen möglichst starken, von inneren Bindungen und Hemmnissen freien Staat mit viel Kraft zur außenpolitischen Entfaltung bezeichnen, dann entspricht diesem Bild im 18. Jahrhundert England mehr als Frankreich oder andere kontinentale Monarchien, vom kleinen Preußen vielleicht abgesehen. Während die englische Monarchie im Rahmen ihrer durch die Entwicklungen des 17. Jahrhunderts erreichten »konstitutionellen« Position auf der Grundlage stabiler innerer Verhältnisse eine Fülle von äußeren Initiativen ergriff und zu einem erfolgreichen Ende führte, verfing sich die »absolute« Monarchie Frankreichs im Gestrüpp ihrer komplizierten inneren Strukturen, wurde im Verlauf des 18. Jahrhunderts im Inneren wie nach außen schwächer und verlor schließlich weitgehend die Fähigkeit zu außenpolitischen Initiativen. Was tun wir da mit unserem Absolutismusbegriff?

Bibliographische Hinweise

Meine Darstellung zu England stützt sich auf Schröder (1986), Henshall (1993) und von Greyerz (1994). Den finanzpolitischen Staatsausbau Englands im Verlauf des späten 17. und des 18. Jahrhunderts untersucht Brewer (1989). Weitere wichtige Einsichten bei Daly (1978), Childs (1980), Trevelyon (1980), Elton (1983), Birke/Kluxen (1986), Clark (1986), Wagner (1992).

6. Vom offenen zum strukturellen Widerstand: Opposition gegen die Staatsbildung

Die Durchsetzung der monarchischen Befehlsgewalt und die Einordnung der Territorien und Bevölkerungen in den Fürstenstaat des 17. Jahrhunderts gingen nicht ohne große Widerstände vor sich. Fast alle europäischen Staaten waren zwischen 1630 und 1660 Schauplatz von inneren politischen Konflikten und Aufstandsbewegungen, deren Gewicht durch die allgemeine zwischenstaatliche Kriegssituation nur noch größer wurde. In den siebziger Jahren sprachen viele Historiker gar von einer »allgemeinen Krise des 17. Jahrhunderts«, ohne dass sie sich über die Interpretation dieser Krise hätten einigen können. So wurde die Frage, ob die wirtschaftliche Stagnation der ersten Jahrhunderthälfte in den Ereignissen dieser Jahrzehnte ihren politischen Ausdruck fand, lebhaft diskutiert. Umstritten war vor allem, ob Revolutionen, Fronden und Volkserhebungen Rückschlüsse auf Veränderungen in den Produktionsverhältnissen und -bedingungen zulassen und ob sich somit ein allgemeiner Umschwung in den einzelnen Gesellschaftsordnungen ankündigte. Die Frage nach den »Vorbedingungen für Revolutionen« im frühneuzeitlichen Europa wurde gestellt und hat bis heute eine Fülle unterschiedlicher Antworten gefunden, in denen sich die großen strukturellen Unterschiede zwischen den einzelnen Territorien spiegeln.

Unbestritten ist freilich, dass der wachsende Druck des territorialen Fürstenstaates zum Ausbruch vieler Unruhen beitrug, auch wenn diese sich, wie zum Beispiel die Revolten des Jahres 1647 in Sizilien und Neapel, nicht primär gegen den Herrscher und seine Amtsträger richteten, sondern ein Ergebnis innerer sozialer Spannungen waren. Es ist bezeichnend, dass Fronden, Revolten und andere Oppositionsbewegungen gerade zu jener Zeit eine relativ breite Resonanz fanden, als die europäischen Mächte wegen des Dreißigjährigen Kriegs einerseits ihren Steuerdruck spürbar verstärkten, andererseits aber ihr wirksamstes Repressionsinstrument, das Stehende Heer, noch nicht ausgebildet oder an den Grenzen des Territoriums und im Ausland gebunden war.

Unmittelbare Ursache der zahllosen Volksaufstände in Frankreich, in den österreichischen Erbländern, in England, Bayern und anderen Territorien des Reiches scheinen akute Notstände gewesen zu sein. Meteorologische Katastrophen, Erntekrisen, Viehseuchen und Pestepidemien trieben die ländlichen und städtischen Unterschichten in vielen Ländern zum Äußersten. Dass sich jedoch Mitglieder der höheren Stände häufig an ihren Aktionen beteiligten oder sie mit Wohlwollen verfolgten, zeigt deutlich, dass nicht allein materielle Not die Unruhen des 17. Jahrhunderts zu erklären vermag.

In der Tat hatte es der Staat im 16./17. Jahrhundert mit einem sehr komplexen Geflecht von Widerständen zu tun. Es wäre reizvoll, eine Typologie der Oppositionsformen für diesen Zeitraum zu erstellen, in der mindestens fünf von ihrer Motivation her grundverschiedene Oppositionshaltungen zu unterscheiden wären: eine Art »konstitutioneller« Opposition, die sich auf ständische Institutionen wie Ständeversammlungen, Ständeausschüsse und Reichsräte stützte; eine »regionalistische« Opposition, in der sich die partikularistischen Bestrebungen einzelner Provinzen sammelten und die sich in manchen Fällen zu separatistischen Haltungen verdichtete; eine »korporative« Opposition, die auf der Grundlage der »jura quaesita« einzelner Beamtenkorporationen den Versuchen der Monarchie entgegentrat, ihre alte Bürokratie von Grund auf zu reformieren und zu modernisieren; die Adelsopposition, die nicht selten bis zur landesverräterischen Verschwörung einzelner hochadliger »mécontens« mit »landesverräterischem Hintergrund« gedieh, sofern das nicht mit dem Blick auf den europäischen Hochadel des 16. und frühen 17. Jahrhunderts ohnehin ein anachronistischer Begriff ist, und schließlich die Volksaufstände in den Städten und auf dem Lande, die am stärksten den Charakter von Massenunruhen trugen, am weitesten um sich griffen und doch zumeist ohne ein klar definiertes politisches Ziel blieben.

Wie jede Typologie birgt auch diese die Gefahr einer Verkürzung der historischen Realität in sich. Es steht außer Frage, dass zahlreiche Oppositionsbewegungen des 17. Jahrhunderts dem einen wie dem anderen Typus zugeordnet werden können. In der Revolte der Katalanen von 1640 vermischten sich separatistische und »konstitutionelle«, auf die Erhaltung der katalanischen Privilegien gerichtete Tendenzen. Im Widerstand der französischen Parlamente gegen Richelieu und Mazarin standen »korporative« und »konstitutionelle« Anliegen gleichwertig nebeneinander. In der Opposition des schwedischen Reichsrats gegen den monarchischen Machtzuwachs wusste eine kleine hochadlige Oligarchie ihren »vested interests« über Jahrhunderte eine konstitutionelle Begründung zu geben, bis schließlich die übrigen, im Reichstag repräsentierten Stände selbst die Monarchie gegen den Reichsrat unterstützten.

Zudem überlagerten sich in einer einzigen Revolte häufig unterschiedliche Oppositionsmotive. Wir sprechen schon von der Beteiligung französischer Notabeln an den Volksaufständen vor der Fronde. Vor allem Adlige sind, etwa beim Aufstand der »croquants« in Mittelfrankreich und im Südwesten, als Anführer einzelner Aktionen hervorgetreten, nicht selten boten ihre Schlösser den Bauern Schutz. Gewiss handelte es sich dabei nicht um uneigennützige Anteilnahme! Die Forderungen des Staates nach neuen Steuern berührte auch die Grundherren, die sich um die Abgabenleistungen ihrer Grundholden sorgten, und in den Gebieten der »taille réelle«, der auch auf adligen Grundbesitz erhobenen direkten Steuer, war der Adel auch unmittelbar betroffen. Daneben muss man persönliche Treuebindungen zwischen den Grundherren und ihren bäuerlichen »Vasallen« in Rechnung stellen. Im Volksaufstand von Aix-en-Provence (1630) und in der Erhebung der normannischen »Nu-Pieds« (1639) ist die Beteiligung städtischer Patrizier bis zu dem Zeitpunkt nachgewiesen, an dem sich die Revolte von ihrem ursprünglichen Gegner, den staatlichen Steuer- und Verwaltungsbeamten, abwandte und gegen die Besitzenden in den Städten richtete. Zahlreiche andere Erhebungen konnten gleichfalls erst von der staatlichen Repression erfasst werden, als das Bündnis zwischen Volksmassen und adeligen oder bürgerlichen Honoratioren von diesen aufgekündigt wurde.

Im Ganzen gesehen behält eine sorgsame Differenzierung der einzelnen Aufstands- und Oppositionsmotive vor allem deshalb ihren Wert, weil sie den Blick auf die unterschiedlichen konstitutionellen und sozialen Strukturen der europäischen Staatenwelt freigibt. Die Opposition ständischer Institutionen ist, wie schon ausgeführt wurde, dort besonders wirksam geworden, wo sich im späten Mittelalter eine kräftige landständische Verfassung ausgebildet hatte. Nicht immer war es allein die ständische »power of the purse«, welche den Ständen den Rücken gegen den Landesfürsten stärkte. Häufig spielte ein Herrschaftsvertrag des späten Mittelalters, in dem die Privilegien der Stände umfassend beschrieben worden waren, eine erhebliche Rolle in der Ausbildung des ständischen Selbstbewusstseins, und es erscheint nicht übertrieben, wenn man ihm – als Beispiele mögen die Kalmarer Rezesse von 1483 oder der Tübinger Vertrag von 1514 dienen – gelegentlich die Wirkung einer förmlichen »Konstitutionsurkunde« zuschreibt. Sicher vermochten zahlreiche Landesherren diesen Widerstand zu brechen. Doch selbst das gewiss extreme Beispiel des Großen Kurfürsten zeigt, wie intensiv die Auseinandersetzung in vielen Territorien war. Die Stände Brandenburgs und Preußens waren im 17. Jahrhundert, anders als ihr französisches Gegenstück, politisch kompetent und handlungsfähig und zu dieser Zeit den kurfürstlichen Beamten hoch überlegen. Das institutionalisierte Ständetum war der einzige Faktor, der sich dem zentralistischen Herrschaftsanspruch der Hohenzollern in den Weg stellte, für andere Formen der Opposition bot dieser Staat keinen Anlass und keinen Raum.

Man wird überhaupt sagen können, dass Tendenzen zur massiven Betonung der »thèse royale« dort am ehesten eine Grenze fanden, wo ihnen eine selbstbewusste, gesellschaftlich starke ständische Institution entgegentrat. Nicht nur das englische und niederländische Beispiel wäre hier zu nennen, auch in manchen deutschen Territorien, vor allem in Württemberg, hat eine konsequente Ständepolitik die volle Entfaltung des Fürstenstaats – seiner Verwaltung und seines Stehenden Heeres – verhindert. Und umgekehrt ist zu beobachten, dass die fürstenstaatliche Verwaltung sich dort relativ zügig durchsetzen konnte, wo das institutionalisierte Ständetum Schwächen zeigte. Als Philipp II. den spanischen Thron bestieg, hatten die kastilischen »Cortes« ihre Freiheiten schon weitgehend verloren. In Aragon schränkte er sie selbst ein und unterdrückte sie schließlich. In Neapel gab es eine Ständeversammlung, doch ihre Aktivitäten konzentrierten sich auf die Zustimmung zu Subsidien und Steuern, und sie diente vor allem den Interessen der lokalen Aristokratie und ihrem Wunsch, ihre Partizipation an der Steuerleistung des Landes möglichst gering zu halten. Dass die französischen General- und Provinzialstände im 17. Jahrhundert kein Forum mehr für eine gegen den Fürstenstaat gerichtete Opposition waren, ist evident und hat wesentlich zur Kanonisierung der französischen Entwicklung als einer absolutistischen Musterentwicklung beigetragen. Insofern ist es bedeutsam, dass gerade in den letzten Jahrzehnten andere Oppositionsformen in das Blickfeld gerückt sind und damit einer allzu vereinfachenden Interpretation des französischen Beispiels ein Riegel vorgeschoben wurde.

Was wir versuchsweise »regionalistische« Opposition genannt haben, war vor allem eine Erscheinung der großen Monarchien Frankreichs und Spaniens, deren zunächst über Heiratsverträge oder Personalunionen gelenkte territoriale Einigung schon im 16. Jahrhundert einen gewissen Abschluss gefunden hatte. Ganz sicher waren regionalistische Bestrebungen im 16. Jahrhundert noch sehr eng mit ständischen verbunden. Es gab kein Forum, in dem sich die provinzialen Freiheits- und Selbstständigkeitsbemühungen besser artikulieren konnten als in den Versammlungen der Stände einer Provinz oder eines Landes. Die Katalanen besaßen noch im 17. Jahrhundert in ihrer *disputació* eine kräftige ständische Institution, deren Rolle in der Revolte von 1640 nicht zu überschätzen ist. Doch regionalistische Tendenzen blieben auch dort wirksam, wo Ständeversammlungen nicht mehr existierten oder zu selten einberufen wurden, um wirksamen Widerstand gegen das Zentrum leisten zu können. Denn die Einberufung von Ständeversammlungen lag grundsätzlich in der Kompetenz der Landesherren, die – so etwa der französische König – diese Waffe oft und nicht selten mit Erfolg bei der Zurückdrängung des Ständetums einsetzten.

So kam es, dass sich die regionalistischen Tendenzen häufig andere Oppositionskanäle suchten. In den französischen Volksaufständen gegen Richelieu und Marzarin war neben vielen anderen Motiven immer auch ein starker Regionalismus wirksam, und gerade er war Anlass für die Beteiligung oder die sympathisierende Neutralität adeliger und städtischer Notabeln. Als es 1643 im Rouergue zum Aufstand der *croquants* kam, war der unmittelbare Anlass gewiss der ständig steigende Steuerdruck auf diese Provinz, der gewohnheitsmäßig die Steuerausfälle der benachbarten Gascogne aufgebürdet wurden. Zudem herrschte im Rouergue die »taille réelle«, das heißt auch der Adel stand für seinen Grundbesitz in der Steuerpflicht, weil diese an dem Grund und Boden, und nicht an der Person »klebte«. Für manchen Adeligen war dies Grund genug, sich für die Erhaltung ihrer Privilegien auf anderen Gebieten stark zu machen – erlaubten es diese doch beispielsweise in der Hauptstadt Villefranche-de-Rouergue, »in aller Freiheit und zum Nutzen bestimmter Leute, zum Nachteil der Zahlungen an den König Abgaben zu erheben«, wie der Intendant von Montauban es empört formulierte; ein Beleg dafür, dass in einer solchen Provinz durchaus eine vertikale, den Adel wie die Bauern umfassende Stimmung gegen den fernen Staat entstehen konnte. Die Erhebung in und um Aix-en-Provence von 1630 erhielt ihr besonderes Gewicht durch den offenkundigen Widerstand der gesamten Bevölkerung gegen die Pläne der Krone, das Ständeland Provence in ein »Elektionsland« *(pays d'elections)* umzuwandeln, das heißt an die Stelle der ständischen eine königliche Steuerverwaltung einzurichten. Eine führende Rolle kam hier dem Parlament von Aix zu. Seine Majorität war gegen das entsprechende königliche Edikt, und die an sich von gravierenden Interessengegensätzen geschwächte Institution wurde zur gleichen Zeit durch die Ämterpolitik Richelieus erneut gefestigt. Für die Parlamentsräte wie für die Bevölkerung stand fest, dass es in der Absicht der Krone lag, »die Formen der Provinz zu ändern«. Auch in der Revolte der normannischen »Barfüßer« von 1639 spielte der Kampf um die Bewahrung der »normannischen Freiheiten« hinein, ähnlich wie ein Jahrzehnt zuvor im Languedoc, wo es dem Herzog von Montmorency gelungen war, die provinziale Agitation in den Dienst seiner gegen Richelieu gerichteten Unternehmungen zu stellen.

Der Widerstand der provencalischen Parlamentsräte gegen die Ämterpolitik Richelieus, genauer gegen seine Absicht, die Ämtererblichkeit strenger als bisher zu überwachen, ist schon ein plastisches Beispiel für den Typus »korporativer« Opposition. Er war vor allem für Frankreich kennzeichnend, das Land, in dem sich schon im späten 16. Jahrhundert der erlahmende Widerstandsgeist der ständischen Institutionen in die zahlreichen regionalen und lokalen Beamtenkorporationen verlagert hatte. Ihr Freiheitsraum wurde bis in die Zeit Ludwigs XIV. hinein durch die politische Abhängigkeit der Monarchie von dem »vierten Stand« der Beamten bestimmt. Sie unterschieden sich insofern prinzipiell von anderen ständischen Institutionen, als ihre Einordnung in den französischen Staat auf berufständischer, nicht sozialständischer Grundlage ruhte. Ob in der komplizierten Hierarchie zentraler, regionaler oder lokaler Gerichtshöfe, ob in den Rechnungskammern, den Geldhöfen, ob in den verschiedenen Schatz- und Finanzkorporationen – in allen Institutionen dieser Art bestimmten, wenn es zum Schwur kam, die Interessen der Korporation die Haltung der Beamten zur Krone. Alle anderen Oppositionsmotive, deren man sich gern – im Pariser Parlament nicht selten in der Absicht einer die Generalstände substituierenden Gesamtrepräsentation – bediente, wurden hintenangestellt, wenn die Krone mit einer Reform des Ämterwesens drohte. Selbst die Interessen der Nachbarkorporationen, mit denen jeder einzelne Gerichtshof, jede einzelne Rechnungskammer usw. ohnehin in einem permanenten Kampf um die »préséance« lag, wurden rücksichtslos missachtet, wenn es um die eigenen Rechte ging.

Einzig im komplexen Aufstandsgeschehen der »Fronde« oder besser in ihrer ersten Phase kam es zu einer weitgehenden Interessensolidarität zwischen Pariser und regionalen Beamtenkorporationen, und nicht zuletzt deswegen wurde sie zu einer so großen Gefahr für die Monarchie. Bezeichnenderweise setzte das Pariser Parlament in der Fronde seine Obstruktion gegen den königlichen Rat auch dann fort, als es mehr erreicht hatte als jemals zuvor seit der Legalisierung der Ämtererblichkeit in dem Erlass der so genannten Paulette von 1604. Keiner anderen französischen Institution stand eine vergleichbare politische Agitationsbasis zur Verfügung wie dem Pariser Parlament in den Volksmassen der Großstadt Paris. Diese Basis hatte das Parlament im Jahr 1648 so stark wie noch nie mobilisiert – nur unter Ludwig XV. und 1789 sollte es noch einmal so weit gehen – und sich damit den Weg für den Rückzug, das heißt den Kompromiss mit der Krone verbaut. In den Ereignissen der Fronde lagen die Ursachen für die zeitweise hysterischen Reaktionen Ludwigs XIV. auf Anzeichen einer »korporativen« Opposition im Lande. Noch 1675 schickte er, obwohl geradezu kümmerliche Beweise ihrer Beteiligung an den Unruhen dieses Jahres in der Guyenne und Bretagne vorlagen, die Parlamente von Bordeaux und Rennes für fünfzehn Jahre ins Exil und wandte damit eine Taktik an, die im 18. Jahrhundert zur gängigen Form der Überwindung der »korporativen« Opposition durch die Krone wurde.

Mit der Ausnahme Schwedens, wo die Opposition des aristokratischen Reichsrats zeitweise den Charakter einer Adelsverschwörung annahm, hat sich in keinem Land der Typus der »Adelsopposition« so wirksam ausgebildet wie in Frankreich. Er war mehr als alle übrigen Oppositionsformen ein Phänomen der Zentrale, denn er war auf direkte Aktionen am königlichen Hof, auf Palastrevolten und

7 Gaston von Orléans, Gemälde von Antoon van Dyck, erste Hälfte des 17. Jahrhunderts.
Gaston d'Orléans, legitimer Sohn Heinrichs IV., jüngerer Bruder Ludwigs XIII. und Musterbild eines hochadeligen Mécontent mit Oppositionsgelüsten gegen den Bruder, vor allem aber gegen dessen politisches Alter Ego, Kardinal Richelieu. Weder von seiner dynastischen Position als Monsieur noch von seinem Charakter her taugte er für die Rolle eines offenen Rebellen; und doch gab es zwischen dem Eintritt Richelieus in den Rat des Königs (1624) und der Hinrichtung Montmorencys (1632) keine hochadelige Aufstandsbewegung gegen den König und seinen Minister, mit der er nicht in mehr oder weniger direkter Verbindung stand.

Staatsstreiche angewiesen. Nichts unterscheidet etwa die spanische Entwicklung so sehr von der französischen wie die Tatsache, dass Revolten in Spanien auf die Randgebiete beschränkt blieben, während in Frankreich die Provinzen *und* die Zentrale betroffen waren. Dass die kastilischen Granden im 17. Jahrhundert verlorenes Terrain zurückerobern konnten, während in Frankreich die unter Heinrich IV. begonnene Verdrängung der Prinzen von Geblüt, der hochadligen Gouverneure, der Herzöge und Grafen aus den zentralen Entscheidungsfunktionen unter Ludwig XIII. und seinen Premierministern unaufhörlich fortschritt, mag zur Deutung dieser Entwicklung beitragen. Die französische Monarchie ging den einmal eingeschlagenen Weg einer »Entfeudalisierung« ihrer administrativen und gouvernementalen Strukturen entschieden, ja, mit Brutalität zu Ende. Kein Ereignis gibt darüber anschaulichere Auskunft als die Duellaffaire des Jahres 1627. Einem ungewöhnlich strengen Duelledikt des Jahres 1626 zuwiderhandelnd, duellierten sich in diesem Jahr zwei Hochadelige mitten in Paris, auf der Place Royale. Beide Kontrahenten wurden festgesetzt und vom Parlament zum Tod durch Enthauptung verurteilt. Der Fürspruch aus dem Hochadel für beide Duellanten war überwältigend. Die Gemahlin eines der Duellanten intervenierte auf offener Straße beim König zugunsten ihres Gatten und erflehte im Namen Christi die königliche Tugend der *Clémence.* »Die Dame erweckt mein Mitleid, aber ich will und muss meine Autorität wahren«, soll Ludwig XIII. zu seiner Umgebung gesagt haben. Auch Richelieu gesteht in seinem »Politischen Testament«, er sei nahe daran gewesen, dem »allgemeinen Mitleid« nachzugeben. Doch die »Staatsnützlichkeit« habe nach dem Blut der beiden Kontrahenten verlangt, um weitere »Blutströme« des französischen Adels zu verhindern.

Solche und ähnliche Demonstrationen der königlichen Entschlossenheit, die traditionelle Lebensweise und Mentalität des Adels zu durchbrechen und ihn in die disziplinierte Ordnung des modernen Staates zu zwingen, provozierten gerade zur Zeit Richelieus und seines Herren, des »gerechten« Königs, Adelsfronden am laufenden Band. Schon unter Heinrich IV. hatte es begonnen, der – in einer Zeit allgemeiner innerer Ruhe (1602–1606) – keine allzu große Mühe hatte, mit den Konspirationen seiner enttäuschten Weggefährten Biron und Bouillon fertig zu werden. Von den Revolten Guises, Contis, Bouillons, Longuevilles, Nevers' und Vendômes unter Maria von Medici über die Unternehmungen Anjous und Chalais' von 1626, den »Tag der Düpierten« (10. November 1630) bis hin zu den Verschwörungen Montmorencys, Soissons' und Cinq-Mars' führte der lange Weg hochadliger Unternehmungen gegen den Hof und vor allem gegen den ersten Minister des Königs, in dem der Adel mit Recht die Inkarnation des neuen Herrschaftsprinzips sah. Auch dieser Weg mündete, wie der der korporativen Opposition, in die große Fronde ein, deren zweite Phase von der Revolte der »Prinzen« bestimmt wurde.

Der größte Oppositionsdruck aber ging ohne Frage von den Volkserhebungen aus – und das, obwohl sie weniger als alle anderen Oppositionsformen von einem spezifisch antiköniglichen Impuls getragen wurden. Sie richteten sich nicht in erster Linie gegen Veränderungen der Verfassung und der Herrschaftsformen, sondern gegen die Verschlechterung von Lebensbedingungen. Die Volksmassen hatten keine Privilegien zu verteidigen, wohl aber materielle Minimalzustände und überkommene Produktionsbedingungen, deren Einschränkung sie in der ersten Hälfte des 17. Jahrhunderts mit Recht befürchten mussten. In einer großen Kontroverse zwischen einem Exponenten der marxistischen Geschichtswissenschaft, dem Russen Boris Porschnew, und seinem bürgerlichen Kontrahenten Roland Mousnier ist die Interpretation der französischen Erhebungen, die sicher am besten erforscht sind, aber bei weitem nicht die einzigen waren, in zwei Richtungen vorangetrieben worden. Es handele sich, so Porschnew, im Grunde um einen Klassenkampf der ländlichen und städtischen Volksmassen gegen das »feudal-absolutistische System«, trotz mancher Querverbindungen vom Adel zu den Bauern sei die horizontale Trennung zwischen den Ausgebeuteten und Entrechteten und den oberen ausbeutenden Ständen nicht zu übersehen. Demgegenüber betonten Mousnier und zahlreiche andere Historiker die vertikalen Bindungen zwischen den oberen und unteren Ständen und weisen darauf hin, dass die Volksaufstände, an sich eine

»blinde Kraft« (Robert Mandrou), ohne die Beteiligung adeliger und bürgerlicher Inspiratoren nie ihr tatsächliches Gewicht hätten erhalten können.

Beide Interpretationen können sich auf eine beachtliche Quellenbasis stützen. Die Volksaufstände verliefen nicht nach einem stereotypen Muster, sondern orientierten sich an den in der jeweiligen Region gegebenen ökonomischen und sozialen Bedingungen. Dass die Erhebungen der Bauern häufig auch einen antiseigneurialen Charakter annahmen, steht dabei außer Frage. Ebenso deutlich ist jedoch, dass die staatlichen Instanzen – die Intendanten, der Kanzler, später auch der »Contrôleur Général« – die Anzeichen einer Beteiligung adliger und bürgerlicher Gruppen an den Erhebungen sehr ernst nahmen, wozu sie auf Grund der anderen oppositionellen Unruhen im Lande ein gewisses Recht hatten. Es war sicher auch kein Zufall, dass die staatliche Repression immer dann Erfolg hatte, wenn es ihr gelang, Gravamina der regionalen Führungsschichten durch Verhandlungen auszuräumen. Der Aufstand von Aix-en-Provence ist dafür ein gutes Beispiel. Gegen eine Summe von eineinhalb Millionen livres, zahlbar in vier Jahren, verzichtete der König auf das umstrittene »Elektionsedikt« und eine Reihe von Sondersteuern und bewahrte damit die Privilegien der Provinz. Das Parlament wurde verhältnismäßig glimpflich behandelt, nicht dagegen die Stadt und die umliegenden Gemeinden, die noch mehrere Monate von königlichen Truppen besetzt blieben und den wenig angenehmen Formen der Kollektivbestrafung unterworfen wurden, die keine große Rücksicht darauf nahm, dass die Mehrheit der Bewohner sich zumeist völlig ruhig verhalten hatte.

Man hat, wie schon erwähnt, anlässlich der verbreiteten Unruhen in Europa zwischen 1630 und 1650 die Frage nach den »Vorbedingungen für Revolutionen« in dieser Zeit gestellt. Überblickt man die hier typologisierten Oppositionsmotive und -haltungen, so erscheint es problematisch, diese Frage nur mit dem Blick auf die Oppositionsbewegungen und ihre Träger zu stellen. Der Widerstand von Ständen und Korporationen, Adelsrevolten, Regionalismus, Separatismus und Volkserhebungen – alle diese unterschiedlichen Oppositionshaltungen scheinen eine Gemeinsamkeit zu haben: den Kampf um Bewahrung eines erreichten oder Wiederherstellung eines verloren geglaubten Zustands. *Revolutionär* im Sinne einer Veränderung bestehender sozialer Verhältnisse scheint vor allem eine Kraft gewirkt zu haben: der Fürstenstaat mit dem enorm anwachsenden Gewicht seiner zivilen und militärischen Institutionen. Wo immer man nach den untergründigen Motiven einzelner Gesellschaftsgruppen für ihre Beteiligung an Revolten fragt, wird dieser Tatbestand ganz deutlich. In Spanien, vor allem in Katalonien, waren es das Absentismusproblem – die lang dauernde Abwesenheit des eigenen Herrschers und mit dem Verlust der personalen Bindung zwischen ihm und »seinem« Adel – und die Tatsache, dass die im 16. und zu Beginn des 17. Jahrhunderts »extreme Indifferenz« (John H. Elliott) der Monarchie gegenüber dieser Provinz sich unter Olivares in eine ebenso extreme Interventionsbereitschaft wandelte, die den katalanischen Adel zur Revolte trieben. In Frankreich führte der fundamentale Wandel der französischen Monarchie von der personalistischen Herrschaftsweise der Renaissancemonarchie zum Ministerdespotismus unter Ludwig XIII. den Hochadel ebenso wie die zahlreichen Korporationen in die Opposition gegen das bourbonische Königtum.

Fragt man nach den Erfolgen der Oppositionsbewegungen insgesamt, so darf nicht übersehen werden, dass sie nicht in allen Territorien in gleicher Erscheinungsform und mit gleicher Intensität auftraten. Das Bayern Maximilians kannte zwar einige Bauernerhebungen, kaum jedoch die anderen Formen von Opposition, und schon aus diesem Grund wurde dieser starke und herrschaftsbewusste Landesherr mit seiner Opposition relativ schnell fertig. In den Ländern der österreichischen Habsburger war mit der siegreichen Gegenreformation ein wichtiger Widerstandsfaktor – der protestantische Hochadel, Ritterschaften und Städte – schon im ersten Drittel des 17. Jahrhunderts ausgeschaltet, der habsburgische »Absolutismus« war in gewisser Weise ein Ergebnis dieser religiösen Konfrontation, weniger einer planvollen Durchsetzung zentralistischer staatlicher Institutionen, die nur in Böhmen und Mähren gelang, in den übrigen Territorien aber bis in das folgende Jahrhundert hinein auf sich warten ließ. In den Ländern der Hohenzollern war der Widerstand der Stände erheblich und verdient die Kennzeichnung als Opposition durchaus, doch er blieb isoliert und damit dem zentralistischen Herrschaftswillen der Dynastie auf die Dauer unterlegen. In Dänemark gelang die Umwälzung auf Grund einer für die Monarchie günstigen inneren Situation in den Krisenjahren um 1660. Der Übergang vollzog sich plötzlich und schnell, gegen den Widerstand des schon im Niedergang begriffenen Landadels, der im Vergleich zur Haltung des französischen Adels nicht als Opposition bezeichnet werden kann. Neben England, den Niederlanden und Württemberg, wo starke gesellschaftliche Gruppen einem Vordringen der »thèse royale« von vornherein einen Riegel vorschoben, haben Oppositionsbewegungen vor allem in Spanien Erfolg gehabt – Erfolg allerdings nicht in dem Sinne, dass das Land seine monarchische Verfassung grundsätzlich modifizierte, sondern nur insofern, als die Einrichtung moderner staatlicher Zentralinstitutionen auf lange Zeit verhindert wurde. Spanien war im Übrigen die einzige Monarchie, in der mit dem Abfall der Niederlande, der Revolte Portugals und der vorübergehenden Abspaltung Kataloniens eine »separatistische« Opposition Erfolg hatte.

Eine schwer zu lösende Streitfrage ist es schließlich, warum die französische Opposition gegen die absolute Monarchie – fraglos die heftigste, vielgestaltigste, regional verbreitetste Bewegung des ganzen Jahrhunderts – scheiterte. Man mag die Fähigkeit der französischen Monarchie, rechtzeitig und angemessen auf Krisenzeichen zu reagieren, als Erklärung heranziehen, wie es der englische Historiker Trevor-Roper tut, der hierin auch den wesentlichen Unterschied zwischen der französischen und englischen Entwicklung sieht. Man mag auf die persönliche Befähigung der französischen Minister von Sully über Richelieu und Mazarin bis zu Colbert, Le Tellier und Louvois verweisen. Man mag das Moment des »puren Zufalls« einer nicht verschlossenen Geheimtür zum Kabinett des Königs erwähnen, der es Richelieu am »Tage der Düpierten« ermöglichte, ein Geheimgespräch zwischen Ludwig XIII. und der Königinmutter zu stören und dafür Sorge zu tragen, dass nicht er, sondern Marillac und seine Freunde, das heißt also die romorientierte Hofpartei der »Devoten«, zu »Düpierten« wurden.

Doch die Erfolgsbedingungen frühneuzeitlicher antistaatlicher Oppositionsbewegungen lagen tiefer, können nicht ohne einen Blick auf die institutionelle und soziale Struktur der einzelnen Länder analysiert werden. Dass das Parlament in England und die Generalstände in den Niederlanden im 16. Jahrhundert und früher zu Grundelementen der Verfassungen dieser Länder geworden waren, während die französischen Etats-Généraux schon in dieser Zeit einen »Initiativverlust« (J. Russel Major) erlitten, ist für die Geschichte des europäischen Fürstenstaats von ausschlaggebender Bedeutung gewesen. Dass Bayern, Dänemark oder Schweden kleine oder dünn besiedelte Territorien waren, in denen sich zwar eine Opposition am Hof, kaum aber eine dauerhafte, schwer kontrollierbare regionalistische oder gar separatistische Opposition entfalten konnte, muss bei einer vergleichenden Betrachtung in Rechnung gestellt werden. Dass die territoriale Einigung des späteren Königreichs Preußen nicht schon im 15. und 16. Jahrhundert vollzogen wurde, sondern in einer Epoche, als der Dynastie der Hohenzollern die herrschaftstechnischen Mittel des 17. Jahrhunderts, die politische Theorie des souveränen Königtums und das Vorbild der französischen Nachbarn »zur Verfügung« standen, muss in die Analyse der Bedingungen, unter denen eine Opposition in den Ländern der Hohenzollern möglich war, einbezogen werden.

Schließlich gilt es, den sozialen Befund in den einzelnen Territorien zu berücksichtigen, vor allem im Hinblick auf den Adel. Es kann kein Zweifel bestehen, dass gerade die Haltung des Adels in allen Ländern wesentlich über das Schicksal der Monarchie entschied. Trotz aller Neigung zur Opposition war sie aber keinesfalls eindeutig, gelegentlich sogar ambivalent. Zudem machte der Adel, genauso wie das Bürgertum, wenn er sich an Volksaufständen beteiligte oder Neutralität wahrte, seine Erfahrungen. Dass Bauernaufstände und andere soziale Unruhen die Gefahr der »Anarchie« heraufbeschworen, wurde nicht nur den Regierungen, sondern auch dem Adel bewusst. Außerdem bestand die Möglichkeit, dass man einen für schlecht gehaltenen Zustand mit einem schlechteren vertauschte. Diese Erfahrungen hat der katalanische Adel in exemplarischer Weise gemacht. Wie John H. Elliott beschrieben hat, war sowohl die Furcht des katalanischen Adels vor der »Herrschaft des Mobs« als auch die Tatsache, dass man die »ineffiziente Tyrannei Kastiliens gegen die autoritärere Herrschaft des Königs von Frankreich« eingetauscht hatte, bestimmend für seine Rückwendung zur spanischen Krone. In den Ländern der Hohenzollern erlitt die ständische Opposition vor allem deshalb einen Einbruch, weil die Interessenlage des Adels von der des insgesamt recht schwachen Bürgertums grundverschieden war, was von der kurfürstlichen und königlichen Politik um so stärker ausgenutzt wurde, je weiter die Staatsbildung voranschritt. Denn diese fand in einem Zeitraum des Niedergangs der Städte und des Wiedererstarkens des Adels statt, in dessen Gutsherrschaft der Staat nicht eingriff. In beiden Monarchien, der spanischen wie der brandenburg-preußischen, gab es somit für den Adel einen deutlichen Zwang zum Kompromiss. In Spanien, weil der Staat nach 1640 auf einen forcierten Ausbau seiner Institutionen verzichtete, in Preußen, weil er diesen Ausbau gegenüber dem Adel mit einer entsprechenden Förderung seiner sozial-ökonomischen Sonderstellung zu bezahlen bereit war.

An diesen beiden Beispielen gemessen, blieb die Situation in Frankreich am längsten offen und unklar. Ludwig XIV. verzichtete weder – wie die spanische Monarchie – auf institutionelle Reformen noch war er bereit, die ökonomischen Belange des Adels so entschieden zu fördern wie die Hohenzollern. Gerade deswegen hat die »absolute« Monarchie in Frankreich jenen von Friedrich Engels als »scheinbar« bezeichneten Charakter der Freiheit von Bindungen an eine bestimmte Gesellschaftsschicht gewinnen können, gerade deswegen blieb das Land mehr als die anderen auch nach dem Ende der Aufbauphase des alten Regimes von Oppositionsbestrebungen durchsetzt. Ludwig »domestizierte« den französischen Hochadel, ließ die sozialen und ökonomischen Privilegien des ganzen Adels insgesamt unangetastet und trug gleichwohl der besonderen Mentalitätslage dieses Standes viel zu wenig Rechnung, um ihn dauerhaft an seinen Staat zu binden. Vor allem die Tatsache, dass er auf die soziale Durchlässigkeit des Adels nach unten Wert legte, dass er durch Ämterhandel und Nobilitierung durch Amtserwerb der *vile bourgeoisie* den Zugang in den Adel erleichterte, hat zur Verunsicherung des alten Adels von oben wie von unten beigetragen. In der sich um den Herzog von Bourgogne und Fénélon sammelnden Adelsopposition gegen Ludwig XIV. am Ende des Jahrhunderts sind die vielfältigen Motive adliger Unzufriedenheit wirksam geworden. Die »korporative« Opposition im Lande vermochte Ludwig, schon weil sie institutionell leicht fassbar war, zu unterdrücken, im Jahr 1675, wie wir gesehen haben, nur mit Hilfe einer langfristigen Exilierung einzelner Gerichtshöfe. Dass der im 17. Jahrhundert erfolgreichste europäische Machtstaat mit dieser Politik seine inneren Konflikte nur aufschieben, nicht aber grundsätzlich lösen konnte, zeigte die Epoche nach dem Tod Ludwigs XIV. Wie kein anderer Staat hat Frankreich im 18. Jahrhundert eine Opposition gekannt. Sozial abgesichert durch die allmähliche Verschmelzung von Roben- und Schwertadel, gingen die Adelsopposition und das, was wir »korporative« Opposition genannt haben, eine Koalition ein, in der die Parlamente mit ihren glänzenden institutionellen Oppositionsmöglichkeiten dominierten.

Diese Opposition der französischen Parlamente soll hier nicht mehr behandelt werden, weil sie aus dem zeitlichen Kontext und dem systematischen Zusammenhang herausführt, in denen das Thema »Opposition« in diesem Buch steht. Sie zeigt erneut, dass die französische Entwicklung trotz aller gegenteiligen Äußerungen seiner Monarchen seit dem Ende der Richelieu-Zeit nur schwer mit unserer Vorstellung von Absolutismus in Übereinstimmung zu bringen ist. Opposition wird im Frankreich des 18. Jahrhunderts »strukturell«, und es ist letztlich die Tatsache, dass die französische Monarchie im späteren 18. Jahrhundert, genauer: seit dem Ende des Siebenjährigen Kriegs, nicht mehr in der Lage ist, mit dieser Opposition fertig zu werden, die die Krise des Ancien Régime und die Revolution heraufbeschwört. In dieser Krise führt die Opposition gegen die Monarchie zu einer ganz neuen, »konstitutionellen« Begrifflichkeit, die sich im Übergang vom Ancien Régime zur

Revolution voll entfalten wird. Zur gleichen Zeit verschärft sich das Bild der alten Monarchie, die als Steuerungsinstanz für die gesellschaftlichen Konflikte des Landes ausgedient hat und von nun an als »absolut«, häufiger noch als »despotisch« bezeichnet wird.

Bibliographische Hinweise

Die Literatur zu den einzelnen, von Volksaufständen und ähnlichen Oppositionsbewegungen betroffenen Ländern und Regionen ist unüberblickbar und zeichnete sich dadurch aus, dass sie in den sechziger und siebziger Jahren des 20. Jahrhunderts entstanden ist und sich im Wesentlichen auf die Konfrontation einer marxistischen und einer bürgerlichen Sicht der Dinge bezog, die aus der Perspektive der vorliegenden Argumentation ein wenig obsolet geworden ist. Grundlage zahlreicher Debatten war das Buch des russischen Marxisten Boris Porschnew (1953) in seiner deutschen Version, auf das Mousnier in mehreren Aufsätzen (1958, 1962) und in einer Gesamtdarstellung zu den Fureurs Paysannes (1967) antwortete. Die Debatte war dadurch gekennzeichnet, dass sie vor allem die Bauernaufstände ins Visier nahm. Für die französische Sicht in diesem Zusammenhang ebenfalls sehr nützlich Mandrou (1965) und vor allem Bercé (1974). Für den deutschen Leser nützlich Le Roy Ladurie (1974). Ein sehr guter Überblick über die Debatte und ihre Hintergründe aus deutscher Sicht bei W. Schulze (1980), dort auch eine zu diesem Zeitpunkt aktuelle, umfassende Bibliographie für alle relevanten europäischen Regionen; vgl. auch W. Schulze (1983). Zu den Aufstandsbewegungen in der Normandie Foisil (1970), zum Südwesten Frankreichs Bercé (1974), zur Provence Pillorget (1975); zum Rouergue vgl. Degarné (1962) und Vialadieu (1959), dort auch das Zitat aus der französischen Intendantenkorrespondenz. Zu den Adelsfronden gegen Richelieu Constant (1987). Der wichtige Aspekt des Adelswiderstands unter Ludwig XIV. bei Malettke (1976). Zu den katalanischen Ereignissen unter anderem Elliott (1984).

7. Aufgeklärter Absolutismus oder Reformabsolutismus?

Die europäischen Monarchien im 18. Jahrhundert

Die meisten europäischen Monarchien, die wir dem Herkommen gemäß als »absolute« bezeichnen, stellten im frühen 18. Jahrhundert schwerfällige politische Gebilde dar. Weil seit der Mitte des 17. Jahrhunderts eine ungünstige Wirtschaftskonjunktur und eine kaum unterbrochene Kette von Kriegen ein Wirtschaften aus dem Vollen nicht erlaubten, bildeten sich Strukturen aus, die sich im 18. Jahrhundert als problematisch erweisen sollten. Hohe Steuern, Zölle und Abgaben; hohe Schuldendienste; die Förderung von Wirtschaftsinitiativen mit Hilfe des Privilegs; die Nutzung des Privilegs im Sinne einer Verfestigung des korporativen Grundelements in den Staaten; der Aufbau von umfänglichen, semi-privaten Finanzierungsstrukturen, die auf den Ländern lasteten – das alles prägte sich in den größeren, flächenmäßig ausgedehnten und bevölkerungsreichen Ländern stärker aus als zum Beispiel in den kleineren deutschen Fürstentümern. Vor diesem Hintergrund wuchs schon im 17., vor allem aber im 18. Jahrhundert die Idee der Kritik und der Reform. Ging diese Kritik auch in der Regel von Einzelheiten aus, zum Beispiel der wirtschaftlichen, finanziellen oder kirchlich-religiösen Situation eines Staates, so entstand daraus doch nicht selten eine kritische Gesamtsicht der traditionellen Monarchie und ihrer religiösen Begründung insgesamt, zum Beispiel im staatstheoretischen Schrifttum, wie es von philosophisch und juristisch gebildeten Gelehrten verfasst wurde. Dieses Schrifttum darf nicht als Zeichen einer wachsenden innerstaatlichen Opposition missverstanden werden, zumal seine Autoren in aller Regel Beamten waren, die im Dienst eines Fürsten standen und sich aus ihrer Berufsperspektive zu politischen und Verfassungsfragen äußerten. Doch ist von Bedeutung, dass diese Autoren es allmählich lernten, sich von den traditionellen theologischen Vorgaben und von den aristotelischen Fesseln bisheriger Politikbetrachtung zu lösen, und sich auf eine ganz praktisch-diesseitige Art und Weise mit staatswissenschaftlichen und staatswirtschaftlichen Themen beschäftigten. Ihr wichtigstes Instrument war in diesem Zusammenhang das schon im 17. Jahrhundert entwickelte neuere rationale Naturrecht. »Als ein aus der Natur des Menschen und nach vernünftigen Prinzipien entwickeltes Recht bot (es) die Möglichkeit, unter Absehung von Traditionen eine Staatsgewalt allein von ihren Aufgaben her zu begründen.« (Rudolf Vierhaus) Im Verlauf des 18. Jahrhunderts führte diese Einsicht zu einer veränderten Sicht von Herrschaft und Königtum. Im Zeichen der europäischen Aufklärung, die, nachdem sie ihren Ausgangspunkt – die Theologiekritik – hinter sich gelassen hatte, für eine vernunftgemäße Gestaltung der Lebensverhältnisse und damit auch für Reformen eintrat, geriet das herkömmliche Königtum in die Defensive. Das bedeutete freilich nicht, dass die Aufklärung die Königsherrschaft ablehnte. Sie entkleidete das Königtum nur seiner religiösen Weihen, nahm ihm die Aura der Tradition, stellte es mitten in die Wirklichkeit des 18. Jahrhunderts und machte vernunftgemäßes, auf die Beherrschten bezogenes Handeln zu seiner obersten Pflicht.

Und diese Vorstellungen blieben nicht auf die politische Theorie beschränkt; eine Reihe von Fürsten des 18. Jahrhunderts stellte sich ausdrücklich dieser Kritik, beschrieb und deutete ihre eigene Stellung, ihr eigenes Regiment in der neuen Begrifflichkeit. Friedrich der Große, Katharina II. und Joseph II. gelten bis heute als markante Protagonisten der neuen Herrschaftskonzeption, und neben ihnen wird manch kleinerer deutscher Potentat des späten 18. Jahrhunderts in dieser Tradition gesehen, so die Herzöge von Braunschweig-Wolfenbüttel, der Landgraf von Hessen-Kassel, der Herzog von Oldenburg. Frankreich hat keinen »aufgeklärten« Monarchen hervorgebracht, die beiden letzten Bourbonen auf dem französischen Thron hielten eisern an der traditionellen, auf dem Gottesgnadentum beruhenden Herrschaftskonzeption fest. Dafür gab es im vorrevolutionären Frankreich eine ganze Reihe von Reformversuchen, die mehr oder minder deutlich von aufklärerischen Vorstellungen geprägt waren. Sie gingen auf die Initiativen von aufgeklärten Politikern zurück, die im Rat des Königs oder in den Ministerien zumindest zeitweise Fuß zu fassen vermochten.

Die neue Herrschaftstheorie

Die neue Herrschaftskonzeption wird als »aufgeklärter Absolutismus« bezeichnet, auch dies ein später, im 19. Jahrhundert entstandener und im Grunde paradoxer Begriff. Denn eine Frage, die sich bei der Kombination der Begriffe »Aufklärung« und »Absolutismus« sogleich stellt, lässt sich nicht von der Hand weisen und wird seit dem späten 18. Jahrhundert gestellt: Sind die Prinzipien der Aufklärung, ist vernunftgemäßes Handeln in monarchischen, das heißt auf der »Einherrschaft« beruhenden Staaten, überhaupt denkbar? In der Forschung wurde das Konzept gleichwohl intensiv aufgenommen und diskutiert, vor allem in Deutschland. Hier, in der durchgängig staatsorientierten, konservativen Historikerschaft des 19. und früheren 20. Jahrhunderts, fand es besonderen Anklang, entsprach doch die Symbiose von Macht und Vernunft, die man im aufgeklärten Absolutismus, insbesondere im Regiment Friedrichs des Großen, verwirklicht sah, den eigenen Vorstellungen und Wünschen. In einer Zeit, da monarchische Regime durch die Idee des Parlamentarismus und der Demokratisierung immer nachdrücklicher in Frage gestellt wurden, stand mit dem aufgeklärten Absolutismus ein Entlastungsphänomen zur Verfügung, auf das man sich im Hinblick auf den vernünftigen Lauf der Weltgeschichte berufen konnte. Durch den aufgeklärten Absolutismus wurde der gesamte Absolutismus gewissermaßen »hoffähig« – und mit ihm der verdeckte oder sogar offene Monarchismus vieler Historiker der Wilhelminischen und der Weimarer Epoche.

Was war der aufgeklärte Absolutismus und wie hat er funktioniert? Die neue Herrschaftskonzeption war anti-sakral, rational, sie führte weg vom Gottesgnadentum und hin zu einem »dienenden« Amtsverständnis. In der politischen

Philosophie der Aufklärung des späten 17. und des 18. Jahrhunderts sprach man eine andere Sprache als in der Zeit Bodins. Zwar war keinesfalls von der Abschaffung der Monarchie die Rede, wohl aber davon, dass sie im Dienst der Allgemeinheit und nicht nur der Dynastie oder gar des einzelnen, ruhmbedürftigen Herrschers zu stehen habe. Von dem englischen Theoretiker John Locke ausgehend, war bei großen politischen Denkern der Aufklärung von Leibniz über Christian Wolff bis Rousseau von der Ausgangslage eines Vertrags zwischen König und Volk die Rede; das natur- und vernunftrechtliche Denken, Grundlage der politischen Philosophie der Aufklärung, ergriff Besitz von der Diskussion über das Verhältnis zwischen Herrschern und Beherrschten.

Wir sollten uns freilich vor der Vorstellung hüten, die neue Herrschaftsauffassung sei ausschließlich darauf gerichtet gewesen, die »Einherrschaft« einzuschränken, der modernen Zeit anzupassen, sie gar zu »konstitutionalisieren«. Die Idee der »konstitutionellen Monarchie« beruhte gewiss auf Vorstellungen, die in der Epoche der Aufklärung ihren Ursprung hatten, ein unabdingbarer Bestandteil ihrer politischen Philosophie war sie aber nicht. Die überwiegende Mehrheit der Aufklärer konnte sich ein politisches System ohne einen aus eigener Verantwortung heraus, aber im Interesse des Ganzen handelnden Monarchen nicht vorstellen, und die Problematik ihres politischen Denkens wird darin sichtbar, dass sie die Monarchen als Personen dauerhaft für lenkbar und beeinflussbar hielten im Sinne eines vernunftgemäßem Handelns. Insofern unterschieden sie sehr genau zwischen der *Herrschaftsbegründung*, die nicht mehr auf dem Gottesgnadentum, der Tradition und der Dynastie fußte, sondern auf dem Naturrecht und dem Herrschaftsvertrag, und der *Herrschaftsausübung,* die dem Herrscher durchaus Macht und Handlungsfreiheit zugestand.

Reformabsolutismus

Wozu brauchte der Herrscher Macht und Handlungsfreiheit? Viele Historiker sprechen neuerdings lieber von *Reform*absolutismus als von *aufgeklärtem* Absolutismus. Sie wollen damit dokumentieren, worauf das neue Staatsverständnis des 18. Jahrhunderts vor allem zielte. Es ging um Reformen des frühneuzeitlichen Fürstenstaats mit dem Ziel, seine wirtschaftlichen und finanziellen Ressourcen besser als bisher zu mobilisieren; es ging um die Durchsetzung eines rationalen staatlichen Verwaltungshandelns von oben möglichst weit nach unten, von der Regierungszentrale bis auf die unterste Ebene der Provinzen, Kreise und Gemeinden; es ging um eine Ausweitung des Staatseinflusses auf die Verhältnisse »vor Ort« und um die Möglichkeit, in bestehende, durch den Staat bisher kaum oder gar nicht beeinflusste Herrschaftsbeziehungen einzugreifen, sie zugunsten eines allgemeinen Staat-Untertanen-Verhältnisses umzuwandeln. Es ging um den Abbau von Privilegien auf allen Ebenen zugunsten einer Modernisierung der inneren Staatsverhältnisse. Und dies alles sollte nicht mehr im Interesse der dynastischen Staatsspitze geschehen, sondern zum Wohl des gesamten Untertanenverbandes und im Interesse des »Staates«, als dessen »Diener« die Fürsten nun angesehen wurden bzw. sich selbst begriffen.

Die Zahl der Beispiele für solche Reformen bzw. Reformversuche ist groß, und sie berührten die unterschiedlichsten Ebenen des staatlich-gesellschaftlichen Lebens. Nur von einigen wenigen, besonders typischen und zum Teil auch besonders spektakulären kann hier die Rede sein. In allen Staaten Europas erwiesen sich die *Agrarverfassung* und die *ländlichen Abhängigkeitsverhältnisse* als ein grundlegendes Strukturproblem, das der Fürstenstaat nur dann in Angriff nehmen konnte, wenn er als Grundeigentümer selbst die Reforminitiative ergriff oder wenn er sich, was selten vorkam, mit den ständischen Grundeigentümern über den Sinn von Reformen einig war. Das kleine Dänemark bietet im 18. Jahrhundert einen Beleg für die Möglichkeit, im Benehmen zwischen dem Fürstenstaat und den Ständen, das heißt vor allem dem Adel, in dieser Frage einen großen Schritt nach vorne zu tun. Die Voraussetzungen dafür waren in diesem Land insofern besonders günstig, als sich im Agrar- und Handelsstaat Dänemark einerseits eine dem Typus der osteuropäischen Gutswirtschaft angenäherte Agrarverfassung mit massiven, als unökonomisch erkannten Belastungen für das produzierende Bauerntum entwickelt hatte, er andererseits über einen weit mehr nach England als nach Osteuropa blickenden, modern denkenden Adel verfügte. Es überrascht daher nicht, dass es eine ganze Reihe von einzelnen Adeligen auf ihren Gütern durchgeführter Reformvorhaben gab, bevor der dänische König in der zweiten Hälfte des 18. Jahrhunderts diese nicht zuletzt in den Herzogtümern Schleswig und Holstein ergriffenen Initiativen übernahm und zum Gegenstand einer allgemeinen Gesetzgebung machte. Ziel dieser Reformen war es, was durchaus nicht selbstverständlich war, neben dem grundbesitzenden Adel ein selbständiges, ökonomisch erfolgreiches Bauerntum zu schaffen, und dieses Ziel wurde erreicht: Bauernschutz, Allmendeaufteilung, Aussiedlung der Bauern auf eigenen Höfen inmitten ihres Landes, Neuvermessung der Ländereien, Auflösung der alten Abhängigkeits- und Abgabenverhältnisse zwischen adeligem Grundbesitzer und Bauern und ihre Ersetzung durch moderne Pachtverhältnisse, vor allem aber Aufhebung der bis dahin aus militärischen Gründen auch vom Staat gewollten Schollenbindung der Bauern – das sind Stichworte zum Erfolg der dänischen Agrargesetzgebung, die zu Recht in ganz Europa Beachtung fand. »Abgesichert durch eine zurückhaltende, auf Neutralität bedachte Außenpolitik hatte Dänemark, als eines der ersten europäischen Länder, eine sozial gerechte wie wirtschaftlich fortschrittliche Lösung der Probleme seiner alten Agrarstruktur erreicht.« (Kersten Krüger) Kaum ein anderes Land kam im Hinblick auf seine Agrarverhältnisse so weit wie Dänemark, die meisten mussten das Problem der Agrarreformen und der Bauernbefreiung der »nachabsolutistischen« Zeit überlassen – sei es in Gestalt einer Revolution wie in Frankreich, sei es in Gestalt einer »Reform von oben«, wie in Preußen.

Nicht nur das platte Land hatte seine Strukturprobleme, sondern auch die Städte. Die Reform der Zunftverfassung gehört wie die der Agrarverfassung zu den zentralen Bestandteilen des Reformprospekts, den der aufgeklärte Fürstenstaat im späteren 18. Jahrhundert ausbreitete. Ein ausgedehntes Schrifttum nahm sich zum Beispiel in Frankreich dieses als »äußerst schädlich« erkannten Systems an – nicht zufällig in Frankreich, denn die Zünfte und Gilden waren dort seit Colbert in exorbitanter Weise zum Gegenstand fiskalischer Anforderungen der »absoluten« Monarchie geworden, ja es lässt sich die Behauptung aufstellen, dass sie im 17. Jahrhundert zu einem erheblichen Teil erst zu diesem Zweck geschaffen worden waren. Nicht anders als die zahllosen Beamtenkorporationen waren sie ein integraler Bestandteil des umfassenden königlichen Finanzsystems, das ihre Ansprüche auf Überwachung und Steuerung der Produktionsprozesse und der Arbeitsverhältnisse in den städtischen Gewerben in den Dienst genommen und jedes daraus fließende Recht der Zunft zum Gegenstand eines Privilegienschachers zwischen Krone und Zunft gemacht hatte. Die Schädlichkeit dieses Systems, das für die Monarchie in der Zeit der Kriege Ludwigs XIV. ihren Nutzen gehabt haben mag, lag im späten 18. Jahrhundert ähnlich krass zutage wie die der Ämterkäuflichkeit oder der Steuerpachten.

Für den französischen Finanzminister Turgot gehörte daher die Abschaffung der *jurandes* und *communautés* zu den zentralen Reformprojekten, die er den König als Gesetzgeber im Jahr 1776 in Gestalt von sechs Reformedikten dekretieren ließ. Kaum jemand bezweifelte im damaligen Frankreich den Sinn einer solchen Reform, und dennoch scheiterte der Versuch. Wie seine übrigen, eine liberale Wirtschaftsverfassung anstrebenden Reformprojekte kam das entsprechende Edikt zu Fall, und mit ihnen fiel der Minister selber. Frankreich war nicht Dänemark, die französische Monarchie war in ganz anderer Weise als die dänische eingebunden in ein kaum überblickbares Gestrüpp von Interessengegensätzen und -verflechtungen am Hof und in den Eliten des Landes; nicht nur Turgot verfing sich darin, wenn er es auch auf eine besonders spektakuläre Weise tat. Es wird auch hier wieder deutlich: Weit weniger als die dänische Monarchie war die französische eine »absolute« Monarchie.

Einem anderen, besonders wichtigen und durch die rechtstheoretische Literatur der Aufklärung besonders gut vorbereiteten Reformfeld – den Rechts- und Gerichtsreformen – schenkten vor allem die deutschen Staaten Aufmerksamkeit. Sowohl das Preußen Friedrichs II. als auch Österreich unter Maria Theresia und Joseph II. machten auf diesem Gebiet Fortschritte, wie sie kaum ein anderer der großen europäischen Staaten zu verzeichnen hatte. In beiden Fällen spiegelte sich in diesen Aktivitäten neben der Bereitschaft der Fürsten, gerade auf diesem Gebiet für Modernität in ihren Staaten zu sorgen und damit auch für diese und sich selbst zu werben, die Tatsache, dass es sich in besonderer Weise um »zusammengesetzte« Staatswesen mit höchst unterschiedlichen regionalen und lokalen Rechtstraditionen handelte. Wenn denn überhaupt daran gedacht wurde, aus dem österreichischen Staaten- und Länderverbund zwischen Norditalien und Böhmen/Schlesien so etwas wie einen einheitlichen Staat zu machen – und Joseph II. hat gewiss daran gedacht –, dann war das Gebiet der Rechts- und Gerichtsverfassung vermutlich neben der Wirtschaft das wichtigste, auf dem Reformen einzuleiten waren.

Konsequenterweise war Rechtsvereinheitlichung daher in beiden Staaten eines der bedeutendsten Ziele der neuen Rechtspolitik. In Preußen wurde dieses Ziel zunächst mit der Schaffung einer einheitlichen Gerichtsverfassung erreicht, daneben wurden das Prozessrecht und die Juristenausbildung vereinheitlicht; seinen Höhepunkt erreichte diese Bewegung schließlich mit dem entscheidenden Schritt der Publikation eines für alle preußischen Staaten gültigen Gesetzbuchs in Gestalt des »Allgemeinen Landrechts« (1794), das noch von Friedrich II. angeregt worden war, aber erst nach seinem Tod – nach langen ideologischen Auseinandersetzungen zwischen Anhängern der alten friderizianischen Staatsidee und solchen, die sich ein recht fortschrittliches Gesetzeswerk wünschten – fertig wurde. Die österreichischen Rechtsreformen wiesen eine vergleichbare Zielrichtung auf, wenn auch die Probleme der regionalen Vereinheitlichung dort noch weitaus gravierender waren als in den preußischen Staaten, das Reformtempo daher langsamer und die Erfolge im 18. Jahrhundert weniger spektakulär. Zumindest für die »deutschen Erbländer« (Ober- und Niederösterreich, Steiermark, Kärnten, Krain und Tirol) wurde aber auf Grund der Initiativen von Maria Theresia und Joseph II. einiges erreicht, u. a. das 1786 in seinem ersten Teil erscheinende »Josephinische Gesetzbuch«.

Mit diesen umfassenden und teilweise erfolgreichen Projekten war das Reformfeld der Fürstenstaaten im 18. Jahrhundert keinesfalls vollständig abgesteckt. Gesundheits- und Armenreformen, Kirchen- und Schulreformen, Heeresreformen auf Seiten der beiden Hauptverlierer des Siebenjährigen Kriegs, Frankreich und Österreich, sind weitere erwähnenswerte Reformfelder, auf denen Erfolge erzielt wurden. Auch die Frage der Duldung religiöser Minderheiten wurde durch die intensive Beschäftigung mit diesem Thema im Kreis der Aufklärer zu einem Gegenstand von Reforminitiativen, wobei auffällt, dass nicht der von konsequenten Aufklärern wie Lessing vertretene Toleranzgedanke dominierte, der von der Unmöglichkeit ausging, den Wahrheitsanspruch der einzelnen Konfessionen oder Religionen vergleichend zu überprüfen; im Zentrum stand vielmehr die politische Sorge um eine Integration der gesamten Untertanenschaft und damit die durchaus pragmatische Behandlung der Konfessions- bzw. Religionsfrage, die auf diesem Wege begann, zu einer »Privatsache« zu werden. Dies etwa war die Botschaft, die ein durch diese Schrift berühmt gewordener deutscher Autor, Christian Konrad Wilhelm von Dohm, in seinem Traktat »Über die bürgerliche Verbesserung der Juden« (1781) zu verbreiten suchte.

Die weitaus bedeutsamsten und für unseren Zusammenhang wichtigsten Reformideen betrafen jedoch das staatliche Handeln selbst. Die staatliche Verwaltung, seit dem späten 17. Jahrhundert an den Universitäten ein Fach der wissenschaftlichen Analyse und der Lehre, wurde selbst zum Gegenstand von Reformen, und mit ihnen wesentliche Inhalte der Politik – zum Beispiel die Finanzen und die Wirtschaft. Zumindest theoretisch zeigte sich hier, dass dieser Staat nur noch seiner Tradition nach ein dynastischer Fürstenstaat war, dass er sich in einer wenn auch noch unbestimmten Zukunft in einen bürokratischen Anstaltsstaat wandeln würde, sei es auf revolutionärem, sei es auf reformerischem Wege. Praktisch freilich geschah in dieser Hinsicht weit weniger als auf den anderen Reformfeldern. Eine wirkliche Modernisierung der Staatsverwaltung mit der genauen, verfassungsmäßigen Festlegung von Verantwortlichkeiten *unterhalb* des Monarchen blieb aus – vor allem in den großen Staaten wie Frankreich, Österreich und Preußen. Auch die aufgeklärt-absolutistischen Monarchien waren eben *Fürsten*staaten, und sie blieben es, das heißt sie trieben das Reformprinzip nicht so weit, dass dadurch ihr fürstenstaatlicher Herrschaftsanspruch beschnitten wurde. Als Maria Theresia den für sie katastrophalen Ausgang des Siebenjährigen Kriegs zum Anlass nahm, eine umfassende Staatsreform in Angriff zu nehmen, nahm sie sich bezeichnenderweise das Preußen Friedrich Wilhelms I. zum Vorbild und zielte in erster Linie auf eine technische Durchorganisation des Staates im Sinne einer rationellen Behördenorganisation. Ihre Erfolge darin waren unbestreitbar, zumal ihr über Jahre eine Reihe von hervorragenden Ministern zur Seite stand, die bereit waren, einen solchen Plan gegen den immer noch virulenten Widerstand der Stände durchzusetzen. Österreich erreichte auf diesem Wege, wenn auch vor allem für seine »deutschen« Erbländer, immerhin weit mehr als der französische König, der bis in die Revolution hinein nolens, volens an der alten, immer noch vom *Conseil du Roi* geprägten Zentralverwaltung festhielt, weil jeder Versuch zur Reform – in der Zentrale wie in den Provinzen – sogleich zu einem Gegenstand heftigster Interessenkonflikte geriet, an denen dieser bedeutendste europäische Fürstenstaat der Frühen Neuzeit schließlich zerbrach.

Wie die genannten Beispiele belegen, gab es im Fürstenstaat des 18. Jahrhunderts eine Fülle von Reformansätzen, und es sollte noch einmal unterstrichen werden, dass sie vor allem deshalb so weite Beachtung fanden, weil der Staat, der da aus den Jahrhunderten der Frühen Neuzeit in das Zeitalter einer allmählich spürbar werdenden Modernität eintrat, ein schwerfälliger, komplizierter, im Wesentlichen im Hinblick auf dynastische Bedürfnisse geformter, durch den außenpolitischen Konkurrenzkampf der großen und mittleren Mächte von inneren Entwicklungsplänen weitgehend abgelenkter und das heißt – ein dringend reformbedürftiger Staat war. Und dennoch gelang es im 18. Jahrhundert keinem einzigen Staat, den gesamten Reformansatz für sich nutzbar zu machen. Alle genannten Reformen waren irgendwann einmal im Zeitalter der Aufklärung in der Diskussion, und jede einzelne wurde irgendwo einmal erprobt. Zahllose Reformen wurden versucht, sehr viele scheiterten schnell. Eine schwungvolle aufklärerische Reformpolitik, ob im großen Frankreich, im mittleren Preußen oder im kleinen Dänemark, lief überall Gefahr, auf unüberwindliche Widerstände zu stoßen.

Die Gegner

Woher kamen diese Widerstände? Jeder Reformversuch verletzte zwangsläufig Interessen, *vested interests*, wie die Engländer sagen. Wollen wir diese beschreiben, so dürfen wir es uns nicht so einfach machen, wie es viele Hand- und Schulbücher bei ihrem Blick auf das spätere 18. Jahrhundert tun. Gegner der aufklärerischen Reformvorhaben waren keinesfalls nur die rückwärts gewandten, konservativen, »feudalen« Kräfte, die sich der Einsicht in die Notwendigkeit von Reformen, und das hieß ja immer auch: einer Modernisierung des Staates entzogen. Es war auch keinesfalls nur der Adel – ohne Zweifel jener Stand, der die meisten Vorrechte und Privilegien zu verlieren hatte. Denken wir zum Beispiel an die Versuche einer Aufhebung von Zünften und Gilden. Hier waren es spezifisch bürgerliche Kräfte, die sich gegen Reformen wehrten, nicht etwa der Adel, der, wo er an Wirtschaft Interesse hatte, auch für Freihandel eintrat. Die Interessenlage in den europäischen Fürstenstaaten des 18. Jahrhunderts war äußerst facettenreich, und sie lässt sich nach den neueren Forschungen kaum im Sinne einfacher sozialer Zuordnungen klassifizieren, wie sie früher üblich waren: hier das reformbereite, »aufsteigende« Bürgertum, dort die alten, »feudalen« Kräfte. Es ist nicht möglich, diesen Widerstand eindeutig sozial zu definieren; es waren keine Stände, Schichten und Klassen in ihrer Gesamtheit, die ihn leisteten, sondern Gruppen, Institutionen, Clans, Personen, die bis dahin eng und unlösbar mit dem Fürstenstaat kooperiert hatten; es war die Gesellschaft des »Absolutismus« oder, wie es François Furet gesagt hat, die »absolutistische« Gesellschaft, deren Mitglieder in einer mehr als zweihundertjährigen Geschichte der modernen Staatsbildung in diese spezifische Rolle hineingewachsen waren und nun erleben mussten, dass ihnen aufklärerische Reformen in den fürstlichen Regierungen den Boden ihrer bisherigen Existenz unter den Füßen wegzogen. Und wenn wir vermeiden wollen, zur Charakterisierung dieser Gesellschaft nun ausgerechnet jenen Begriff – nämlich »Absolutismus« – zu benutzen, dessen Bedeutung uns heute weniger substantiell erscheinen will als früheren Generationen von Historikern, so sollten wir ihn vielleicht durch einen anderen, zwar auch erst ab 1789 entwickelten, aber weniger belasteten Begriff ersetzen. Die Gesellschaft, deren Existenz durch die Reformen des aufgeklärten Fürstenstaats bedroht wurde, war die *Ancien-Régime-Gesellschaft.* Ihre Grundlagen waren, unabhängig von den sozialen Schichten, aus denen sie bestand: das Privileg, die korporative Struktur, der universelle Eigentumsbegriff Alteuropas, für den nahezu alle existierenden Rechte bis hin zum Beispiel zur Steuerfreiheit zu einem Eigentumsrecht werden konnte.

Am besten sind diese Kräfte in Frankreich untersucht, jenem Land, das zwischen 1763 und 1789 den spannungsreichen Prozess von Reform und Beharrung in einer ganzen Kette von heftigen vorrevolutionären Konflikten durchlebte. Die hohen Gerichte, die *parlements* und anderen so genannten souveränen Höfe, aber auch die kleineren Finanz- und Gerichtsinstitutionen, die zahllosen Berufskorporationen, die Zünfte und Gilden, die zum Teil erst unter Colbert geschaffen worden waren, die Organisationen der *financiers*, die noch bestehenden Ständeversammlungen in einer Reihe von Provinzen – all diese Institutionen waren »angefüllt« mit Personal, dessen Lebensvoraussetzung die Monarchie in ihrer herkömmlichen Verteilungsfunktion war: Verteilung von Privilegien, Ämtern, Ehren, Titeln, Aufstiegschancen. Wenn – unter dem Zwang der Verschuldung – diese herkömmliche Funktion der Monarchie jetzt durch Reformen aufgegeben wurde, brachte das Unruhe in die Reihen dieser sozialen Trägerschichten der Monarchie, eine Unruhe, die sich dann beim Ausbruch der französischen Revolution gegen die Monarchie selbst richtete.

In Preußen sah die Lage wesentlich anders aus als in Frankreich, weil die preußischen Könige nicht bereit waren, Reformen konsequent für den ganzen Staat zu verordnen, wie es die französischen Reformministerien zeitweise versuchten und woran sie allesamt scheiterten. Das preußische Königtum sparte den Adel, der auf seinen Gütern und im Heer ja gerade erst in eine besonders privilegierte Position gebracht worden war, konsequent von Reformen aus und beschränkte sich auf Veränderungen in den Städten und dort, wo der Staat bzw. der König direkter Herr war, auf den Domänen. Aus diesem Grund verlief das 18. Jahrhundert mit seinen Reformimpulsen in Preußen weitaus ruhiger als im großen Nachbarstaat. Doch diese Ruhe war trügerisch, bedeutete nur Aufschub. Nach der Niederlage des alten Staates gegen Napoleon, in der Epoche der preußischen Reformen, begann Preußen nachzuholen, was Frankreich vor und während der Revolution vorgemacht hatte.

Die Anhänger

Wenn das Geflecht der Widerstände gegen aufklärerische Reformen so groß und die daran beteiligten Schichten so breit waren – wer war dann *für* Reformen im Sinne des aufgeklärten Absolutismus? Auf diese interessante Frage gibt vor allem die neuere deutsche Aufklärungsforschung Antwort: Verantwortlich für die zahllosen, oft scheiternden Reformversuche im europäischen Fürstenstaat des 18. Jahrhunderts waren die vielen Ratgeber, Minister, Beamten, »Gebildeten« um die Fürsten herum, die »Macher« in offiziellen oder beratenden Positionen, das aufgeklärte Staatspersonal, das im wahrsten Sinne des Wortes durch die Schule der Aufklärung gegangen war. An Universitäten der Aufklärung wie Halle, Jena und Göttingen hatten sie das analytische Rüstzeug erhalten, um aktuelle Missstände in Staat und Gesellschaft zu erkennen und zu beschreiben. Oftmals hatten sie ihr Theologiestudium abgebrochen und sich ohne eine gesicherte Berufsausbildung auf die Suche nach einer Position im Dienst eines der vielen deutschen Territorialfürsten oder auch eines reichsstädtischen Magistrats begeben. Nicht immer ging das gut, viele dieser jungen deutschen Intellektuellen mussten zeitweise oder dauerhaft in schwierigen Umständen leben, zum Beispiel als Lehrer

(Hofmeister) an einem fürstlichen bzw. adeligen Hof. Viele von ihnen versuchten es mit der freien Schriftstellerei und hofften, mit politischen Schriften Aufmerksamkeit auf sich zu lenken und auch Geld zu verdienen. Die Konjunktur für diesen neuen Typ eines »freischwebenden«, aber in der Regel nach einer festen Anstellung suchenden Gebildeten war in der zweiten Hälfte des 18. Jahrhunderts gleichwohl nicht ungünstig.

Die Laufbahn des erwähnten Christian Wilhelm von Dohm kann als beispielhaft für diesen neuen Stand von Gebildeten angesehen werden. 1751 in Lemgo geboren, studierte er zunächst Theologie in Leipzig, um in den Berufsweg seines Vaters zu gelangen. Er gab dieses Studium bald auf, hörte dann für einige Zeit juristische Vorlesungen, kam mit der aufklärerischen Erziehungslehre Basedows und der zeitgenössischen Popularphilosophie in Berührung und wurde unter diesen Einflüssen allmählich zum politischen Schriftsteller. Er hörte und lernte vor allem bei Christian Garve in Breslau, stand aber auch unter dem Einfluss von Johann Wilhelm Ludwig Gleim und tat schließlich das, was für einen jungen Intellektuellen seines Schlages das Gegebene war – er ging nach Berlin, suchte und fand den Dienst des großen Friedrich, aus dessen Verwaltung der späten siebziger und achtziger Jahre er dann nicht mehr wegzudenken war.

Die Leistung dieser spätaufklärerischen Intellektuellen für die politische Bewusstseinsbildung in Deutschland lag vor allem auf dem Gebiet der Diffusion: Sie waren in der Regel keine bedeutenden und originellen Philosophen, sondern bedienten sich aus dem Schatz der europäischen Aufklärungsphilosophie, der sich seit mehr als einhundert Jahren aufgetürmt hatte. Sie sorgten aber dafür, dass der aufklärerische Diskurs nicht abgeschlossen, akademisch blieb, sondern öffentlich wurde. In Lesevereinigungen, Salons, Geheimgesellschaften, in den aufkommenden Modebädern wie Bad Pyrmont, in den Redaktionen von Zeitschriften, beim Austausch von Briefen, bei Besuchen auf Reisen schlossen sie Kontakte untereinander, gaben sie ihr Wissen weiter und schufen sich einen Kreis von Freunden und Vertrauten. In einer rastlosen Publikationstätigkeit, vor allem in den großen Publikumszeitschriften der Aufklärung wie dem *Teutschen Merkur*, dem *Deutschen Museum* oder dem *Journal von und für Deutschland* traten sie an die interessierte Öffentlichkeit. Im Dienst der Fürsten schließlich überzeugten sie diese von der Notwendigkeit von Reformen oder verbreiteten, wenn dies nicht gelang, an den Höfen eine positive Reformstimmung. Sie waren gewiss keine quantitativ ins Gewicht fallende gesellschaftliche Kraft, obwohl auch zahlreiche Adelige wie Knigge, Hardenberg, Friedrich Stolberg an dieser Bewegung teilhatten und für die Einführung von Reformen warben. Doch in jenen kurzen Jahren nach der Beendigung des Siebenjährigen Kriegs (1763) und vor dem Ausbruch der Französischen Revolution (1789) trafen sie auf eine verbreitete Reformbereitschaft an deutschen Fürstenhöfen und in der deutschen – vor allem nord- und mitteldeutschen – Gesellschaft, die sie auch aus einer Minderheitsposition heraus zu nutzen vermochten.

Die Fürsten

Ob ein Fürst der neuen Herrschaftstheorie folgte oder nicht, hing von sehr vielen, zum Teil recht kontingenten Faktoren ab. Ein besonders anschauliches Beispiel bietet wieder einmal Frankreich. Dieses Land, neben England und den Vereinigten Niederlanden das wichtigste Territorium für die Festsetzung und Ausbreitung der Aufklärung seit dem frühen 18. Jahrhundert, hat keinen »aufgeklärten Absolutismus« gekannt. Die beiden Könige Frankreichs in dieser Epoche, Ludwig XV. und Ludwig XVI., waren noch stark eingebunden in die Traditionen und Vorstellungswelt des Gottesgnadentums und der unumschränkten Monarchie, sie waren keine wirklich überzeugten Reformer und machten es den Aufklärern in ihrer Umgebung selbst dann schwer, wenn sie ihnen vorübergehend ein wichtiges Staatsamt überließen. Für die besondere Lage, in der sich dieses große, schwer zu regierende Land im späteren 18. Jahrhundert befand, spricht die Tatsache, dass sie eben dies recht häufig taten. Daraus ergab sich in der Epoche nach dem Ende des Siebenjährigen Kriegs ein äußerst widerspruchs-

8 Friedrich II. von Preußen, vermutlich Kopie eines Gemäldes von Anton Graff aus dem Jahre 1764. (Jürgens Ost und Europa Photo).

Ein Königsbild aus einer neuen Zeit: Friedrich II., durch Voltaire zum Großen ernannt, in einer Haltung, die zu vermitteln wusste, was er vermitteln wollte – Wachsamkeit, Aufmerksamkeit, Selbstbewusstsein, aber auch Zurückhaltung in der Kleidung und im Zeremoniellen. Das Königtum verliert seinen Charakter des Selbstzweckhaften, es tritt hinter seinen militärischen und zivilen Aufgaben zurück; es ist – im Bilde – ganz »nah« und vermag jene zu beeindrucken und zu Gehorsam anzuhalten, die ihm dienen oder dienen sollen.

volles Bild. Reformen wurden ausprobiert und sehr schnell wieder über Bord geworfen, je nach dem, wie schnell die Hofpartei, die den Reformer an der Spitze des Staates bekämpfte, mit ihren Intrigen gegen ihn zum Ziel kam. Der König selbst verfolgte kein Reformkonzept, sondern suchte jenen durchaus gegensätzlichen Strömungen am Hof Geltung zu verschaffen, die für einen gewissen Zeitraum eine erfolgreiche Politik versprachen. Er und seine Ratgeber wussten genau, auf welchen sozialen Grundlagen die französische Königsherrschaft fußte. Jede Reform bedrohte die Interessen einer mit dem königlichen Finanzsystem verbundenen Gruppe, und diese, das zeigte der Verlauf jedes einzelnen Reformversuchs, würde sich zu wehren wissen. Hier lag der Grund dafür, dass in Frankreich seit dem Ende des Siebenjährigen Kriegs (1763) manch bedeutende Reform zwar in Gang gesetzt, aber selten bis an ihr Ende geführt wurde. Der bedeutendste, keineswegs aber einzige Beleg dafür ist die Politik des Aufklärers Turgot als *Contrôlleur Général des Finances*, von der sogleich noch die Rede sein soll.

Ansonsten finden wir Anhänger der neuen Staatstheorie vor allem dort, wo zwei Voraussetzungen im Sinne der neuen Anschauungen gegeben waren: Es musste sich um Staatswesen handeln, in denen ein deutlicher Reformbedarf bestand; es musste ein Regierungspersonal – Herrscher wie Beamten – vorhanden sein, das bereit war, über eine längere Zeit und mit einer gewissen Konsequenz – auch gegen Widerstände – Reformen durchzusetzen. Maria Theresia und Joseph II. für ihre österreichischen Erbländer, Friedrich II. von Preußen, die Zarin Katharina II., Gustav III. von Schweden und die dänische Ministerialbürokratie zur Zeit Christians VII. und Friedrichs VI. – das sind die zentralen Fürsten- und Regierungspersönlichkeiten, denen wir unser Bild von einem sich wandelnden, zu Reformen fähigen und bereiten Fürstenstaat im späteren 18. Jahrhundert verdanken. Neben diesen bedeutenden territorialen Zentren des aufgeklärten Absolutismus in Mittel-, Nord- und Osteuropa geht der Blick auch nach Südeuropa, nach Italien, wo unter dem Einfluss des späteren Kaisers Leopold II. – seit 1765 regierte er bis zu seiner Kaiserwahl 1790 als Großherzog in der Toskana – in den zu Österreich gehörigen Staaten, vor allem in der Toskana selbst, eine bedeutende Aufklärungsbewegung stattfand; er geht auch auf die iberische Halbinsel, wo unter Karl III. von Spanien und dem portugiesischen Minister Sebastiao José de Pombal vorsichtige, im übrigen Europa viel zu wenig beachtete Reformen im Sinne der Aufklärung stattfanden.

Ein besonderes Erscheinungsbild bot der aufgeklärte Absolutismus in vielen kleinen deutschen Staaten, die einerseits Reichsstände des überkommenen Heiligen Römischen Reiches waren, andererseits seit dem großen Kompromiss des Westfälischen Friedens (1648) über ein nicht unbeträchtliches Maß an Eigenstaatlichkeit verfügten. Größere Reichsstände wie Bayern unter dem Kurfürsten Max III. Joseph oder Karl Friedrich von Baden nutzten diese in Richtung auf Reformen der Regierungs- und der Agrarverfassung und leiteten damit den Beginn einer Modernisierung in ihren Ländern ein. In den kleineren Staaten Nord- und Mitteldeutschlands, die durch ihren engen Finanz- und Verschuldungsspielraum an einer umfassenden Reformtätigkeit gehindert waren, geschah doch vieles im Bereich der Armenfürsorge, des Erziehungs- und Schulwesens, der Gesundheitspolitik und der Staatsverwaltung.

Dieser kleinstaatliche Fürstentyp des späteren 18. Jahrhunderts ist bis heute durch eine andere Leistung besonders in Erinnerung geblieben. Ihm verdanken wir die Gründung literarisch-musischer Zirkel und Institutionen und den Ausbau der Residenzen zu Zentren einer neuen Urbanität im Geist des Klassizismus. Auch das hatte ohne Frage mit Aufklärung zu tun, mit einem Aspekt von Aufklärung, der in der Forschung bisher möglicherweise zu wenig Beachtung gefunden hat. Die Aufklärung als Theorie der Modernität bot dem Landesherrn, der sich nicht darauf beschränkte, seine Regierungszeit in Verschwendung und Verschuldung zu fristen, glänzende Möglichkeiten der Selbstdarstellung und der Eigenpropaganda, sie war bestens geeignet, der monarchischen Herrschaftsidee neue Anhänger zu gewinnen und damit der Idee der Monarchie in ihrer herkömmlichen Form ein neues Gewand zu schneidern, in dem sie noch länger überleben konnte. Mit großem Eifer konkurrierten die einzelnen Residenzen um den Ruf einer bestimmten Modernität. Man gab die alten Befestigungen auf und zerstörte sie zugunsten von die Residenzstadt umkränzenden Garten- und Wohnungsanlagen für das anspruchsvolle Hofbeamtentum; man öffnete die Stadt nach außen hin, verbesserte die in ihr herrschenden hygienischen und Verkehrsverhältnisse, schuf klassizistisch konzipierte städtisch-architektonische »Schauseiten« und versuchte, mit Hilfe der in der Stadt zumeist auf herrschaftliche Veranlassung gegründeten aufklärerischen Institutionen (Clubs, Lesegesellschaften, Salons, Kaffeehäuser, Musikgesellschaften) das moderne Reisepublikum anzuziehen. Auf diese Weise wurden das Weimar Anna Amalias und Karl Augusts, das Mannheim Karl Theodors von der Pfalz, das Kassel des Landgrafen Wilhelm, das Braunschweig Karls I. und Karl Wilhelm Ferdinands, ganz spät auch das Oldenburg Peter Friedrich Ludwigs zu Stätten einer regionalen Aufklärungsbewegung, die in dieser Dichte allenfalls noch in der italienischen Städtelandschaft vorhanden war.

Es ist immer wieder einmal mit der Überlegung gespielt worden, der aufgeklärte Absolutismus sei eine Herrschafts- und Modernisierungstheorie für die in Mittel-, Nord- und Osteuropa gelegenen, im Vergleich zum europäischen Westen zurückgebliebenen Staaten gewesen. So verführerisch eine solche These wirkt, so scheint es doch, dass sich die historische Realität ihr nicht vollständig fügt. Dänemark und Schweden, zwei kleine, schon frühzeitig, das heißt im Verlauf des 17. und frühen 18. Jahrhunderts aus dem Konzert des europäischen Mächtesystems ausgeschieden, können im 18. Jahrhundert nicht als »rückständige« Monarchien gelten, verwirklichen aber einige der aufklärerischen Vorstellungen mit besonderer Konsequenz. Was Preußen und Russland angeht, so haben vor allem diese beiden, für den »Osten« Europas stehenden Mächte bei der Formulierung dieser These Pate gestanden, und Rückständigkeit meint in beiden Fällen vor allem das Fehlen eines Bürgertums, das den Adel in seiner ständischen und die Monarchie stützenden Dominanz konterkarieren konnte. Aus diesem Blickwinkel hat die These einiges für sich, wenn auch betont werden muss, dass in ganz Europa nicht eigentlich der, von

England einmal abgesehen, nirgendwo besonders weit entwickelte Stand des Bürgertums über das Schicksal des Regierungssystems entschied, sondern weit mehr der Adel bzw. die Art und Weise, wie soziale Mobilität von unten in diesen Herrschaftsstand hinein und damit eine Elitenbildung unterhalb der Monarchie möglich war. Die Regime Friedrichs II. und Katharinas II. ragen im europäischen Kontext dadurch heraus, dass sie, aufs Ganze gesehen, keine Probleme (mehr) mit ihrem jeweiligen, sehr unterschiedlichen Adel hatten, der in beiden Fällen noch ein in sich geschlossener Herrschaftsstand war. Und gerade diese Tatsache, verbunden mit dem Fehlen einer breiten Emanzipationsbewegung aus dem Bürgertum, machte ihnen die Rezeption des aufgeklärten Absolutismus und das souveräne Hantieren mit dessen Reformkonzepten möglich. Frankreich dagegen, von seinen ökonomischen und sozialen Ressourcen her gewiss nicht, von seinem Regierungssystem her jedoch in zunehmendem Maße »rückständig«, war der Weg in den aufgeklärten Absolutismus versperrt, weil der Monarch dort bei aller Zurschaustellung seiner absolutistischen Position Gefangener eines Geflechts »konkurrierender Eliten« (L. Bergeron) geworden war, in dem sich eine konsequente Reformpolitik im Sinne des aufgeklärten Absolutismus immer wieder verfing.

Die Ergebnisse

Die praktischen Auswirkungen der aufklärerischen Reformideen sind begrenzt geblieben, und das aus drei Gründen. Den ersten müssen wir in den Ereignissen der Französischen Revolution suchen. Durch sie wurden reformerische Ansätze in der Politik vieler europäischer Staaten unterbrochen und auch auf lange Sicht diskreditiert. Dies geschah besonders in Deutschland, wo sich viele Monarchen – oft sehr schnell und allzu furchtsam – aus jenen aufklärerischen Initiativen zurückzogen, die sie sich bis dahin von ihren Beratern, Beamten, Ministern hatten abringen lassen oder die sie selber eingeleitet hatten. In einem kleinen Staat wie dem Herzogtum Oldenburg lassen sich aufklärerische Initiativen noch bis in das beginnende 19. Jahrhundert nachweisen; die Regel war das aber nicht.

Der zweite Grund lässt sich in Österreich und Frankreich aufzeigen. In beiden Ländern wurden aufklärerische Reformen in den siebziger und achtziger Jahren des 18. Jahrhunderts mit großer Hast angepackt. Die Politik des Reformministers Turgot zwischen 1774 und 1776 in Frankreich ist dafür ebenso ein Beispiel wie das gesamte, bedeutende Reformwerk Josephs II. in Österreich nach dem Tod seiner Mutter Maria Theresia. In beiden Fällen wurde sehr schnell deutlich, wie groß der Widerstand der Reformgegner war, wie gefährlich es mithin war, Reformen, selbst solche, die von einer breiten Öffentlichkeit als sinnvoll und notwendig betrachtet wurden, von oben zu dekretieren, statt sich, notfalls auch auf dem Wege des Kompromisses, um ihre Durchsetzung zu bemühen. Als besonders eklatant gilt in der Forschung das Verhalten Josephs II. in der Zeit zwischen 1780 und 1790. Sein Reformeifer war gewaltig, die vorsichtigen Schritte einer Vorbereitung und Einleitung von Reformen, die seine Mutter getan hatte, reichten ihm nicht mehr aus. Auf drei Gebieten zugleich eröffnete der Kaiser als Landesherr seiner Erbländer das Reformgeschehen: in der Kirchenpolitik mit der Aufhebung der Gerichtsbarkeit ausländischer Orden, der Überführung der Ehegesetzgebung in die Zuständigkeit des Staats und der Einführung einer staatlichen Kontrolle der Priesterausbildung; in der Wirtschaft mit der Aufhebung der Leibeigenschaft im Jahr 1781 und in der Toleranzgesetzgebung gegenüber Protestanten und Juden. Über sechstausend Reformedikte sind in den zehn Jahren der Selbstherrschaft Josephs über die österreichische Monarchie gezählt worden – ein umfassendes Reformwerk, das weiter ging als in jedem anderen Staat der Zeit. Schnelles und überhastetes Vorgehen beim Erlass all dieser Edikte, noch gesteigert durch das harsche, unzugängliche, überhebliche Wesen dieses Aufklärers auf dem Thron, überforderten das Land bzw. die vielen einzelnen Länder, aus denen das Österreich des Ancien Régime bestand, bei weitem. Und so hatte das Werk Josephs II. nicht oder nur in Teilen Bestand. Noch auf dem Sterbebett musste er der Opposition im Lande einen Verzicht auf viele wichtige Bestandteile seines Lebenswerks zugestehen, insbesondere jene, die die Privilegien der Stände betrafen.

Der dritte Grund liegt auf einer anderen Ebene, wird von der Forschung erst seit einigen Jahren intensiver diskutiert und stellt gewissermaßen die Originalität der aufklärerischen Reformansätze in Frage. Ins Gespräch gebracht wurde er u. a. durch die Forschungen des amerikanischen Historikers Marc Raeff über den »wohl-geordneten Verwaltungsstaat (Polizeistaat)« in Deutschland. Dieser Staat, so Raeff, sei kein Werk der Aufklärung gewesen, sondern ein im Wesentlichen im 17. und frühen 18. Jahrhundert entstandenes Konzept als Reaktion auf die Katastrophe des Dreißigjährigen Kriegs. Nicht der Gedanke der Aufklärung hätte hier dominiert, sondern die durch Religion und Sittsamkeit getragene Sorge des jeweiligen Landesherrn für die »liebe Justiz« und eine »gute Polizei«. Und wenn dabei geistige Strömungen eine Rolle gespielt hätten, dann eher der Pietismus als die zu dieser Zeit noch nicht durchgedrungene Aufklärung.

Raeffs Ansatz wirkt überzeugend, doch nur für den kleinen deutschen Territorialstaat des späteren 17. Jahrhunderts, in dem statt europäischer Machtpolitik die Ausbildung einer inneren Ordnung im Vordergrund stand. Wir sprachen an anderer Stelle schon davon, dass ein Staat wie Dänemark schon um 1660/70 zu wirkungsvollen Reformen in der Lage war, nachdem es aus dem europäischen Mächtekampf zurückgetreten war. Ein genauerer Blick auf Dänemark könnte zeigen, wie intensiv hier seit der Mitte des 17. bis zum Ende des 18. Jahrhunderts über Reformen nachgedacht und wie sie in einzelnen Schritten auch verwirklicht wurden. Und hierin scheint der besondere Wert der Untersuchungen Raeffs zu liegen: Er zeigt uns, dass das Thema »Reformen« für die europäische Staatenwelt der Frühen Neuzeit nicht allein mit dem Blick auf das spätere 18. Jahrhundert und damit auf die Epoche der Aufklärung betrachtet werden darf.

Bibliographische Hinweise

Die Gesamtepoche unter dem besonderen Vorzeichen der Auswirkung der Aufklärung auf die Gestaltung der staatlichen Verhältnisse bei Krieger (1971) und Möller (1989), in Einzelbeiträgen auch bei Ziechmann (1985), vor allem aber bei Vierhaus (1987) und auch Scott (1990). Ein sehr ausführlicher, gediegener Frankreich-Preußen-Vergleich bei Behrens (1985). Zu grundsätzlichen Fragen des Verhältnisses von Aufklärung und Politik vgl. Bödeker/Herrmann (1987). Der Prospekt von Aufklärungsreformen ausdrücklich thematisiert bei Scott (1990). Die Analyse der Regierungsform des aufgeklärten Absolutismus, ein seit dem 19. Jahrhundert immer wieder diskutiertes Thema, heute in mehreren Aufsätzen in und von von Aretin (1974, 1993), bei Birtsch (1987, 1996), Mörz (1991) und Krüger (1992, 1986, das Zitat S. 85 f.). Zu Österreich unter Maria Theresia und Joseph II. unter anderem Zöllner (1983), Klingenstein/Plaschka (1985), Matis/Bauer (1985), Obersteiner (1993). Zu Friedrich II. Sellin (1976), Schieder (1983), von Aretin (1985), zu Joseph II. Fejtö (1987). Zu Frankreich vgl. E. Hinrichs u. a. (1978) und E. Hinrichs (1989). Zum Aspekt der Reformkontinuität in Deutschland seit dem späteren 17. Jahrhundert vgl. Raeff (1983, in E. Hinrichs 1986). Die These vom »Reformabsolutismus« ausdrücklich bei Bodie (1992) und Birtsch (1996).

III. Strukturmerkmale des frühneuzeitlichen Fürstenstaats

1. Von der verlorenen Präsenz zur allgegenwärtigen Absenz: Gottesgnadentum und dynastische Legitimität

»Wie angebracht wäre es, wenn Eure Majestät, als König, Vater und Herr all Eurer Staaten und Königreiche persönlich kommen würde, um alles zu sehen, was Ihr in diesem Fürstentum habt, und um Eure treuesten Vasallen zu trösten. Wir können das gute Glück anderer nur beneiden, die sich der königlichen Gegenwart aus erster Hand erfreuen, und wir bitten Seine königliche Majestät zu kommen und sich persönlich mit den Angelegenheiten dieser Provinz vertraut zu machen und ihre Regierung zu verbessern [...]. In 37 Jahren haben Eure Vasallen ihren König nur zweimal gesehen, und diese lange Abwesenheit ist verantwortlich für die Verletzung ihrer Gesetze.«

Dies ist ein Ausschnitt aus der Petition der katalanischen Stände an den spanischen König, Philipp IV., aus dem Jahr 1622. Er macht mit wenigen eindringlichen Worten klar, wo die Probleme in den Beziehungen eines frühneuzeitlichen Herrschers zu seinen Untertanen lagen. Aus dem spanischen Königreich, von Isabella von Kastilien und Ferdinand von Aragon im 15. Jahrhundert geschaffen, war inzwischen ein »unmögliches Riesenreich« (Pierre Chaunu) geworden. Man weiß, mit welcher Begeisterung viele der Untertanen Ferdinands und Isabellas im 15. Jahrhundert das monarchische Einigungswerk dieser beiden Herrscher verfolgt hatten. Viele von ihnen waren nach einem Wort eines Chronisten froh, »aus der Feudalherrschaft in die königliche Freiheit zu entkommen.« Das patriarchalische Herrschaftskonzept ihres Königspaars, seine erstaunliche Fähigkeit, die Interessen ihrer Länder mit der neuen Reichsvorstellung zu verschmelzen, hatte die Grundlage für einen allgemeinen Konsens geschaffen, und sie hatten es glänzend verstanden, ihre neue Konzeption einer gesamtspanischen Monarchie mit einer sehr persönlichen, die herkömmlichen Beziehungen betonenden Präsenz in ihren alten Königreichen Kastilien und Aragon zu verbinden. Erst durch die Herrschaft des landesfremden und oft landesfernen Kaisers Karl V. wurde dieser Konsens nachhaltig gestört. Gewiss bemühten sich Philipp II. und seine Nachfolger dann angestrengt, »spanische« Könige zu sein. Doch inzwischen war das Großreich entstanden, das sich mit den einfachen, sehr persönlichen Herrschaftsmitteln Isabellas und Ferdinands nicht mehr regieren ließ. Philipp II. wurde zum Bürokrat auf dem spanischen Thron, der sich im Escorial oder in Madrid einschloss, nur noch selten ins Land reiste und selbst für viele seiner Gefolgsleute kaum zu sprechen war. Auch seine Nachfolger taten nicht viel, um die direkten Bindungen an ihre Untertanen, und das heißt im Kontext der frühneuzeitlichen Herrschaftsverhältnisse in erster Linie: an den Adel, zu festigen. Die Folge waren die Entfremdung von Hof und Land und Gehorsamsverlust. Die Auswirkungen eines solchen Mentalitäts- und Verhaltenswandels wurden in der massiven Beteiligung spanischer Adeliger an den separatistischen Erhebungen des 17. Jahrhunderts spürbar.

So viel spezifisch ständische Interessenpolitik sich auch hinter den devoten Vasallenformeln der katalanischen Petition verbergen mochte, ein verallgemeinerungsfähiger Tatbestand geht doch sehr deutlich aus ihnen hervor: Der Frage nach der »Präsenz« des Monarchen, nach der Möglichkeit mithin, von den Untertanen erreicht zu werden, ihnen in der Rolle des Gerichtsherrn gegenüberzutreten, seinen Vasallen ein unmittelbar spürbarer Herr zu sein, kam in den alten Gesellschaften des frühneuzeitlichen Europa eine zentrale Bedeutung zu. Vor allem in der Frühzeit ihrer Staatengeschichte, das heißt im 15. und noch über weite Strecken des 16. Jahrhunderts, waren zahlreiche europäische Länder und ihre Stände noch intensiv an die Nähe ihres Herren, an seine »Fassbarkeit« gewöhnt. Sie war naturgemäß um so leichter herzustellen, je kleiner das Herrschaftsgebiet eines Fürsten war. Mit der Ausbildung großer, unter einer einzigen Krone zusammengefasster Territorialstaaten ergaben sich hier Probleme. Der »absolute« Monarch der nachfolgenden Epoche, der souveräne Fürst, der nach außen und innen Unabhängige, der nur Gott gegenüber Verantwortliche, die Quelle allen Rechts, das er den Menschen als einziger Mittler zu Gott überbrachte, wurde seinem Selbstverständnis und seiner Selbstdarstellung nach notwendigerweise ein »absenter«, zu allen Untertanen in eine gleichmäßige Distanz tretender Herrscher. Der Absentismus des jetzt im Zentrum des Landes sesshaft werdenden Fürsten war Vorbedingung für eine Herrschaftsform, die auf dem Wege war, die vielfältigen, auf persönlichen Bindungen beruhenden Herrschaftsverhältnisse der mittelalterlichen Welt abzubauen.

So sehen wir in der Fürstenlehre des 16. und frühen 17. Jahrhunderts Ideen am Werk, die den unumgänglichen Absentismus der Monarchen theoretisch zu begründen und ihn zugleich in eine zwar entpersonalisierte, aber gesteigerte, allgemeine und dauernde Allgegenwärtigkeit umzudeuten versuchten. Wesentliche Hilfestellung leistete dabei die überkommene religiöse Begründung der Monarchie. Seit jeher war das europäische Königtum in den Worten Otto Brunners von einer »eigentümlichen sakral-magischen Sphäre« umgeben. Drei aus heidnischen und christlichen Traditionen stammende religiöse Komponenten waren zu Beginn des 17. Jahrhunderts lebendig und wurden von der Fürstenlehre der Zeit zu einem einzigen Strom religiöser Königsdeutung zusammengefügt. Zunächst ein urtümlicher, ganz unchristlicher, der sakral-magischen Vorstellungswelt altorientalischer Despotien benachbarter Glaube an überirdische Fähigkeiten eines legitimen Monarchen. Noch im 18. Jahrhundert gibt es Belege für die »Wunder wirkenden« Heilkräfte des englischen und des französischen Königs, mit der sie die verbreitete Krankheit der Skrofulose zu heilen vermochten; Marc Bloch hat sie in seiner berühmt gewordenen Studie über die *Rois thaumaturges* untersucht. Sodann die aus dem christlichen Mittelalter stammende Tradition des Gottesgnadentums, die von der Fürstenlehre des späten 16. und des 17. Jahrhunderts aufgenommen und in charakteristischer Weise umgedeutet wurde. Im Mittelalter bedeutete die Stellung des Monarchen »von Gottes Gnaden« – seine Stellvertreterschaft Gottes und Christi in weltlichen Dingen – zugleich seine feste Einbindung in eine überkommene, geheiligte Rechtsordnung, in das verpflichtende Ethos des Christentums. Wie seine Untertanen war er gehalten, gemäß dem »guten, alten Recht« zu handeln, was die Verpflichtung einschloss, mit ihrem »Rat« und ihrer »Hilfe« zu entscheiden. Tat er es nicht, wurde er zum »Tyrannen«, dem Widerstand zu leisten erlaubt, ja eine Pflicht war.

Diese enge Verflechtung von »Gottesgnadentum und Widerstandsrecht« (F. Kern) löste sich im Zuge der spätmittelalterlichen Entfaltung des Territorialstaats auf. Die spezifische Form mittelalterlichen Widerstands, die Fehde, wurde durch das stärker werdende Königtum zurückgedrängt, das Widerstandsrecht wurde problematisch. Zwar blieb auch der neuzeitliche Monarch an eine über König und Untertanen stehende Anschauung vom Recht gebunden, zwar gab es in jedem Staat eine Reihe von so genannten »Grundgesetzen« *(leges fundamentales),* an welche die Monarchen sich per Krönungseid banden, zwar wurden auch sie auf die Verpflichtung, Rat zu nehmen, verwiesen, doch die institutionellen Garantien einer Kontrolle ihres Handelns, wie sie das Mittelalter gekannt hatte, schieden aus der Herrschaftstheorie und -praxis des frühneuzeitlichen Fürstenstaates aus. Sie wanderten gleichsam ab in das Arsenal der gegen die Monarchen gerichteten Argumentationen, wie sie zum Beispiel von den »Monarchomachen« vertreten wurden. Die Könige aber beanspruchten jetzt »Souveränität«, die, wie es Jean Bodin 1576 formulierte, »gegenüber den Bürgern und Untertanen höchste und von den Gesetzen losgelöste Gewalt.«

Auch der souveräne Fürst Bodins blieb »Stellvertreter Gottes«, doch schwand aus dem Fürstenbild der Frühen Neuzeit zunehmend das spezifisch christliche, auf die *humilitas* des Fürsten zielende und seine Verpflichtungen betonende Element. Es wurde durch den Kult des Gott-Menschen, des *uomo divino*, ersetzt, eine über Humanismus und Renaissance direkt in die Antike zurückweisende Tradition religiöser Fürstendeutung. Der König als *divino* war der schlechthin Vollkommene, Allgegenwärtige und Geeignete *(idoneus),* er war zugleich der Unerreichte, der zu seiner Selbstdarstellung und Amtsführung eines besonderen Raumes, einer vom Land abgehobenen und es zugleich überstrahlenden Sphäre bedurfte. Im Kult des Sonnenkönigs, in den Bauten und Gärten von Versailles erhielt dieses Herrscherbild seinen höchsten Ausdruck. Versailles war der Ort des sich über alle Untertanen hinaushebenden und seine persönlich-patriarchalischen Bindungen lösenden »absoluten« Herrschers. In Versailles wurde der königliche Absentismus auf die Spitze getrieben und zugleich in eine neue Form königlicher Omnipräsenz umgegossen. Die Sonne von Versailles leuchtete für ganz Frankreich – fern und doch allgegenwärtig.

Das setzte erhebliche Wandlungen des fürstlichen Selbstverständnisses und der Fürstentheorie voraus. Von Alters her war den Juristen an den europäischen Fürstenhöfen die Bedeutung der »zwei Körper des Königs« bekannt. Der Begriff stammt aus der Feder englischer Juristen aus der Zeit Elisabeths I., die Sache aber war sehr viel älter. Ernst H. Kantorowicz hat sie 1957 beschrieben und recht eigentlich erst für die Geschichtswissenschaft ans Licht gehoben. Es handelt sich um die Auffassung, dass ein dynastisch legitimierter und eingesetzter König aus zwei Körpern besteht bzw. Anteil an zwei Körpern hat, einem natürlichen, sterblichen und einem übernatürlichen, der niemals stirbt. Diese in ihrer Entstehungszeit im frühen Mittelalter an die »Zweikörperlichkeit« Christi sich anlehnende Vorstellung, die Kantorowicz überwiegend mit dem Blick auf mittelalterliche Quellen analysiert, war auch in der Frühen Neuzeit noch lebendig, wenn sie auch ihren christlichen Gehalt weitgehend verloren hatte und in erster Linie im Hinblick auf jene wichtige juristische Frage ins Spiel gebracht wurde, was denn eigentlich passiert, wenn in einem dynastisch organisierten, das heißt »wahlfreien« Fürstenstaat der König stirbt. Dass ein »König niemals stirbt«, ist eines der wichtigsten Ergebnisse seiner Teilhabe an zwei Körpern, und dem vorausgehend wurde im Sprachbildungsprozess der Glossatoren und Postglossatoren das berühmte *dignitas non moritur* entwickelt, das es schließlich erlaubte, eine solche Vorstellung nicht nur auf das Individuum eines sterbenden Königs und seines Nachfolgers, sondern auch auf einen politischen Körper, auf ein *corpus politicum* auszudehnen. Alle gut funktionierenden dynastischen Erbfolgeordnungen haben sich dieser Tradition bedient, um den unmittelbaren – Kantorowicz sagt »automatischen« – Übergang vom verstorbenen König auf seinen Nachfolger zu sichern. Doch nicht nur bei dieser Grenz- und Übergangsfrage der Thronfolge, sondern auch in der allgemeinen Fürstenethik des Barockzeitalters lebte die Vorstellung von den »zwei Körpern des Königs« fort; sie erlaubte es den um eine angemessene ethische Fundierung des Fürstenamts und damit um seine moralische Legitimität bemühten Juristen, einen Unterschied zu machen zwischen dem Individuum des Monarchen, das unvollkommen und sündig sein konnte, und der Institution Königtum, dem durch Erbrecht legitimierten Prinzip. War der König der Sünde verfallen, so mochten darunter sein politisches Ansehen und der konkrete Verlauf seiner Tagespolitik leiden, der königlichen Würde *(dignitas),* die nicht vom Individuum des gerade regierenden Herrschers abhing, sondern eine Würde des Amtes *(officium)* war, konnte es nicht schaden. Und selbst nachdem im Verlauf des 17. Jahrhunderts und seines gewaltigen argumentativen Einsatzes für den »Staat« und seine »Raison« neben und vor der königlichen Würde die des Staates zur alles überragenden Handlungsgröße auch des monarchischen Tuns geworden war, blieb die Vorstellung von den zwei Körpern in einer gewissen Weise präsent. Ludwig XIV. soll sich mit dem Wort von der Welt verabschiedet haben: *Je m'en vais, mais l'État demeurera après moi* (Ich gehe, aber der Staat wird nach mir bleiben).

Für die Entwicklung dieses Vorstellungskreises von *the kings two bodies* scheint das Absentismusproblem eine gewichtige Rolle gespielt zu haben. Zumindest lässt die im 16. Jahrhundert vor allem in Frankreich nach englischem Vorbild entwickelte Begräbnispraxis für die Könige daran denken, die Kantorowicz und Ralph E. Giesey beschrieben haben. Schon am Ende des 15., mit wachsender Intensität dann seit dem 16. Jahrhundert wurden beim Begräbnis der

Könige von Frankreich Bildnisse bzw. Plastiken des verstorbenen Königs im glanzvollem Ornat des Lebenden auf dem Sarg – später sogar vom Sarg getrennt – aufgestellt. Dieser Bilderkult nahm mit der Zeit so ausgedehnte Formen an, dass vom Tod Franz' I. an im Rahmen der mit wachsendem Pomp gestalteten Begräbniszeremonien der *Körper der Abbildung* zunehmend mehr Raum einnahm als der *Körper des Leichnams*, der tatsächlich zu Grabe getragen wurde. Konsequenterweise musste der Nachfolger diesen Zeremonien fernbleiben, da er sonst in einen unvermeidlichen Konflikt geraten wäre – in den Konflikt nämlich, dass er einerseits schon König war und über die volle *dignitas* des königlichen Amtes verfügte, im Bild des Vorgängers aber während der ganzen Zeremonie noch der verstorbene König verehrt und für ihn *dignitas* beansprucht wurde. »Der neue König konnte nicht gleichzeitig Trauer tragen und nicht tragen; er konnte nicht gleichzeitig ‚die Rolle der Person der Dignität spielen' und diese Rolle dem Abbild seines Vorgängers überlassen. Die einzige Lösung war, wegzubleiben.« (Ernst H. Kantorowicz).

Kantorowicz geht auf das Problem der königlichen Präsenz nicht ein und scheint es zur Erschließung des Verständnisses dieses bemerkenswerten, in unserer Epoche sich manieristisch-barock entfaltenden Brauchtums nicht in Erwägung gezogen zu haben. Für ihn stand die Aufgabe des Brauchs, bei den Überlebenden die Einsicht zu fördern, dass unter dem sehr menschlichen Ereignis des Todes ihres Königs die Institution und ihre *dignitas* nicht litten, im Vordergrund. Es war der Denkprozess der den Begräbnisvorgang deutenden Kronjuristen, dem Kantorowicz und Giesey in ihren Quellen in erster und oft einziger Linie begegneten. Deren wichtigstes Ziel war bei jedem königlichen Todesfall die möglichst glatte juristisch-zeremonielle Gestaltung des Übergangs. Doch waren sie die einzigen, die diesen Brauch entwickelten und, vor allem, rezipierten? Kamen in diesem Brauch nur die – relativ theoretischen und abstrakten – Sorgen der Juristen zum Ausdruck oder nutzten diese vielleicht nur ein Brauchtum für ihre Zwecke, das auch noch andere Ursachen und andere Adressaten hatte? Es erscheint bemerkenswert, dass der Brauch, wie er bei

9 Ludwig XIV., Gemälde von Jean Jouvenet, 1690.
Der große, geheimnisvolle Augenblick, dem das englischen und französische Königtum nach Marc Bloch so viel Wirkung im Kollektivbewusstsein verdankte: Der König heilt durch das Handauflegen die Krankheit der Skrofulose, der Gesichtstuberkulose. Ein großes Tafelbild des ausgehenden 17. Jahrhunderts kleidet die Zeremonie in ein zeitgemäßes barockes Helldunkel, neben dem König spielt ein Geistlicher – ist der heilige Marcoul gemeint? – eine zentrale Rolle, das Bild bringt damit die Vereinigung der geistlichen und politischen Chancen des »thaumaturgischen« Handelns zum Ausdruck.

Kantorowicz und Giesey beschrieben wird, erst vom 16. Jahrhundert an seine volle Bedeutung gewann und jetzt erst seinen ganzen Pomp entfaltete, just in jener Epoche also, als sich das Absentismusproblem der großen europäischen Monarchien – der Prozess der Entfremdung zwischen Herrscher und der ständisch gegliederten Untertanenschaft – zuspitzte. Ist es nicht möglich, dass der gesteigerte Pomp und der gesteigerte Bilderkult während der Begräbniszeremonie Präsenz herstellen sollten, wo der tatsächliche Herrschaftsalltag die Absenz ständig vorantrieb?

Gewiss reicht ein einziger Brauch nicht aus, um eine solche These zu stützen. Doch stand dieser Brauch allein, gab es nicht andere? Zu wenig war bisher von den *rois thaumaturges* die Rede, von den Wunder wirkenden Königen also, die durch Handauflegen die Skrofulose, die Gesichtstuberkulose, zu heilen versuchten, was ihnen nach zahlreichen, oft freilich legendenhaften Berichten auch tatsächlich gelang. Die Könige Englands und Frankreichs praktizierten die wundertätige Heilung, die im Mittelalter aufgekommen war, auch in der Frühen Neuzeit mit Eifer. Anlass zu diesem Brauchtum waren in der Regel, wenn auch nicht ausschließlich, hohe Festtage, vor allem die Krönung bzw. die Weihe des Königs. In Frankreich war dieser Akt anlässlich von Krönung und Weihe mit dem Besuch am Grab des Heiligen Saint-Marcoul in Corbeny in der Nähe der Krönungsstadt Reims verbunden. Dem Abt Marcoul, in der ersten Hälfte des 6. Jahrhunderts lebend, wurden dieselben wundertätigen Fähigkeiten nachgesagt wie den Königen von Frankreich und England; daher versicherten sich die französischen Könige bis an das Ende des Ancien Régime gern der legendenhaft gesteigerten Berühmtheit des Abbés und bemühten sich durch die Zeremonie nach dem *Sacre* darum, die Wirkung ihrer Heilkraft dadurch zu steigern, dass sie sie mit derjenigen des Heiligen gleichsam »zusammenwarfen«.

Es soll hier nicht das von Marc Bloch so glänzend untersuchte komplexe Problem der Wunderheilung im Einzelnen dargestellt werden. Die große Bedeutung der Untersuchungen Blochs liegt darin, dass er aus dem Brauch seine Vorstellung von der »Religion der Monarchie« ableitete.

Nicht die rationalen Theoretiker der Monarchie – nicht Baldus, nicht Bodin, nicht Bossuet – waren ihm Wegweiser zu einem Verständnis dieses Brauchs, der ihnen suspekt erscheinen musste und völlig aus ihren Betrachtungen ausgeblendet wurde. Hier wirkten vielmehr die von Bloch so genannten – und recht eigentlich für die Geschichtswissenschaft entdeckten – »kollektiven Vorstellungen« *(représentations collectives)*, denen er auf der Basis einer ganz anderen, weniger elitären, weniger juristischen und weniger gelehrten Literatur und einer großen Reihe von Bildquellen auf die Spur kam. Während im Kreis der Gelehrten, der Kronjuristen, der Beamten, des Hofstaates, der »komplizierten Hierarchie der Amtsträger« (Pierre Chaunu) rationale politische Theorien die argumentative Grundlage für eine mehr oder minder ausgeprägte Bereitschaft zum Gehorsam gegenüber dem König bildeten, bedurfte die breite Masse der Bevölkerung ganz offensichtlich anderer Argumente der Herrschaftssicherung – und der König und seine Leute mussten beide Seiten »bedienen«.

Nun will und kann Marc Bloch ebenso wenig wie Ernst Kantorowicz quantitativ argumentieren, so dass die Frage offen bleibt, wie die Kenntnis dieses Brauchtums in dem großen Land Frankreich mit seinen etwa zwanzig Millionen Einwohnern verbreitet wurde, das heißt wie denn die Ausbildung und Ausbreitung solcher Formen »kollektiver Repräsentation« genau aussahen. Es scheint festzustehen, dass die wundertätige Heilung ein Festtagsbrauch war und blieb und daher als Veranstaltung der tatsächlichen physischen Begegnung zwischen König und Volk keine Bedeutung hatte. Es liegt in der Natur der Sache eines solchen Wunderbrauchs, der ja des Berichtes über seine »Erfolge« bedurfte, dass er nicht zu oft praktiziert werden durfte, um seine Wirkung nicht zu verlieren. Weit mehr als das Brauchtum als solches scheinen daher Berichte darüber in Texten und, vor allem, in Bildern verbreitet gewesen zu sein.

Damit stehen wir bei der für die königliche Präsenz im Renaissance- und Barockzeitalter wohl wichtigsten Frage: Welche Rolle spielten die »Bilder« bei der Verbreitung von Vorstellungen über den König und damit auch bei der Sicherung von Gehorsam und bei der Herstellung von Präsenz? Es ist das große Verdienst von Peter Burke, sich dieser Frage am Beispiel Ludwigs XIV. ausführlich gewidmet zu haben. Er hat damit zumindest versucht, die große Lücke zu schließen, die Kantorowicz und Bloch im Hinblick auf die Rezeptionsseite ihrer Argumentation offen gelassen hatten. Für Burke steht nach dem Studium der zu Ludwig XIV. vorliegenden Quellen aus dem gesamten Bereich der bildenden Kunst fest, dass dieser König in einem weit stärkeren Maße, als uns das bisher bewusst war, »gemacht«, »fabriziert« *(fabricated)* worden ist und dass dieses »fabrizierte« Bildnis auf höchst subtile Weise ständig den sich wandelnden Vorstellungen des Königs und seiner Macher und den gewandelten politischen Bedürfnissen angepasst, und das heißt korrigiert und verändert wurde. Auf unser Problem der königlichen Präsenz bezogen, könnte daraus folgen: Der Hofstaat Ludwigs XIV. hat sich in einer den Produktions- und Diffusionsbedingungen des Barockzeitalters vollkommen angepassten Weise darauf eingestellt, die notwendige Absenz des Königs mit einer Fülle unterschiedlicher »Bilder« zu kompensieren: Ölgemälde, etwa das berühmte große Staatsporträt Hyacinthe Rigauds, das bei der Abwesenheit des Königs seinen Platz im Thronsaal in Versailles einnahm und dem niemand den Rücken zukehren durfte; Reiter- und andere Standbilder in Paris und in wichtigen Provinzstädten, die nicht nur aufgestellt, sondern auch aufs Papier gebannt und in unzähligen Reproduktionen über das Land verbreitet wurden; königliche Porträts, die bei Festtagen in der Provinz statt des Königs gezeigt und in Prozessionen herumgetragen wurden; Medaillen und Münzen zur Verbreitung des Königsbilds bei jenen In- und Ausländern, die professionell in den Besitz solcher Wertstücke zu gelangen pflegten; vor allem aber Kupferstiche in Hülle und Fülle mit einer erstaunlichen Mitteilungsbreite über die *res gestae* des Königs. Zwar vermag auch Burke die Frage nicht zu beantworten, wie denn genau die Aussagen und Inhalte all dieser Kunstmittel an ihre Empfänger transferiert, wie sie bei ihnen »ankamen«, wie sie im Einzelnen rezipiert wurden, – ob affirmativ-gläubig, ob kritisch, ob ironisch, zynisch oder gleichgültig. Doch der immense Aufwand, der in dieser Hinsicht am Hof getrieben, die Sorgfalt, die auf den Produktions- und Diffusionsprozess verwendet wurde, lassen den Schluss zu, dass dies ein ganz wesentlicher, den strengen Hofjuristen möglicherweise unverständlicher Teil des Regierungshandelns war, von dem man sich eine Wirkung im ganzen Land versprach. Folgt man Burke, der in diesem Zusammenhang den Beobachtungen von Clifford Geertz zum Verhältnis von »Pomp« und »Macht« auf dem Bali des 19. Jahrhunderts viel Bedeutung einräumt, so verwirklichte sich ein Regime wie das Ludwigs XIV. möglicherweise weit mehr auf diesem, der »Imagepflege« des »absoluten« Monarchen dienenden Feld als auf den anderen, die wir mit dem Blick auf unsere traditionellen, überaus rationalen Betrachtungs- und Auswahlkriterien bisher für wichtiger genommen haben. Zumindest scheint unbestreitbar, dass das zentrale Strukturproblem fürstenstaatlicher Herrschaft in der Frühen Neuzeit, der Widerspruch zwischen dem sich ständig mehr vom Untertanen entfernenden, absenten Herrscher und der Notwendigkeit, eine neue Form von Präsenz herzustellen, auf diesem Wege wenn nicht gelöst, so doch gemindert werden konnte. Über die große Bevölkerung Frankreichs und ihre *représentations collectives* herrschte nicht eigentlich der leibliche Köing, sondern ein Bild dieses Königs.

Ludwig XIV. wusste in seinem gesamten Regierungshandeln den Eindruck zu erwecken, ein Neuerer ohne Vorbild zu sein. In Wirklichkeit schloss er in vielem, vor allem jedoch auf dem Gebiet der Hofpropaganda und der königlichen Selbstdarstellung, an eine lange Tradition an, die in Teilen schon im hohen Mittelalter eingesetzt hatte, vor allem aber seit dem Ende der Religionskriege zur Herrschaftsstabilisierung genutzt wurde. Er setzte, wie aus Burkes Untersuchung deutlich hervorgeht, auf diesem Gebiet neue quantitative Maßstäbe und fand vor allem deshalb die Aufmerksamkeit des Historikers. Der Sache nach vollzog sich aber an allen anderen europäischen Höfen, ob nun in Wien, Prag, München, Dresden oder Kopenhagen, derselbe Prozess, der durch die inflationär anwachsende Bildverbreitung durch den Druck möglich wurde – die Ersetzung des präsenten Fürsten durch das Bild des Fürsten.

Dabei dürfen wir diesen Sektor des fürstlichen Wirkens nicht nur mit dem Streben des barocken Fürstentums nach der Sphäre des »Symbolischen« interpretieren. Wenn Fürsten und ihre »Macher« wollten, dass ein bestimmtes Bild von ihnen verbreitet wurde, so gab es dafür oftmals einen präzisen Zweck und einen präzisen Adressaten, und sie wussten die Produktion dieser Bilder mit aller Akribie zu verfolgen. Peter Burke hat den gesamten Produktionsbetrieb Ludwigs XIV. untersucht, mit dessen Hilfe die Interpretation dieses Königs für die Öffentlichkeit gestaltet wurde. Besondere Beachtung verdient dabei, wie sehr Burke auf die »außenpolitische« Wirksamkeit dieser Produktion abhebt. Ludwig XIV. hatte zeit seines Lebens kein größeres Bedürfnis, als sich oder besser sein Bild in der internationalen *société des princes* (Lucien Bély) zu präsentieren. Barbara Stollberg-Rilinger hat jüngst die intensiven zeremoniellen Bemühungen der brandenburgischen Kurfürsten (Der Große Kurfürst, Friedrich Wilhelm, und sein Sohn, König Friedrich I.) analysiert. Diese hatten allein das Ziel, die Statusnachteile Brandenburgs, die von den übrigen europäischen Mächten im Hinblick auf die durch das Reich eingeschränkte Souveränität des Kurfürstentums behauptet wurden, durch die penible Demonstration zeremonieller Gleichberechtigung beim Empfang ausländischer Gesandter in Berlin aus der Welt zu schaffen. Wenn aus der Sicht Brandenburgs schon nicht verhindert werden konnte, dass brandenburgische Gesandte im Ausland in eine Position minderen Rechts gerückt wurden, so sollte wenigstens der Heimvorteil eines entsprechenden Empfangs in Berlin dazu genutzt werden, die Welt an die neue souveräne Macht im Nordosten des Reichs zu gewöhnen. In jedem Fall war das Bild, das die neue »preußische« Monarchie bei seinen Partnern in Europa abgab, ein Gegenstand intensivster Bemühungen des Berliner Königs, weit intensiver zumindest als etwa die Durchsetzung der Herrschers (oder auch nur eines Bildes von ihm) bei den Untertanen.

Der »pomphafte« Fürst, der in seiner Umgebung eine ganze Bildindustrie in Gang setzte, ist in der Vergangenheit gern mit dem »absoluten« Fürsten gleichgesetzt worden. Historisch-typologisch ist das ein Fehlschluss, der durch das übermächtige und allenthalben imitierte Beispiel Ludwigs XIV. hervorgerufen wurde. Der um die Verbreitung seines Bildes bemühte Fürst ist auf der Suche nach seiner verloren gegangenen Präsenz, er ist um Allgegenwärtigkeit, nicht aber um Abgehobenheit bemüht. Das Vokabular des Absolutismus wird ihm von seinen Hofjuristen auf den Leib geschrieben, doch vermag er es weder in der symbolischen noch in der realen Wirklichkeit durchzuhalten. Wir sollten diesen Befund ernst nehmen, um dieser historischen Erscheinung in ihrer Vielfalt gerecht zu werden.

Bibliographische Hinweise

Zu den katalanischen Unruhen des 17. Jahrhunderts Elliott (1984), das Zitat S. 153. Die in diesem Kapitel ausdrücklich angeführte Grundlagenliteratur: Bloch (1961), Geertz (1980), Giesey (1987), Kantorowicz (1994), das Zitat S. 424, Burke (1993). Darüber hinaus: Mousnier (1970), Brunner (1973), von Krüdener (1973), Duchhardt (1983), Burke (1997), Stollberg-Rilinger (1997). Zum Propagandaaspekt, bezogen auf die Regierung Kaiser Rudolfs II., ausdrücklich und ausführlich Vocelka (1981).

2. Zauberlehrlinge am Werk: Verwaltung und Bürokratie

Zum Begriff

Die Begriffe Bürokratie und Bürokratisierung werden seit langem im Zusammenhang mit der Geschichte des »Absolutismus« und der Entwicklung des modernen Staates benutzt. Die Ausgangsvorstellung ist dabei folgende: In der Ausbildung einer gut, ja perfekt funktionierenden Bürokratie, in der Durchbürokratisierung wesentlicher Bereiche des modernen Lebens liegt das innere Entwicklungsziel des modernen Staates, der deshalb auch »Anstaltsstaat« genannt wird. Dieser moderne Anstaltsstaat hat sich, nach der Auflösung der mittelalterlichen Formen von territorialer Verwaltung, die im Wesentlichen auf Personenverbänden beruhten (»Personenverbandsstaat«), aus den wachsenden Bemühungen des Landesfürstentums heraus, immer größere Territorialbezirke mit Hilfe ihrer Verwaltung zu durchdringen, ganz allmählich zu jenem Modell des Staates als einer universellen »Anstalt« hin entwickelt. Historisch müssen wir uns die moderne Bürokratisierung demnach als einen gestreckten Prozess vorstellen, dessen Anfänge je nach der zugrunde liegenden Geschichtsauffassung in der Frühen Neuzeit, im Spätmittelalter oder bereits im hohen Mittelalter zu fassen sind. Max Weber hat in seinen vergleichenden Studien zum Idealtyp der »bürokratischen Herrschaft« gerade den ersten neuzeitlichen Jahrhunderten den Charakter einer Übergangsepoche zugesprochen und in ihnen einerseits zahlreiche Elemente der Modernität, andererseits aber auch wesentliche Blockaden der staatlichen Entwicklung im Sinne eines in seinem patrimonialen Legitimationsgerüst stecken gebliebenen Staates ausgemacht.

In ihrem Kern, nicht in ihrer Gesamtheit, bedeutet Geschichte der Bürokratie Geschichte des Beamtentums und seiner Vorläufer. Dabei geht es, nach Weber, immer um die

Frage, wie in einer historischen Epoche die eigentümliche Stellung des Beamten zwischen seinem »Herrn« auf der einen und den »Beherrschten« auf der anderen Seite aussah. Woraus bezog der Beamte bzw. Amtsträger seine Legitimation, woher kam er, sozial und geographisch gesehen, wie wurde er rekrutiert, wie wurde er bezahlt, welches waren seine Einstellungsvoraussetzungen, welche Bildung hatte er genossen? Neben dieser personal-sozialgeschichtlichen Komponente beinhaltete »Geschichte der Bürokratisierung« immer auch die sachlich-institutionelle, die Geschichte der Behördenstruktur und ihre zunehmende Differenzierung. Da im Hinblick auf den Gesamtprozess der Bürokratisierung vergleichende Aspekte in der europäischen Geschichtswissenschaft bisher so gut wie keine Rolle spielen, kann auf die Totalität des Vorgangs hier nicht eingegangen werden. Anmerkungen zum personalgeschichtlichen Aspekt müssen genügen, doch können sie die zentrale Problematik des Bürokratisierungsprozesses für den frühneuzeitlichen Fürstenstaat ausreichend beleuchten.

Beamtentum

Es lässt sich nicht behaupten, dass die Geschichte des europäischen Beamtentums in einer den Weberschen Ansätzen entsprechenden Weise vergleichend erforscht worden sei. Wir wissen viel über Frankreich, die Kurie, manches über Spanien, viel auch über das Reich und über einzelne deutsche Reichsstände. Da die europäischen Staaten historiographisch vor allem in ihrer eigenen Tradition gesehen und erforscht wurden, fehlt es aber an einer soliden vergleichenden Blickrichtung, die die Unterschiede nicht verwischt und dennoch Gemeinsames hervortreten lässt. Im Folgenden wird daher nicht der Versuch gemacht, Allgemeinaussagen zu möglichst allen europäischen Fürstenstaaten zu einem mehr oder minder abstrakten Bild der Entwicklung zusammenzufügen. Es sollen nur einige charakteristische Prozesse angesprochen und in ihrer Bedeutung für die frühneuzeitliche Epoche akzentuiert werden.

Es kann kein Zweifel daran bestehen, dass die Formierung der europäischen Staatenfamilie im 15. und 16. Jahrhundert von einer erheblichen quantitativen und qualitativen Ausweitung der bisherigen Amtsträgerschaften begleitet war. Wir wissen darüber einiges aus Spanien. Diese große »Neue Monarchie«, die im Verlauf des späteren 16. Jahrhunderts, von dem unbeweglichen, aber informationswütigen »Bürokraten« Philipp II. in Madrid regiert, so vieles im Innern und nach außen in Gang setzte, wurde im Verlauf des 16. Jahrhunderts, wie es Fernand Braudel ausgedrückt hat, zum Schauplatz einer »sozialen Revolution«, die mit dem modernen Beamten einen ganz neuen Stand kreierte. Die Mitglieder dieses Standes der *letrardos* hatten an den alten und an neu gegründeten spanischen Universitäten die *letras legales* studiert, und sie konnten das in Massen nur tun, weil zumindest zeitweise eine erhebliche Nachfrage nach ihren Diensten bestand. Es waren die Kollegen der studierten Räte im Reich, der Legisten in Frankreich, der *dottori in legge* in Italien. Mindestens 70000 Studenten bevölkerten zu Beginn des 16. Jahrhunderts die spanischen Universitäten.

Auch zu Frankreich liegen für das 16. Jahrhundert zahlreiche Informationen vor. Um 1550 gab es nach einer Schätzung etwa 1.200 Amtsträger *(officiers)* für insgesamt 15 Millionen Einwohner. Gut einhundert Jahre später – die Einwohnerzahl dürfte nur um etwa zwei bis drei Millionen gewachsen sein – ließ Colbert die französischen Beamtenstellen schätzen und kam auf eine Zahl von über 45000. Die Schätzung fiel schon in eine Zeit, als die Krone eine Reihe von Amtsstellen abgeschafft hatte. Daher können wir dem Juristen Charles Loyseau Glauben schenken, der am Anfang des 17. Jahrhunderts die Ämterschöpfungen der vorangegangenen fünfzig Jahre auf 30000 bezifferte.

In beiden Ländern – Spanien wie Frankreich – entsprach dieses Wachstum dem steigenden Bedürfnis des Fürstenstaates nach einem juristisch geschulten Personal für die Justiz- und Finanzverwaltung. Die Fürsten brauchten Beamte für ihre Räte, für ihre jetzt sesshaften und dauernden, kollegialisch organisierten Tribunale, für die Verwaltung neu eroberter Territorien, für die Reorganisation der alten, für die Diplomatie. Doch der Expansionsdruck kam nicht nur von oben. Im Zeichen der wachsenden Reputation der Fürsten und einer neuen Berufssphäre, die zugleich soziales Prestige und Anteil an der Macht verhieß, kam der Staatsdienst dem Verlangen mittlerer und unterer Bevölkerungsschichten nach sozialem Aufstieg stärker entgegen als jeder andere Beruf. Fürstliches Machtinteresse und das Aufstiegsbedürfnis der Untertanen ergänzten einander dabei aufs Beste. Durch die Berufung nicht-adeliger Beamter ließ sich schon im Lehnszeitalter der Einfluss eigenmächtiger Herren wirksam zurückdrängen. Was aber früher nur für einzelne oder kleine Gruppen von Legisten gegolten hatte, weitete sich jetzt zu einem breiten sozialen Vorgang aus. Die spanischen *letrardos* werden von Historikern als Exponenten einer neuen Klasse bewertet, eines aufsteigenden Mittelstandes. Montaigne nannte die französischen *officiers* den »vierten Stand«.

Vermehrung des Beamtentums im 16. Jahrhundert

Diese Ausweitung des Ämterwesens barg große Gefahren. Zwar entsprach sie in ihrem Kern einem eminenten Bedürfnis des Fürstenstaates, und es gab, gemessen am neuzeitlichen Standard, auch nicht zu viele Beamte. Nur konnte sie kaum ein Fürst in den großen Flächenstaaten angemessen bezahlen, so dass die Beamten sich durch eine materielle Nutzung ihrer Amtspfründen (Sporteln, Korruption, Ämterhandel) schadlos halten mussten. Ein kräftiger Funktionsverlust der Ämter war die Folge. Schon im späten Mittelalter, erst recht im expansiven 16. Jahrhundert blühte überall in Europa, in unterschiedlicher Stärke, der Ämterhandel; in Frankreich wurde er zur Existenzgrundlage des ganzen Standes der *officiers.* Der französische König nutzte schon früh, seit Beginn des 16. Jahrhunderts, den Ämterverkauf als Instrument der Finanzpolitik, das sich in Krisenzeiten in den Dienst einer kurzfristigen Sanierung des Staatshaushalts stellen ließ. Überall blähten sich die neuen Beamtenkorporationen parasitär auf und wuchsen, dem ständischen Typus dieser Entwicklung gemäß, zu vehementen Interessenvertretern der Beamtenbelange heran. Ihr Beitrag zur Verwaltung des Landes wurde umso geringer, je mehr sich die Beamten mit den sozialen Gruppen der Regionen, Provinzen, Städte verbanden, in denen sie tätig waren. Mochte das im 16. Jahrhundert im Zeichen einer günstigen Konjunktur noch zu verkraften sein, so erwies es sich im 17. Jahrhundert, nach der allgemeinen Handelskrise, nach dem Eintritt der Großmächte in einen langen, kostenreichen europäischen Krieg, als große Belastung. Die Häme der altadeligen Gegner der »neuen Leute« an den Höfen und in den Behörden war verständlich. Doch nicht ihre den sozialen Verlust spiegelnde Kritik gibt uns ein treffendes Bild der Wirklichkeit, sondern die Analysen der gelehrten Publizisten in Frankreich und Spanien am Ende des 16. und zu Beginn des 17. Jahrhunderts, die von einer Einschränkung der Hofverwaltung, von der Notwendigkeit, einen Beamten nicht wegen seines Vermögens, sondern wegen seiner Leistung und seines Könnens einzustellen, und von der Abschaffung des Ämterhandels sprachen. Gerade das aber war nur mehr schwer möglich, denn inzwischen waren die »neuen Leute« sozial arriviert, und sie waren unentbehrlich und unabsetzbar geworden; unentbehrlich, weil die Fürsten sie als Barriere gegen die Ambitionen des alten Adels brauchten; unabsetzbar, weil für sehr viele unter ihnen das Amt inzwischen zum privaten Eigentum geworden war, so dass im Fall einer Entlassung eine Entschädigung angestanden hätte.

Reformen im 17. Jahrhundert

Im Verlauf des 17. Jahrhunderts gingen die großen europäischen Staaten daran, die von ihnen selbst geschaffenen und aufgeblähten Bürokratien des Renaissancezeitalters zu verkleinern, zu »verschlanken« und funktionstüchtiger zu machen. Am bekanntesten ist zweifellos das französische Beispiel geworden, weil die in diesem Zusammenhang ergriffenen Reformschritte noch heute als die großen »bürokratischen« Errungenschaften der absoluten Monarchie in Frankreich gelten. Die Arbeit im königlichen Rat wurde für die wichtigen Angelegenheiten auf einen kleinen Kreis hoch kompetenter Ratgeber konzentriert. Die Entwicklung begann mit dem noch reichlich informellen *conseil d'en haut* Heinrichs IV. und fand mit der Ratsreform und der förmlichen Erklärung der Selbstregierung Ludwigs XIV. im Jahr 1661 ihren Höhepunkt. Fachministerien für die Finanzen *(contrôle général des finances)*, die äußeren Angelegenheiten, die Justiz und den Krieg bildeten sich allmählich aus, hinzu kam die unter Ludwig XIV. neu geschaffene Funktion eines für Paris zuständigen Polizeiministers *(lieutenant général de police de Paris)* und, nach dem Ende der Selbstregierung Ludwigs XIV., hin und wieder auch die eines Ersten Ministers. Damit war der im Grunde recht kleine Regierungsapparat »von oben« geschaffen, mit dessen Hilfe Frankreich regiert wurde. Ihm zur Seite standen in den Provinzen – vorübergehend in der Regierungszeit Ludwigs XIII., dauerhaft seit Ludwig XIV. und als hoch kompetente Verwaltungselite zu europäischem Ruhm gelangend unter Ludwig XV. – die 30 bis 34 Provinzintendanten *(intendants de justice, police et des finances)*, jenes Personal mithin, das, wie an anderer Stelle schon ausgeführt, zunächst die Aufgabe hatte, die älteren Beamtenkorporationen in den Provinzen zu kontrollieren. Aus dieser Kontrollfunktion erwuchsen unter Ludwig XIV. und Colbert in verhältnismäßig kurzer Zeit eine klare hierarchische Überordnung und schließlich der erfolgreiche Versuch, den Intendanten auf Dauer zur zentralen Figur der Provinzialverwaltung werden zu lassen. Die Korporationen der alten *officiers* wurden zwar keinesfalls abgeschafft; sie blieben bestehen, behielten wohl auch Funktionen, gerieten aber in einer für die französische Geschichte besonders charakteristischen Weise in eine andere Rolle, die bis heute noch nicht ausreichend erforscht ist: Im 18. Jahrhundert scheinen sie kaum mehr in die effektive Verwaltung involviert, dafür umso mehr in das System der Staatsfinanzierung. Dessen Erfolg beruhte im Wesentlichen darauf, dass es im Lande auf der einen Seite genügend Stellen, Ehren, Titel und Ämter gab, die einer interessierten Bevölkerungsschicht gegen Bezahlung angeboten werden konnten, dass auf der anderen Seite Institutionen und Korporationen vorhanden waren, die im käuflichen Erwerb eines wie auch immer gearteten königlichen Privilegs (und

10 Ludwig XIV. im Kreis des »conseil des parties«, Gemälde eines unbekannten Malers, 17.Jahrhundert.

Noch einmal der Sonnenkönig, jetzt im Kreis eines Rates (des so genannten »conseil des parties«), in dem er nur selten erschien, der darum aber keine unwichtige Aufgabe versah. Beachtenswert ist die innere Ordnung des Kreises: Der König, seine anwesenden Minister und die Staatsräte im eigentlichen Sinne sitzen, das übrige Hilfspersonal – die »maîtres des requêtes« und Sekretäre – stehen.

seiner materiellen Möglichkeiten) für ihre Mitglieder den eigentlichen Sinn ihrer Existenz sahen.

Brandenburg-Preußen

Frankreichs Errungenschaften in der Entwicklung von Behörden und Beamtentum sind von der älteren Verfassungsgeschichte immer als Vorbild für andere europäische Staaten, insbesondere für Preußen, angesehen worden. Blickt man nur auf Namen und Begriffe, so ist das nicht falsch, wie sich ja überhaupt im Verlauf des 17. Jahrhunderts auf nahezu allen Gebieten des politischen und kulturellen Lebens eine französische Begrifflichkeit durchsetzte. Nicht zuletzt das Wort »Bürokratie« ist, auch in seiner pejorativen Konnotation, französischen Ursprungs. Der französische Intendant wurde, bevor er seinen endgültigen Namen erhielt, auch *commissaire départi* genannt, worin sich die Genesis dieses Amtes spiegelt: der – zunächst nur vorübergehend – in die Provinzen abgesandte Kommissar. Ein *commissaire* war etwas anderes als ein *officier*, er konnte sein Amt nicht kaufen, sein Auftrag war widerrufbar, es war eine *commission*, er konnte von ihr jederzeit durch den König entbunden werden. Zwar verstetigte sich das Amt im Laufe der Zeit institutionell, doch prinzipiell blieb die Abberufbarkeit des Amtsinhabers ebenso erhalten wie die Unverkäuflichkeit seines Amtes. In der Tat übernahm nun der erst seit dem 17. Jahrhundert seine institutionellen Strukturen aufbauende Staat Brandenburg-Preußen den Begriff des Kommissars aus Frankreich. Kommissare sehen wir seit der Zeit des Großen Kurfürsten von Brandenburg (1640–1688) allenthalben am Werk, strikt an den Kurfürsten und einen Auftrag gebundene Beamte, vor allem in der Gestalt der Kriegs- und Domänenkommissare.

Doch damit endeten auch schon die Ähnlichkeiten zwischen Frankreich und Preußen, denn gerade im Hinblick auf die »Bürokratie« entstand im Nordosten des Reichs ein völlig anderes Staatswesen als der große Machtstaat im Westen. Nichts hat die Entwicklung in Brandenburg-Preußen derart in eine andere Richtung gelenkt wie die Tatsache, dass das spätere Preußen erst seit der Mitte des 17. Jahrhunderts zu einem europäischen Machtstaat wurde. Das Kurfürstentum Brandenburg hatte so gut wie nichts von einer »Neuen Monarchie«, es wuchs erst allmählich zu einer Einheit zusammen, als die Zeiten der expansiven Renaissancemonarchie – und deren günstige konjunkturelle Bedingungen – längst vorüber waren. Zu keinem Zeitpunkt gab es die Ressourcen für den Aufbau eines aufwändigen, verschwenderischen Systems von Beamten und Höfen, immer gab es den Zwang, die Menge Bürokratie, die man benötigte, so konsequent wie irgend möglich den eigenen Bedürfnissen anzupassen. Hieraus erklären sich drei beim Vergleich mit Frankreich hervortretende Besonderheiten:

Erstens: Wie die Bezeichnung »Kriegskommissar« schon deutlich macht, hat die moderne Bürokratie Brandenburg-Preußens zunächst einen militärischen Ursprung; dieser Staat trat im 17. Jahrhundert als Militärstaat in das europäische Mächtegeschehen ein und richtete seine Verwaltungsbedürfnisse konsequent darauf aus.

Zweitens: Für die Zivil-, insbesondere die Justizverwaltung, behalf man sich länger, als das anderswo geschah, mit den vorhandenen ständischen Institutionen, die erst allmählich zu solchen des neuen Staates umgeformt wurden.

Drittens: Auch in den brandenburgisch-preußischen Staaten war die Ämterkäuflichkeit bekannt, zum Beispiel bei der Besetzung der städtischen Magistratsstellen, die in der Regel gegen Zahlungen an die Rekrutenkasse, erneut also für einen militärischen Zweck, ausgegeben wurden. Doch zu einem allumfassenden System mit den entsprechenden Degenerationserscheinungen wuchs sie sich nicht aus. In dem ressourcenarmen Staatenbund fehlten die materiellen Voraussetzungen für ein so kostenintensives Versorgungssystem in großem Stil. Demnach setzten die Kurfürsten, seitdem die Idee der Machtpolitik auf der Grundlage ihres zersplitterten Staatswesens sich in ihren Köpfen festgesetzt hatte, auf eine völlig andere Verfahrensweise – auf eine auf höchste Sparsamkeit ausgerichtete Finanzierung ihrer kleinen Bürokratie und ihres Heeres durch den Staat unter Inanspruchnahme jener beiden Finanzquellen, die ihm zur Verfügung standen: durch die Einkünfte aus den Domänen und Steuern, daneben in einem vergleichsweise geringen Umfang durch Anleihen.

Die brandenburgisch-preußische Variante der frühneuzeitlichen Bürokratisierung hätte aber möglicherweise nicht funktioniert ohne die besonderen sozialen Voraussetzungen, auf denen sie beruhte. Überall in Europa war es eine zentrale Frage, welche Stellung der alte Adel zu den neu sich entwickelnden staatlichen Strukturen einnahm, nirgendwo aber war sie von so ausschlaggebender Bedeutung wie im Staat der Hohenzollern. Denn im Gegensatz zu Frankreich oder Spanien hatte dieser kaum Möglichkeiten, sein kleines Beamtentum auf die Grundlagen eines eigenen »Standes« zu stellen, weit mehr als diese war er darauf angewiesen, sich mit den vorhandenen ständischen Kräften, und das heißt in erster und nahezu einziger Linie: mit dem Adel zu arrangieren. Die preußischen Kurfürsten und Könige des 17. und 18. Jahrhunderts haben den Adel ihrer zersplitterten Staatenwelt im Rahmen eines umfassenden »Herrschaftskompromisses« in den neu entstehenden Staat integriert und ihn dabei zugleich zum Träger der Bürokratisierung im Heerwesen und in der Zivilverwaltung gemacht. Spätestens in der Mitte des 18. Jahrhunderts waren alle Offiziersstellen im preußischen Heer und die wesentlichen Stellen der Zivilverwaltung in der Hand des Adels.

Von einem Herrschafts*kompromiss* muss deshalb gesprochen werden, weil diese Entwicklung nicht von vornherein selbstverständlich war. Der Adel in den einzelnen, unter den Hohenzollern vereinigten Staaten war im 17. Jahrhundert noch alles andere als ein auf den neuen Staat hin orientierter Stand. Ob im Herzogtum Preußen, ob im Herzogtum Kleve, ob in der Mark Brandenburg – überall verteidigte er seine regionalen Standes- und Herrschaftsinteressen. Und da seit der Reformation kein gewichtiger Klerus mehr existierte, da es vor allem in den Kernprovinzen kein starkes Bürgertum gab, war der Adel allenthalben die dominante ständische Kraft, mit der sich die Kurfürsten auseinandersetzen mussten. Sie taten es seit dem Großen Kurfürsten sehr bewusst und rangen dem Adel dabei allmählich eine Veränderung seiner Haltung zu diesem neu sich formierenden Staatswesen ab. Ihre Bereitschaft zu Zugeständnissen war dabei beträchtlich. Sie garantierten dem Adel seine Stellung als dominanter Herrschaftsstand auf dem Lande, was vor allem für die Staaten östlich der Elbe von größter Bedeutung war; die Gutsherrschaft des ritterschaftlichen Adels wurde somit nicht angetastet, und wo sie bis dahin zu besonders schlechten bäuerlichen Besitzrechten, belastet etwa durch Schollenbindung und Leibeigenschaft, geführt hatte, blieben auch diese erhalten. Als Gegenleistung erhielt der Kurfürst die Zustimmung des Adels zur direkten Besteuerung des Landes zum Aufbau eines stehenden Heeres mitsamt allen Folgeerscheinungen.

Zudem gelang es den preußischen Herrschern, den bis dahin nur auf seine Provinz oder gar nur auf seine eigene Herrschaft blickenden Adel zunehmend an den neuen Staat heranzuführen. Dabei waren sowohl Verlockung als auch Zwang im Spiel. Seit der Regierung Friedrich Wilhelms I. (1713–1740) nahm die Zahl der königlichen Verordnungen zu, die es dem Adel der preußischen Staaten untersagten, außerhalb der preußischen Monarchie Dienst zu suchen, was vor allem nicht erbende Söhne aus den ritterschaftlichen Gutsbezirken bis dahin gern getan hatten. Zuwiderhandlungen wurden mit härtesten Strafen, zum Beispiel mit dem Einzug des Vermögens der betreffenden Adeligen, bedroht. Zugleich aber wurde ihnen in preußischen Diensten, im Heer wie in der Zivilverwaltung, eine privilegierte Existenz angeboten. Die Forschung geht davon aus, dass dieser »Kompromiss«, nachdem sein Zwangscharakter zunächst zu viel Unruhe und selbst Widerstand im Adel geführt hatte, spätestens seit Friedrich II. (1740–1786) hielt und ganz wesentlich dazu beitrug, dass das Königreich Preußen, von inneren Konflikten nahezu unberührt, trotz seiner schwachen Ressourcen im europäischen Mächtekampf eine herausragende Position erringen und behaupten konnte.

Deutsche »Polizeistaaten«

Das preußische Beispiel war nicht typisch für die übrigen deutschen Reichsstände, die, wenn wir es genau nehmen, ihren eigenen Weg zur modernen Staatlichkeit fanden – oder auch nicht. Ein Gesamtüberblick kann hier nicht gegeben werden, statt dessen jedoch der Hinweis auf eine auch im Hinblick auf Preußen bedeutsame Tatsache: Der deutsche Fürstenstaat des 17. Jahrhunderts war in der Regel ein kleines und sehr gut überschaubares Unternehmen und er war insbesondere, wenn es sich um ein lutherisch-protestantisches Gebilde handelte, schon im späten 16. Jahrhundert auf »Ordnung« im Sinne von »Verwaltung« eingerichtet. Die »liebe Justiz« und eine »gute Polizei« – der heute auf die öffentliche Ordnung verengte »Polizei«-Begriff diente damals noch zur Kennzeichnung jeglicher Form innerer Verwaltung – waren zwei Ordnungsfelder, auf die der Landesherr eines lutherisch geprägten Obrigkeitsstaates auch von der Staatsliteratur seiner Zeit intensiv verwiesen wurde. Das in diesem Sinne wohl beste Beispiel liefert das kleine Herzogtum Sachsen-Gotha unter Herzog Ernst dem Frommen (1640–1675), vor allem deshalb wohl, weil es in dem berühmt gewordenen zeitgenössischen Traktat »Der Teutsche Fürstenstaat« (1656) Veit Ludwig von Seckendorffs überaus anschaulich beschrieben wurde.

Solche Staaten waren im Prinzip darauf ausgerichtet, nicht allzu viele Beamtenstellen einzurichten und ihre Beamten so gut wie möglich zu versorgen. Mit einem unaufwändigen Hofwesen und einem kleinen Beamtentum erreichten sie ein hohes Maß an Effektivität in der inneren Verwaltung, die sich, wenn ein entsprechendes landesherrliches Interesse vorhanden war, nicht nur auf Justiz und Finanzen bezog, sondern auf weitere, erst allmählich in den Gesichtskreis der Staatsverwaltung rückende Felder wie die Armen- und Gesundheitsfürsorge, Manufakturgründungen, die Schulversorgung und andere ausgriff. Innerhalb der europäischen und deutschen Staatenwelt zeichnet sich neben dem französischen und dem brandenburgisch-preußischen damit ein drittes Bürokratiemodell ab, das nur deshalb und nur dort funktionierte, wo solche Staaten darauf verzichteten, am europäischen Mächtegeschehen intensiv teilzunehmen, das heißt Großmachtpolitik zu treiben und damit wie zwangsläufig in eine kontinuierliche Verschuldung zu geraten. Der amerikanische Historiker Marc Raeff hat diesen Staatstypus, dessen administratives Wirken uns heute vor allem in einer großen Zahl von Landes- und Polizeiordnungen überliefert ist, als einen eigenständigen beschrieben und ihn den »gut geordneten Polizeistaat« genannt. Dies war nicht notwendigerweise eine absolute Monarchie, doch war es bezeichnend, dass in den kleinräumigen Verhältnissen des Alten Reichs die Landesherrschaft – zuweilen mit, oft ohne Beteiligung der Stände – in der Regel die Initiative zur Ausbildung eines wohl geordneten Polizeistaates ergriff.

Exkurs über Österreich

Nach Lage der Forschung ist es nicht ganz leicht, über Österreich, nach Frankreich sicher der bedeutendste europäische Fürstenstaat des 17. Jahrhunderts, stimmige Aussagen zum Stand der Bürokratisierung in dieser Epoche zu machen. Österreich tritt in der Literatur mit den großen Ereignissen des 18. Jahrhunderts, der Theresianischen und der Josephischen Staatsreform, deutlicher hervor; wie es bis dahin regiert wurde, liegt noch sehr im Dunkeln. Zwar gab es Behördenreformen unter Ferdinand I. und Ferdinand II., doch scheinen sie nicht den Horizont der überall im 16. und frühen 17. Jahrhundert stattfindenden Prozesse der Institutionalisierung überschritten zu haben; die klassischen Standardbehörden Hofrat und Hofkanzlei wurden durch die Ausdifferenzierung von Fachbehörden allmählich an den Rand gedrängt bzw. in ihren Funktionen ausgehöhlt. Wie die österreichische Verwaltung im 17. Jahrhundert in sozialgeschichtlicher Hinsicht aussah, lässt sich dagegen schwer überblicken. Es gab im Gesamtkomplex der habsburgischen Territorien offensichtlich keine Beamteninflation wie in Spanien oder Frankreich und keine institutionalisierte Ämterkäuflichkeit. Die Ursache dafür lag in der Fortexistenz zahlreicher wichtiger Funktionen der ständischen Verwaltung, die von der Zentralverwaltung zwar bedroht, aber nicht ersetzt wurden. Bedeutsam erscheint auch, dass ein im 16. Jahrhundert feststellbarer, anderen deutschen Reichsständen vergleichbarer Prozess der »Verbürgerlichung« der fürstenstaatlichen Verwaltung in den althabsburgischen Ländern schon im 17. Jahrhundert wieder zurückgenommen wurde. Der österreichische Staat war, auch wegen seiner engen Verbindung zum Römischen Reich und allem, was dieses betraf, ein ausgesprochen internationaler Staat, der es sich leisten konnte, seine Beamten für die Zentralverwaltung international zu rekrutieren. Neben den großen Patrizierfamilien der oberdeutschen Reichsstädte setzten sich im 17. Jahrhundert daher in Österreich sowohl die Reichsritterschaft als auch der Reichsfürstenstand als Rekrutierungsfeld für höhere Beamte im Dienst der Habsburger in Szene. Diesem im Prinzip mithin »landesfremden«, in den Spitzenpositionen stehenden Personal gelang es denn auch, dem österreichischen Staatswesen trotz seiner immensen Unübersichtlichkeit eine gewisse politische Schlagkraft und auch ein erhebliches Ansehen im europäischen Mächtewettbewerb zu verschaffen.

Nach innen jedoch entsprach Österreich im 17. Jahrhundert keineswegs der Modellvorstellung von einer absolutistischen Bürokratisierung, die unsere früheren idealtypischen Vorstellungen beherrschte. Nicht viel anders als in Frankreich fielen die Entscheidungen »in der höfisch-bürokratischen Kernsphäre der Wiener ‚Staatsgesellschaft', und sie waren stets das Ergebnis eines komplizierten Kräftespiels, innerhalb dessen der Souverän in der Regel das vollzog, was sich in einem längeren Bearbeitungs- und Diskussionsprozess herausgebildet hatte. Das war keineswegs immer die sachgerechte Lösung. An die Stelle des partikular-landschaftlichen Einflusses des Mittelalters und der ersten Phase der Frühneuzeit trat nun das Kräftespiel der höfischen und bürokratischen Eliten, wenn nicht gar – in seiner Pervertierung – der Kamarillen. In den einzelnen Territorien gingen die Kronbeamten immer wieder Allianzen mit den alten, regionalen Kräften ein, so dass die Grenzen zwischen Amtsträgern der Zentrale und Amtsträgern der Landschaft sich häufig verwischten. Das war nicht selten eine Folge von Heiratsverbindungen zwischen den ‚neuen Männern' der Zentrale und den alteingesessenen Familien; und es entsprach auch der noch ganz unzulänglichen finanziellen Sicherung der Beamtenschaft, die nur ausnahmsweise regelmäßig und hinreichend besoldet wurde und dadurch auf Einkünfte aus dem Amt oder der Landschaft angewiesen war.« (Heinz Schilling)

Patrimoniale Grundlagen

Bei aller Betonung der Unterschiede in der Entwicklung des Beamtentums in den einzelnen europäischen Staaten der Frühen Neuzeit darf das tragende Gemeinsame nicht übersehen werden. Nach den Begriffen Max Webers war die gesamte frühneuzeitliche Bürokratiegeschichte noch gänzlich vom »Patrimonialismus« gekennzeichnet. Patrimonium heißt »zum Besitz des Herrn, zum Herrn gehörig«. Auf die Geschichte des Beamtentums bezogen, bedeutet das: Ein Beamter ist Bestandteil des Patrimoniums seines Herrn, er definiert und erhält seine Funktionen in Bezug auf diesen Herrn, er »gehört« zu diesem Herrn, nicht mehr als Unfreier, gar als sein Sklave, wohl aber als sein persönlicher Diener, er ist allein ihm gegenüber verantwortlich und allein durch ihn legitimiert. In der Tat waren über die gesamte Frühe Neuzeit, auch noch im späten 18. Jahrhundert, die Beamten der Fürstenstaaten überall noch persönliche Diener ihrer Herren und wurden in ihren Bestallungsurkunden so bezeichnet, selbst noch der französische Intendant. Dies galt für alle betrachteten Beispiele, Staaten und Lösungen, gleichgültig, wie sehr sich zum Beispiel die französischen *officiers* durch den Erwerb ihres Amtes als Privateigentum vom König entfernt hatten. Eine Änderung dieses Verhältnisses trat erst ein, als der frühneuzeitliche Fürstenstaat zugrunde ging bzw. durch den Einbezug ständischer oder gar parlamentarischer Versammlungen einer stärkeren Kontrolle unterworfen und das heißt: »konstitutionalisiert« wurde. Von diesem Zeitpunkt an waren die Beamten nicht mehr nur ihrem Fürsten allein gegenüber verantwortlich, sondern auch diesen Versammlungen und dem ganzen Staatswesen, dem sie nun als »Staatsdiener« ihre Arbeitskraft zur Verfügung stellten. Dieser Zustand wurde in Frankreich durch die Revolution herbeigeführt, in allen übrigen europäischen Staaten wurde er erst im Verlauf des 19. Jahrhunderts erreicht.

Bibliographische Hinweise

Auch zu diesem Kapitel ist nur eine kurze Auswahl aus der großen Fülle relevanter Titel möglich. Wie aus dem Text unmittelbar hervorgeht, stützt die Darstellung sich auf Weber (1964) und auf Rosenberg (1966). Zu neueren vergleichenden bürokratiegeschichtlichen Ansätzen vgl. vor allem Armstrong (1973) und E. Hinrichs (1989). Die besonders wichtige französische Studie zur Epoche für das 18. Jahrhundert ist Antoine (1971), dazu Bien (in E. Hinrichs 1986). Dort auch der schöne Frankreich-Preußen-Vergleich von Lundgreen (1986). Den allgemeinen Rahmen für Deutschland stecken ab Willoweit (1983) und Stolleis (1988), das treffende Zitat von Heinz Schilling bei Schilling (1989), S. 338. Weitere wichtige Literatur zu Frankreich Gruder (1968), Bosher (1970), Richet (1973), Beik (1985), Bonney (1995), Collins (1995), Smedly-Weill (1995).

3. Die Partizipation der Eliten: Höfe und Hofsysteme

Höfe im 16. Jahrhundert

Überaus vielfältig ist die Bedeutung des Hofs für die Geschichte des frühneuzeitlichen Fürstenstaates und damit auch für die der absoluten Monarchie. Krönung dieser Geschichte ist die Epoche der barocken Hofkultur im 17. und 18. Jahrhundert, die mit den Rokokohöfen und dem Funktionsverlust der alten Fürstenstaaten im Verlauf des 18. und frühen 19. Jahrhundert ausklingt. Auch für dieses Thema kommt dem 16. Jahrhundert die Bedeutung einer Phase der Vorbereitung zu, denn schon damals wurde deutlich, dass der Renaissancehof, jenes anmutige, den Gedanken der Herrschaft mit dem der Helle, Offenheit und Klarheit verbindende Gebilde, für die Bedürfnisse eines institutionellen Flächenstaates nicht ausreichte. *Der* Renaissancehof ist im Übrigen für die großen Staaten keine ganz passende Ausdrucksweise, denn zumindest einige der »Neuen Monarchien« – zum Beispiel die französische und die spanische – pflegten im 16. Jahrhundert noch ein dezentrales Hofleben, verteilt auf mehrere Schlösser, die bei Anwesenheit des Monarchen, der Monarchin oder der Regentin zwar den augenblicklichen Herrschaftsmittelpunkt des Landes, aber noch kein höfisches Zentrum im Sinne der späteren Entwicklung bildeten.

Dem Reisebetrieb des französischen Hofs im 16. Jahrhundert lag noch die alte Vorstellung zugrunde, dass es sich beim König und Landesherrn zugleich um den obersten Rechtsprecher des Reichs handelte. Noch im 16. Jahrhundert fanden in Frankreich so genannte »grands jours« statt, Gerichtstage des obersten Gerichtsherrn in verschiedenen Provinzen des Landes. Untrennbar damit verbunden war die Funktion des Königs als oberster Lehnsherr seines Adels, die wir in Spanien im 15. und in

Frankreich im 16. Jahrhundert fassen können: Der König zeigte sich in den Provinzen, insbesondere dort, wo diese erst in jüngerer Zeit zu seinem Herrschaftsbereich gekommen waren. Und wenn es sich dort um einen sehr selbstständigen, auf seine feudale Unabhängigkeit pochenden Adel handelte, so zeigte sich der König auch gern den anderen, zum Beispiel den Bürgern einer Stadt, um ihnen das Angebot der königlichen Freiheit anstelle der Knechtschaft eines benachbarten Herrn zu unterbreiten.

Der Druck, diese höfische Reisetätigkeit aufzugeben, wuchs schon im 16. Jahrhundert beträchtlich, denn gerade in dieser Epoche wurden die großen Flächenstaaten zu institutionellen, und das heißt immer auch: bürokratischen Unternehmungen. Immer größer wurde das Bedürfnis, möglichst viele Informationen zu bekommen und viel Personal ständig um sich zu scharen, immer schwerer der Versuch, solche Anforderungen mit denen des Herumreisens zu verbinden. In dieser Hinsicht, und wohl nur in dieser, wurde das Spanien Philipps II. (1556–1598) ein großes Vorbild für das übrige Europa. 1561 wählte Philipp, der 1556 durch seinen Vater, Karl V., zum König von Spanien und damit zum Herrscher eines europäisch-amerikanischen Weltreichs bestimmt worden war, Madrid zum ständigen Sitz des Hofes.

Das war durchaus keine Selbstverständlichkeit, denn Madrid war eine Kleinstadt ohne den Glanz Toledos oder anderer alter Königsstädte. Es bot jedoch den Vorteil einer zentralen Lage, und Zentralisierung aller Beratungs- und Verwaltungsvorgänge um den Hof in Madrid herum war von nun an das Herrschaftsprinzip Philipps. Er gab es niemals mehr auf, was schon in der Zahl und Entfernung seiner Reisen zum Ausdruck kommt. Kein einziges Mal weilte der König außerhalb der iberischen Halbinsel, das Königreich Aragon besuchte er nur drei Mal in vierzig Jahren, in Lissabon hielt er sich nach der Begründung der Personalunion (1580) insgesamt nur zwei Jahre auf, selbst innerhalb Kastiliens machte er nur gelegentliche Ausflüge – von Lustschlössern in der Nähe Madrids einschließlich des 1563 begonnenen und schon 1584 fertig gestellten Escorial abgesehen. Dieses berühmteste Schloss Spaniens müssen wir uns als einen mit Madrid in Verbindung stehenden Sommerpalast vorstellen, von dem aus genauso regiert wurde wie von Madrid selbst.

Erfuhr durch den Madrider Hof Philipps II. das seit dem 15. Jahrhundert vorbildhafte burgundische Hofzeremoniell eine ins Strenge gewendete Aktualisierung, so wurde der König selbst als der »Bürokrat« inmitten seiner Hof- und Beamtengesellschaft berühmt.

»Die Tatsache, dass die Informationen, die aus aller Welt in Madrid zusammenströmten, von den Räten und Sekretären genauestens durchgesehen, erörtert und zusammengefasst wurden, bevor man sie dem König zur Entscheidung vorlegte, war für die Verwaltung des riesigen und zugleich weit verstreuten spanischen Reiches unerlässlich. Ohne diese Dokumentationsform und ohne die Beamten, die mit der Sichtung und Weiterleitung betraut waren und dafür sorgten, dass die Akten im königlichen Archiv untergebracht wurden, das Karl V. in Semanca am Rande Valldolids hatte anlegen lassen, hätten die spanische Monarchie und das Imperium nicht drei Jahrhunderte bestehen können. Diese Form der Schreibtischregierung, die sich auf einem Niveau bewegte, das in den westlichen Ländern seinesgleichen suchte, sollte eine der dauerhaftesten, wenn auch fragwürdigsten Hinterlassenschaften der Spanier an die moderne Welt sein. Sie brachte viele Vorteile mit sich. Sorgfältig erstellte Auflistungen versorgten den Herrscher mit detaillierten Informationen über Länder und Leute, die er regierte; und jede Amtshandlung eines königlichen Beamten wurde genauestens festgehalten und nach Madrid gemeldet. So war es möglich, Amtshandlungen über riesige Territorien hinweg auszuführen und beizubehalten.« (J. H. Elliott)

Der Hof Philipps II. von Spanien war Verwaltungs-, nicht aber gesellschaftliches Zentrum. Um den König herum lebten professionelle Bürokraten, der aus Adeligen und Klerikern bestehende Staatsrat und das Personal – keine Adelsfamilien, keine Höflingsgruppen, keine Favoritenzirkel, aus deren Kreisen heraus das Geschäft der Regierung und die Gebete des frommen Königs hätten gestört werden können. Die Eliten des Riesenreichs waren an diesem Hof nicht präsent, nicht einmal der kastilische Adel; auch sie wurden, wenn sie Anliegen an den König hatten, in der Regel auf bürokratischem Wege bedient.

Das sah in Versailles ganz anders aus, der nach Madrid bedeutendsten Entwicklung eines Hofes einhundert Jahre später. Warum so spät, da Philipps Schöpfung doch allenthalben bekannt und Imitation in der höfischen Welt der Frühen Neuzeit ein alltägliches Verfahren war? Die Antwort gibt die politische Geschichte: Das Jahrhundert zwischen 1560 und 1660 war keine Epoche gesteigerter höfischer Prachtentfaltung, sondern in jeder Hinsicht eine Krisenepoche, in der andere Fragen auf der Tagesordnung standen und intellektuelle Kapazitäten und Finanzmittel banden: die Religionskrise, die Krise des alteuropäischen Adels, dynastische Krisen, Wirtschaftskrisen im Zeichen des allmählich seine Dynamik verlierenden Aufschwungs des 16. Jahrhunderts, schließlich die allumfassende politische Krise, die in den Dreißigjährigen Krieg mündete.

Versailles

Ludwig XIV. begann mit dem Bau eines ganz neuen Hofes zwar bald nach dem Beginn seiner Selbstherrschaft im Jahre 1661, doch sollte vom Ergebnis und seiner Bedeutung für das Selbstbild dieses Königs her nicht geschlossen werden, dass er unablässig nur in dieser Richtung gedacht hätte. Längere Zeit hat er zwischen den ihm schon aus dem Renaissancezeitalter oder früher gegebenen Möglichkeiten hin und her geschwankt: dem Louvre in Paris, Saint-Germain-en-Laye, Vincennes, Fontainebleau. Dass Ludwig Paris nicht favorisierte, hing mit seiner Biografie zusammen; allzu sehr hatten die oppositionellen Pariser in der Zeit der Fronde dem Königtum zugesetzt, allzu gut war auch noch in Erinnerung, dass der Mörder Heinrichs IV. im Verkehrschaos um das mittelalterliche Schloss herum einen geeigneten Ort für seinen Mordplan gefunden hatte. Erst allmählich schälte sich die Idee Versailles heraus, die dann zwischen 1665 und 1684 – endgültig fertiggestellt wurde das Schloss erst 1711 – verwirklicht wurde, übrigens durchaus nicht aus einem Guss, nicht einmal aus einem einzigen Kunstwillen heraus, sondern von mehreren Brüchen gekennzeichnet, die zum Abriss und teilweise zu völlig neuen Planungen für bereits errichtete Gebäude und Gartenanlagen führten.

Über Versailles und die politische Funktion dieses Hofes ist vom Zeitpunkt seiner Entstehung an unendlich viel geschrieben worden. Es begann schon in den siebziger Jahren des 17. Jahrhunderts, als der ganze Plan noch nicht verwirklicht, aber doch schon zu erkennen war. André Félibien, der Schriftsteller und Angestellte des königlichen Münzkabinetts, hat in seiner *Description sommaire du château de Versailles* eine sehr bekannt gewordene Charakterisierung hinterlassen:

»Da die Sonne die Devise des Königs ist und die Dichter die Sonne gern mit Apollo gleichsetzen, gibt es in diesem wunderbaren Haus nichts, was sich nicht auf diese Gottheit bezieht: daher sind alle Figuren und alle Ornamente, die man dort vorfindet, mit Bedacht ausgewählt und haben alle einen Bezug auf die Sonne oder auf den besonderen Ort, an dem sie aufgestellt sind.«

Das ist eine Zusammenfassung alles dessen, was Versailles in der Königs- und Hofsymbolik bedeutete. Während der Hof Philipps II. vor allem als bürokratisches Zentrum eines Riesenreichs überliefert wurde, war Versailles, wie aus dem Zitat hervorgeht, in allerertster Linie Schauplatz der königlichen Selbstdarstellung, Ort der Demonstration der Unvergleichlichkeit dieses Königs. Von hier aus »imponierte« er im wahrsten Sinne des Wortes – nicht nur den am Hof lebenden Untertanen, auch ihren Landsleuten, denen sie davon erzählten; nicht nur den zahllosen ordentlichen und außerordentlichen Gesandten aus allen Teilen der Welt, sondern auch ihren Auftraggebern und Herrn zu Haus, denen sie nach ihrer Rückkehr zu berichten hatten. Unter dem Einfluss der berühmten Bücher von Norbert Elias ist in den vergangenen Jahrzehnten sehr viel von der um den König herum agierenden höfischen Gesellschaft und dem Prozess der Zivilisation und Domestizierung des französischen Adels die Rede gewesen, der dort stattgefunden habe. Weniger beachtet wurde, dass bei Elias eine andere Beobachtung eine mindestens ebenso große Rolle spielt: die Bedeutung von Versailles als Instrument der königlichen Selbstdarstellung und damit, vor allem gegenüber dem Ausland, als Bestandteil der auf europäische Hegemonie zielenden Herrschaftsausübung. Wer das Leben, Handeln und Schreiben Ludwigs XIV. eingehend studiert, wird unablässig dem um seinen persönlichen Ruhm – wenn wir so wollen: um seinen Platz in den Geschichtsbüchern! – bemühten Herrscher begegnen. Größter Ruhmestitel war für ihn gewiss nicht die Anerkennung seiner Herrschaft im Inneren, der Gehorsam, der ihm geleistet wurde; er war für ihn selbstverständliche und insgesamt wenig diskutierte Voraussetzung, denn er war der legitime König Frankreichs, der Gehorsam wie selbstverständlich erwartete. Eine außerordentliche Rolle in Selbstverständnis und Selbstdarstellung spielte dagegen das Bild des Königs im Ausland, bei den befreundeten und, vielleicht noch mehr, mit Frankreich verfeindeten Potentaten und ihren Höfen. Welch eine Rolle in diesem vom Rangdenken intensiv beherrschten Wirkungswettbewerb Versailles spielte, muss daher vor allem von außen, von der Versaillesrezeption aus beantwortet werden. Und die Antwort fällt nicht schwer: Gemessen an der Zahl der Nachahmungen, gemessen an dem Schlossanlagenstandard, der international üblich wurde, war Versailles ein großer, vielleicht der größte Erfolg Ludwigs XIV.

Aber der Komplex »Versailles« enthielt auch eine nach innen gerichtete Komponente. Der König allein war im Hof nichts, er brauchte Staffage, und als höchster Adeliger des Landes nutzte er seine Standesgenossen, vor allem die ranghöchsten Mitglieder, die er nach Versailles berief und auf diese Weise an sich band. Seit den siebziger Jahren waren viele von ihnen in Versailles anwesend; sie lebten mit dem König, aßen mit ihm, versuchten, ihn auf sich aufmerksam zu machen, bildeten den Rahmen, in dem das Bild des Königs im Land verbreitet wurde. Für den Hochadel war das ein teures Geschäft, das seine Lebensweise veränderte. Ein wichtiger Teil seines Alltagslebens am Hof war daher dem Versuch gewidmet, Kompensationen für den königlichen Dienst durch königliche Geschenke zu ergattern. Und da es zur zentralen Aufgabe eines französischen Königs gehörte, freigiebig zu sein, wurde das neue Hofleben in Versailles auch für den König teuer. Für das Jahr 1680 verfügen wir über einen Haushaltsansatz Colberts für die

Ausgaben des Landes insgesamt. Die Gesamtheit der Ausgaben betrug 96 Millionen Pfund. Für die *maison du roi* verzeichnet der Ansatz Ausgaben von 4 Millionen, für den Haushalt der Königin und der Kinder 3,7 Millionen, für das Leben des gesamten Hofstaates 5 Millionen. Die Ausgaben für Vergünstigungen, Gehälter und geheime Angelegenheiten machen 6,7 Millionen aus; in diesem Posten verbergen sich auch die in diesem Jahr angefallenen Baukosten für Versailles.

Nehmen wir an, dass Versailles als Ganzes in diesem Jahr 1680 mit ungefähr 16 Millionen Pfund anzusetzen war, so bedeutete das etwa ein Sechstel der Gesamtausgaben. Dem Brauch, diese beachtliche Ausgabenflut als »höfische Verschwendung« zu charakterisieren, wie das in vielen Darstellungen und vor allem in Schulbüchern gang und gäbe ist, sollten wir nur dann folgen, wenn wir dieser »Verschwendung« eine politische Funktion zuweisen. Robert Mandrou hat sie folgendermaßen beschrieben: Aufgabe dieses Hofsystems sei es gewesen,

> »die herkömmliche adelige Disziplinlosigkeit zu beseitigen und dieses Personal, das in den Provinzen zu nichts mehr nütze war, da es seit langem seiner in einer fernen Vergangenheit wirksamen Funktionen beraubt war, dahin zu führen, dass es am imponierenden, vom dem spanischen Hof übernommenen Zeremoniell teilnahm, und zwar in einer möglichst triumphalen Art und Weise.«

Das sind eindrucksvolle Worte, die dem Bild von Versailles um 1680 und seiner enormen Wirkung in ganz Europa entsprachen. Wir dürfen es gleichwohl nicht für die ganze Wirklichkeit nehmen. Der Hof in Versailles und das ganze Hofsystem erfüllte seine Funktion gegenüber einigen hundert Familien aus dem Hochadel (samt großem Gefolge) und brachte diese tatsächlich zur Ruhe. Nicht erfasst wurde damit der ganze Stand, insbesondere nicht der kleinere Landadel, der auf seinen Gütern in der Provinz blieb. Nicht völlig erfasst wurde auch die gesamte, inzwischen zu einem eigenen »Stand zwischen den Ständen« herangewachsene *noblesse de robe,* welche die Unruhe des alten Adels nicht teilte oder, wenn sie es tat, nicht zum Schwert griff, dessen sie nicht geläufig war, sondern zur Feder. Der kleinere Adel

11 Rudolf II., Porträt von Hans von Aachen, um 1603.
Eine der merkwürdigsten Erscheinungen auf einem europäischen Königsthron, Kaiser Rudolf II., der Habsburger, der seine Residenz von Wien nach Prag verlegte und dort für etwas verantwortlich zeichnete, womit die deutsche Fürstenwelt des 16. und 17. Jahrhunderts sonst weniger beeindruckte: einen Hof von internationaler Ausstrahlung, allerdings weniger wegen des ausladenden Hoflebens, sondern wegen des beachtlichen Kreises von zeitgenössischen Künstlern und Wissenschaftlern, die er dort an sich band. Die Historiker haben ihn früher gemieden, ja geschmäht, weil er gewiss kein starker politischer Herrscher war; doch jüngere Arbeiten zeigen, dass es sich lohnt, einmal nach der politischen Stärke dessen zu fragen, was seine eigentliche Leistung war: des Sammelns, Anregens und der Förderung von Künsten und Wissenschaften.

stellte keine wirkliche Gefahr für den König mehr dar, weil die großen Unzufriedenen inzwischen fehlten, die einen Aufstand, gar eine Fronde zu inszenieren in der Lage waren. Er beschränkte sich auf lokale, bestenfalls regionale Fehden, und vor allem auf das Schikanieren seiner Bauern. Die *noblesse de robe* und die von ihr besetzten Institutionen verhielten sich unter Ludwig XIV. insgesamt ruhig, weil sie einerseits gegen das starke königliche Regiment machtlos waren, andererseits ihre wesentlichen Rechte und Privilegien behielten. Die Zeit ihrer Unruhe sollte erst im folgenden Jahrhundert kommen, als das ganze alte Herrschaftssystem noch vorhanden war, aber kein König mehr, der es zu handhaben wusste.

So war Versailles unter Ludwig XIV. auch nach innen ein Erfolg – denn innere Ruhe war, von den hegemonialen Ambitionen des Königs einmal abgesehen, einer der wichtigsten Zwecke dieses Hofsystems. Dass dieser Erfolg eng an die Gestalt und das System Ludwigs XIV. gebunden war, muss dabei immer gesehen werden: Schon in den letzten Lebensjahren dieses Königs verlor Versailles viel von seiner Attraktivität, und nach seinem Tod 1715 wandte sich das Interesse der Eliten geradezu von Versailles ab und zurück nach Paris. Wer fortan zum Hof ging, galt als unmodern, und das hielt sich weitgehend über das 18. Jahrhundert, obwohl Versailles einziger zentraler Hof und das Regierungszentrum des Landes blieb.

In Deutschland wurde Versailles am Ende des 17. und in der ersten Hälfte des 18. Jahrhundert allenthalben kopiert und imitiert – ob nun in Karlsruhe, in Dresden, in Berlin oder in München. Doch wir verständen die deutschen Staaten und ihre höfischen Welt im 17. Jahrhundert falsch, wollten wir sie nur in Abhängigkeit von Frankreich sehen. Da es sich im Reich in der Regel, mit der einzigen Ausnahme Österreichs, um kleinflächige Staaten handelte, war der feste Hof, zumeist aus einer Burg hervorgegangen, hier schon im 16. und frühen 17. Jahrhundert Zentrum des staatlichen Lebens. In manchen ganz kleinen Fürstentümern lässt sich fast von einer Identität von Hof und Staat sprechen. Und im Jahrhundert der Reformation waren diese Höfe zumeist noch keine abgeschlossenen, exklusiv-adeligen Orte, sondern Stätten intensiven Austausches zwischen Hof und Stadt, zwischen Hofgesellschaft und Bürgertum – ein Austausch, der erst mit zunehmender Exklusivität des Hofs nach der Mitte des 17. Jahrhunderts und mit dem Bedeutungsverlust vieler Städte nach dem Dreißigjährigen Krieg zurückging.

Österreich

Der bedeutendste Hof innerhalb des Reichs war über die gesamte Epoche der Wiener Hof, nach der Aufgabe von Nebenresidenzen in Prag – nur Kaiser Rudolf II. (1576–1612) machte Prag zur Hauptresidenz – und Graz ohne Frage das eigentliche Zentrum dieses territorial so heterogenen Staatenverbandes. Sein Wachstum im 17. Jahrhundert hing mit den Versuchen der habsburgischen Kaiser zusammen, ihre zentrale Position im Reich zugleich für die dauerhafte Begründung eines institutionellen Flächenstaates in den österreichischen Erbländern zu nutzen. Was die verwaltungsmäßige Durchdringung des gesamten Staatenverbunds einschließlich Böhmens und Ungarns angeht, so ist aus »Österreich« über die gesamte Frühe Neuzeit keine »absolute« Monarchie geworden; doch ohne Frage ist dies von oben, von der höfischen Spitze her, geschehen. Was da in Wien im Verlauf der inneren Machtbehauptung und -ausweitung des erfolgreichen katholischen Landesherrn nach der Schlacht am Weißen Berg (1620) an Hofsystem heranwuchs, konnte sich zumindest qualitativ, das heißt von der geplanten Funktionsfülle des Hofes als Zentrum der Regierung und zugleich einer neu formierten höfischen Gesellschaft, durchaus mit Versailles messen.

Auch in Wien waren, vor allem beim Neubau der Sommerresidenz Schloss Schönbrunn, die Einflüsse von Versailles spürbar, doch gab es in der langen Hofgeschichte der österreichischen Habsburger auch viele eigene Traditionen, die den gewachsenen Großmachtansprüchen Habsburgs Ausdruck verliehen und nicht übersehen werden dürfen. In seiner Entstehungsgeschichte stark vom burgundischen Hofzeremoniell geprägt, blieb dieser Hof mit seinen

Standorten Hofburg und Schönbrunn immer mitten in Wien, so dass sich der Eindruck besonderer Herausgehobenheit, den Versailles bot, hier nicht einstellen wollte. Ganz im Gegenteil: Betrachtet man das Wien des späten 17. und des 18. Jahrhunderts, so bietet sich das Bild einer verhältnismäßig engen Symbiose von Kapitale und Hof, die freilich durchaus nicht vom Bürgertum, sondern von der in dieser Stadt ansässigen höfischen Gesellschaft geprägt war. Von der Spitze, von ihrem Hof mit seinem noch bis ins mittlere 18. Jahrhundert hinein ungeschiedenen Regierungs- und Hofpersonal her verstand und definierte sich die österreichische Monarchie, und eine ihre größten Leistungen war es, dass sie dem Adel der österreichischen Erbländer, in der Epoche der Konfessionalisierung eine besonders unruhige, dem Protestantismus gegenüber weit geöffnete Kraft, auf diese Weise eine neue Orientierung gab.

Darin ist wohl überhaupt das wichtigste Ergebnis der Entwicklung des fürstenstaatlichen Hofsystems in der Frühen Neuzeit zu sehen: Nach einem Jahrhundert schwerster Krisen fand der europäische Adel an den Höfen der neu formierten Fürstenstaaten, die wir »absolute« Monarchien nennen, ein neues Selbstverständnis und eine neue Identität. Das betraf nirgendwo den gesamten Stand, und es war auch nicht, wie wir aus neueren französischen Forschungen wissen, die einzige Möglichkeit einer ständisch-professionellen Neuorientierung. Auch die in großem Maßstab betriebene Landwirtschaft, die Gewerbe und, vor allem, die Finanzen des Fürstenstaats standen ihm offen, wenn er nur wollte. Doch der neu konzipierte Fürstendienst am Hof und die dort angebotenen Karrierechancen besaßen ohne Frage die größte Attraktivität. Dass sie seit der Mitte des 17. Jahrhunderts in wachsendem Maße gesucht wurden, hat nicht unerheblich zur Stabilität dieses politischen Systems beigetragen.

Bibliographische Hinweise

Auch die Literatur zu Hof und höfischer Gesellschaft lässt sich nur in einer Auswahl vorstellen; es scheint allerdings an wirklichen Neuansätzen, die über Elias (1969) und von Krüdener (1973) hinausgehen, zu fehlen. Zu den Habsburger Hoffesten immerhin Vocelka (1976). Vgl. ansonsten die Aufsätze von Vierhaus und zur Lippe (beide in Hinrichs, 1986), Dickens (1978), Ehalt (1980) und die sehr kurz geratene Übersicht von Müller (1995), die allerdings durch ihr reichhaltiges Literaturverzeichnis besticht. Zur europäischen Hofkultur sehr wichtig die drei Sammelbände von Buck (1981). Zu Spanien Hofmann (1985), Elliott (1991), das Zitat auf S. 46f.; zu Frankreich Mandrou (1973), das Zitat von Félibien S. 172, das Eigenzitat Mandrous auf S. 119, neuerdings Le Roy Ladurie (1997) und Sabatier (1999); zu Sachsen und Dresden Keller (1995); zur Rolle des Hofes in den republikanischen Niederlanden Mörke (1989); Beiträge zur neueren Erforschung des Verhältnisses von Absolutismus, Höfen und Öffentlichkeit bei Gestrich (1994) und Kunisch (1995), insbesondere auch bei Stollberg-Rilinger: Höfische Öffentlichkeit (1997) und Zeremoniell (1997).

4. Im Herzen des Systems: Finanzen und Wirtschaft

Der Versuch, einen vergleichenden Überblick über die finanziellen und wirtschaftlichen Grundlagen der europäischen Monarchien zu gewinnen, gehört zu den schwierigsten Aufgaben innerhalb einer kurzen Gesamtdarstellung. Denn vergleichende Untersuchungen liegen bisher kaum vor, und selbst zu den einzelnen Staaten gibt es nicht in jedem Fall befriedigende finanzgeschichtliche Studien. Die frühneuzeitlichen Monarchen, von der Fürstenlehre seit dem hohen Mittelalter auf »Freigebigkeit« als einer der wichtigsten Herrschertugenden verwiesen, lebten hinsichtlich ihres Finanzgebarens noch nicht in den strengen – und gleichwohl oft überschrittenen – Budgetgrenzen, wie sie in den parlamentarisch kontrollierten Haushalten moderner Staaten vorliegen. Für einen frühneuzeitlichen König war es in Friedens- wie Kriegszeiten wichtig, dass er stets genügend Mittel zur Verfügung hatte, um dem Tugendgebot der *liberalitas* zu entsprechen. In das politische Alltagsgeschäft übertragen, bedeutete diese Tugend nichts anderes als den Aufbau und die Pflege einer Herrscherklientel, die für einen »absoluten« König so wichtig war wie für jeden anderen Herrscher. In Kriegszeiten wuchs sein Finanzbedarf sprunghaft an, und dieser wurde in aller Regel nicht im Rahmen einer vorausschauenden Haushaltsplanung befriedigt; die für die Finanzen zuständigen Berater und Beamten hatten zu sehen, woher die Mittel kamen.

Der Übergang vom 16. zum 17. Jahrhundert

Dass ein moderner Fürstenstaat in finanzieller Hinsicht gleichwohl mehr sein würde als nur ein Instrument des Königs zur Gestaltung einer vorgeschriebenen Amtsführung, wurde zum ersten Mal im Verlauf des 16. Jahrhunderts deutlich. Mit der Ausweitung der Staatsbildung trat das Finanzwesen als »nervus rerum« des ganzen Staates deutlich in Erscheinung. Bürokratie, Heerwesen und Hofsystem entwickelten sich zu schwergewichtigen Kostenfaktoren, und sie blieben dies bis an das Ende der traditionellen Monarchien im 19. Jahrhundert. Eine besondere Bedeutung kam dabei dem Übergang vom 16. zum 17. Jahrhundert zu. Zuvor, im Renaissancezeitalter, hatten die Staaten in finanzieller Hinsicht noch relativ frei schalten und walten können; eine günstige Agrarkonjunktur und die aus Amerika stammenden Edelmetalle sorgten für gute Einkünfte der Agrarproduzenten, der großen Grundbesitzer und der Händler; direkte und indirekte Steuern, Kroneinkünfte aus Landbesitz und Regalien, das heißt aus den jedem Monarchen der Herkunft gemäß zustehenden Herrschaftsrechten (Bannrechte, Zölle, Abgaben), machten ein verhältnismäßig sorgloses Wirtschaften möglich. Wo, wie in England, in den skandinavischen Monarchien und in zahlreichen deutschen Reichsständen, die Reformation mit dem erfolgreichen Zugriff des Fürstenstaats auf das Kirchengut verbunden war, trug dies erheblich zur Stärkung seiner Finanzkraft bei.

Diese Situation änderte sich im frühen 17. Jahrhundert. Die günstige Konjunktur der vorangegangenen Epoche schwächte sich, mit erheblichen regionalen Unterschieden, allmählich ab. Der Anstieg der Preise für die Grundnahrungsmittel, Voraussetzung für den Bau manch schönen Renaissanceschlosses und für die Begründung zahlloser Beamtenkarrieren, wich einer Phase der Stagnation oder des Preisrückgangs. Der internationale Handel, vor allem mit Massennahrungsmitteln, ging zurück, ebenso der Strom der amerikanischen Edelmetalle. Die Finanzplanung der Staaten, wenn es sie denn überhaupt in nennenswertem Umfang gab, hatte zum ersten Mal in der Neuzeit mit einer langfristig anhaltenden Rezession zu kämpfen. Zugleich stiegen die Belastungen. Die im Renaissancezeitalter entstandenen Heerscharen von Beamten waren da und mussten, auf welche Weise auch immer, versorgt werden; vom Ausbruch der Religionskriege bis zum Ende des spanischen Erbfolgekriegs (1713) war die europäische Staatenwelt mit kurzen Unterbrechungen in große Kriege verwickelt.

Für die Staaten, sofern sie sich nicht vom europäischen Mächtekampf fernhielten, bedeutete dies das Ende ihrer herkömmlichen Finanzierungssysteme. Krongut, das verkauft oder verpfändet werden konnte, stand nicht beliebig zur Verfügung und ließ sich auch nicht neu schöpfen. Allenfalls ließen sich durch eine Kraftanstrengung der Kronjuristen langfristige oder dauerhafte Verpfändungsverträge derart zugunsten der Krone modifizieren, dass zumindest ein Teil des ausgegebenen Kronguts zur Eigennutzung oder erneuten Verpfändung zur Verfügung stand. Die Regalien brachten nur Erträge, wenn die ihnen zugrunde liegenden Einkunftsquellen sorgsam gepflegt wurden. Das war in Zeiten erlahmender Wirtschaftstätigkeit und hastiger Geldbesorgung nicht unbedingt der Fall. Die direkten Steuern ließen sich gewiss steigern, und es führte zumindest vorübergehend zum Erfolg, den Steuerpflichtigen gegenüber Zwang anzudrohen oder anzuwenden; doch ein dauerhaftes Mittel war dies nicht, denn selbst unter Zwang ließ sich nichts holen, wo nichts mehr zu holen war. Anders als in der Gegenwart trugen im 17. Jahrhundert nicht die mittleren und großen, sondern die kleinen und kleinsten Einkommen und Vermögen die Hauptlast der Besteuerung, die Grenzen ihrer Belastbarkeit waren gerade in Zeiten einer schlechten Konjunktur nur allzu schnell erreicht. Allenfalls die indirekten Steuern, Abgaben auf die Produkte des unvermeidlichen Massenverbrauchs wie Salz oder Bier, ließen sich steigern, doch litten ihre Erträge darunter, dass die Erhebung und Verwaltung dieser Steuern kostspielig waren. Gern gaben die Fürsten diesen Teil der Steuerverwaltung daher zugunsten privater Financiers aus der Hand, die ihnen durch die Zahlung von Pauschalsummen vorab »schnelles Geld« zur Verfügung stellten und sich anschließend bei der Eintreibung der ihnen zugewiesenen Steuereinkünfte schadlos hielten.

Verschuldung in Frankreich

Vor diesem Hintergrund wird es verständlich, dass mit dem 17. Jahrhundert das Prinzip der Verschuldung in einem bis dahin ungeahnten Ausmaß zumindest von einigen fürstenstaatlichen Finanzverwaltungen Besitz ergriff. In der Organisation der Verschuldung, vor allem in den Versuchen, den Schuldendienst auf möglichst lange Zeiträume zu verteilen und damit die aktuelle Belastung so gering zu halten, dass immer noch neue Schulden aufgenommen werden konnten, entwickelten die Beamten der großen, in die Mächtepolitik verwobenen Monarchien ihre ganze Virtuosität. Dabei dürfen wir voraussetzen, dass nicht Willkür und Verschwendungssucht ihre Schritte leiteten, sondern die von keinerlei Haushaltsrücksichten diktierten Forderungen der Politik.

Die Unterschiede im Finanzgebaren waren allerdings von Land zu Land beträchtlich, insbesondere, wenn wir die großen und kleinen Staaten miteinander vergleichen. Frankreichs Außen- und Kriegspolitik in den Kriegsjahren Ludwigs XIV. zwischen 1672 und 1713 nahm keinerlei Rücksicht auf die finanziellen Möglichkeiten des Landes, so dass in dieser Epoche ein Verschuldungssockel aufgebaut wurde, der bis zur Revolution nie mehr vollständig beseitigt werden konnte. Im 18. Jahrhundert gab es dann eine Reihe von Friedensepochen in der französischen Politik, und sie wirkten sich auf die Kurve des Staatsdefizits segensreich aus: Zwischen 1715 und 1740 gelang es dem Staat, das Ausmaß der Neuverschuldung gering zu halten, ja ein in etwa ausgeglichenes Budget zu gestalten. Doch mit den mächtepolitischen Engagements ab 1740, vor allem mit der Doppelbelastung des Siebenjährigen Kriegs, begann das alte Spiel von Neuem. Die Verschuldung wurde auf diese Weise zu einem, ja zu *dem* Strukturmerkmal der Ancien-Régime-Monarchie, und, wie bekannt, auch zum Treibriemen ihrer Auflösung in den Jahren vor der Revolution.

Weitgehend ohne Vergleich steht Frankreich hinsichtlich der inneren, gesellschaftlichen Auswirkungen dieser Verschuldungsstrategie da. Das Wesentliche dazu wurde schon im Zusammenhang unseres Frankreichkapitels mitgeteilt, so dass hier wenige weitere Anmerkungen, die für den europäischen Vergleich von Bedeutung sind, genügen mögen. Frankreich war in der Frühen Neuzeit ein reiches Land, in dem, vor allem seit dem Ende der Religionskriege, zahllose große Vermögen heranwuchsen. Keinesfalls nur der alte

12 Nicolas de Largillière (1656–1746) – Bildnis des Steuerpächters Jacques de Laage. Gegenstand und Entstehungszeit dieses Gemäldes sind vom Künstler nicht angegeben.
Doch die Vermutung der französischen Kunstkenner, dies sei das Porträt eines Steuerpächters (»fermier général«) aus dem späten 17. Jahrhundert, ist nicht unbegründet; die Pose, der Anspruch in der Haltung beleuchten den Aufstiegsprozess einer ganzen sozialen Schicht – der »financiers«.

Adel, sondern der gesamte, auf der Basis der Ämterkäuflichkeit entstandene neue Beamtenadel *(noblesse de robe)*, daneben aber auch die überaus wohlhabende Kirche mit ihren prächtigen Klostergrundherrschaften, mit ihren reichen Domkapiteln waren ebenso Inhaber dieser Vermögen wie das Bürgertum der Handelsstädte und das besitzende oder pachtende Bauerntum. Das dauerhafte Problem des Königs war es, diese Vermögen für den Staatshaushalt – aus seiner Sicht hieß das freilich konkreter: für die Bedürfnisse seiner Politik – zu mobilisieren. Dazu die Generalstände zu nutzen, sie zu einem französischen *parliament* umzuformen, hätte in Frankreich der englischen Entwicklung vergleichbare revolutionäre Veränderungen erfordert. Daran haben die französischen Renaissancekönige genauso wenig gedacht wie die Tudors in England, und nach dem Ende der Religionskriege war die Idee der Generalstände in den Augen des Königtums völlig diskreditiert. Und auch die Generalstände selbst hatten sich in den wenigen Versammlungen des 16. Jahrhunderts und der Ligazeit nicht als in sich geschlossene und relativ einige Institution präsentiert, die die Verfassung des französischen Königreichs in eine »libertäre« Richtung zu drängen vermocht hätte. So bildeten sich all jene Verfahren der Abschöpfung der großen Vermögen auf dem Verschuldungsweg aus, die den Charakter des französischen Ancien Régime recht eigentlich bis hin zur Revolution geprägt haben: mittel- und langfristige Staatsrenten, Ämterschöpfungen und Ämterverkauf, Ausbietung und Verkauf von Privilegien aller Art, Nutzung und Ausbau des korporativen Aufbaus der französischen Ständegesellschaft zur Verteilung des Gläubigerrisikos auf möglichst viele Schultern – und an der Spitze des Ganzen ein Königtum, das, um ein Wort Pierre Gouberts zu zitieren, in der Finanzpolitik alle seine Energien auf das einzige Problem verwandte, »seine Schulden nicht zu bezahlen.« Gut zweihundert Jahre lang hat das französische Königtum mit dieser Politik Erfolg gehabt, was nichts anderes heißt, als dass sie von seinen ausländischen Gläubigern wie von seinen vermögenden Untertanen »angenommen« wurde.

Dänemark und Bayern

In deutlichem Kontrast dazu steht ein kleines Land wie Dänemark, das sich – nolens, volens – im Verlauf des Dreißigjährigen Kriegs aus der großen europäischen Mächtepolitik zurückgezogen hatte. Dem dänischen Königtum gelang schon im Verlauf des 17. Jahrhunderts eine weitgehende Konsolidierung seiner Finanzen, die durch das Engagement des Landes in der ersten Phase des großen Kriegs unter Christian IV. nicht weniger in Unordnung geraten waren als in anderen Ländern. Schon in den sechziger und siebziger Jahren des 17. Jahrhunderts reformierte die dänische Verwaltung ihr Steuersystem. Zunächst wurde eine allgemeine Verbrauchs- und Kopfsteuer eingeführt, wenig später eine Grundsteuer, »die jeglichen Grundbesitz, im Wesentlichen nach dem Ertrag, zur Leistung heranzog.« (Kersten Krüger). Das waren revolutionäre Schritte, nur möglich, weil ihnen die ebenso revolutionäre Begründung der dänischen Einherrschaft vorausgegangen war. Die Modernisierung des dänischen Finanzsystems entsprach ganz und gar den Interessen des Kopenhagener Bürgertums, dem Partner des Königs bei der Durchsetzung des *kongelov* von 1665. Hinzu kamen einschneidende Maßnahmen der Schulden- und Ausgabenreduzierung: Krongut wurde verkauft, der Ertrag zum Abtrag von Schulden verwandt, das Heer reduziert. Man stelle sich vor, Frankreich hätte auf dem Höhepunkt seiner Hegemonialpolitik in der Zeit der großen Kriege des späten 17. und frühen 18. Jahrhunderts vergleichbare Reformen in Gang gesetzt, die von wirtschaftspolitisch denkenden Autoren durchaus erwogen wurden. Ohne einen Rückzug aus der Mächtepolitik, ohne eine erhebliche Reduktion des Stehenden Heeres und des militärischen Engagements wäre daran nicht zu denken gewesen.

»Kleinheit« war freilich keine Garantie für finanzielle Konsolidierung. Das Kurfürstentum Bayern, im Dreißigjährigen Krieg unter Herzog Maximilian I. eine der Führungsmächte auf katholischer Seite, trat nach dem Westfälischen Frieden bis ins 18. Jahrhundert hinein aus dem aktiven europäischen Mächtekampf zurück. Es fehlten im barocken Bayern jedoch Reformimpulse, wie sie in Dänemark schon im 17. Jahrhundert gegeben wurden. Noch im späten 18. Jahrhundert gehörte eine erhebliche Verschuldung zum Kennzeichen der bayerischen Finanzpolitik. Aus den wenigen, bisher ermittelten Zahlen geht zwar hervor, dass die Summe der Staatseinnahmen – indirekte und direkte Steuern machten dabei stattliche 73% aus – die der Staatsausgaben deutlich übertrafen. Doch neben der ordentlichen Finanzverwaltung der Kammern bestand über das ganze 18. Jahrhundert ein hoher Schuldensockel (zwischen 20000 und 35000 Gulden), der den Umfang einer jährlichen Staatseinnahme um das Drei- bis Sechsfache übertraf.

Österreich

Von den beiden späteren deutschen Großmächten – Österreich und Preußen – ragt die erstere aus dem übrigen europäischen Kontext dadurch heraus, dass ihr ihre Historiker gerade in finanzgeschichtlicher Hinsicht die Qualifikation »absolutistisch« seit jeher absprechen. Kaum ein anderer Monarch hatte so viel mit so vielen einzelnen Landschaften und damit Ständen zu tun, wenn er auf dem Weg der Besteuerung an die Vermögen seiner Untertanen heran wollte. Nicht nur in den Erbländern, sondern selbst in Böhmen, dem zu Beginn des Dreißigjährigen Kriegs so hart bestraften Land, hatten die Stände in dieser Hinsicht eine starke Position bewahrt, so dass Finanzpolitik in Österreich über die ganze Frühe Neuzeit, was Steuern anging, ein dauerndes Suchen nach Kompromissen zwischen dem Kaiser und seinen zahlreichen Ständeversammlungen bzw. ständischen Ausschüssen blieb. Ein Erfolg der Stände insgesamt scheint es dabei gewesen zu sein, dass zumindest im 18. Jahrhundert der Anteil der direkten Steuern an den österreichischen Staatseinnahmen eine deutlich sinkende Tendenz hatte – von knapp sechzig Prozent im Jahr 1747 auf gut vierzig im Jahr 1784.

Angesichts dieser Situation im Bereich der direkten Steuern überrascht es nicht, dass die habsburgische Finanzverwaltung im 17. und im 18. Jahrhundert ein dauerhaftes Defizit vor sich her schob, das nicht entstanden wäre, wenn Österreich im Mächtekampf nach Westen wie nach Osten nicht immer wieder seine militärische Position hätte behaupten müssen. Es übertraf die Gesamtsumme der ordentlichen Jahreseinnahmen am Ende des Siebenjährigen Kriegs (1763) um das Achtfache und verminderte sich im Verlauf des anschließenden Jahrzehnts auf das Sechs- bzw. Fünffache. Wie wenig das Land freilich im 17. Jahrhundert Großmacht im Stile Spaniens und Frankreichs war, geht aus der Tatsache hervor, dass seine Verschuldung niemals dauerhaft darüber hinausgehende Ausmaße annahm. Die Beseitigung noch größerer Defizitspitzen scheint im Übrigen auf keine unüberwindbaren Grenzen gestoßen zu sein. Der österreichische Monarch war nicht nur Landesherr in seinen Territorien, sondern auch Kaiser, der in Zeiten der Türkengefahr und der französischen Überfälle, die das Reich und den Reichsstand zugleich bedrohten, die Hilfe anderer Reichsstände mobilisieren konnte. Und er war auch Habsburger, dem über das ganze 17. Jahrhundert nicht unbeträchtliche spanische Subsidien zuflossen. Insofern war es bezeichnend, dass es mit Reformen in Österreich Zeit hatte und dass diese erst im 18. Jahrhundert, unter Maria Theresia und Joseph II., angepackt wurden. Sie wurden gewiss primär durch den Zweck veranlasst, im Mächtekampf mit Preußen die wirtschaftlichen und finanziellen Ressourcen des Landes zu mobilisieren; doch geschah dies nicht im Rahmen einer ausschließlichen Finanzreform, sondern einer umfassenden Verwaltungsreform, wie sie für die Epoche des aufgeklärten Absolutismus kennzeichnend waren.

Brandenburg-Preußen

Eine in anderer Weise herausragende Position nimmt Brandenburg-Preußen ein. Wenn die Aussagen der – im Wesentlichen schon recht alten – Forschungen stimmen, ist dieser Staat nur unter dem Großen Kurfürsten (1640–1688) und seinem Sohn, dem späteren König Friedrich I. (1688–1713), nicht mehr aber unter Friedrich Wilhelm I. (1713–1740) und Friedrich II. (1740–1786), dann erst wieder nach dessen Tod, in der Zeit Friedrich Wilhelms II. (1786–1797), verschuldet gewesen. Die preußischen Staatseinnahmen, durch die immer wieder beschriebenen Behördenreformen Friedrich Wilhelms I. konsequent auf das dominante Staatsziel, die Ausbildung einer militärisch gesicherten Großmacht, ausgerichtet, ruhten auf zwei Säulen – den Einkünften aus den Domänen und den Steuern in Stadt und Land. Dass gerade den Domänen, im 17. Jahrhundert ein bescheidener und schlecht gepflegter Bestandteil des preußischen Staatseinkommens, seit der Regierung des Soldatenkönigs ein hohes Maß an Aufmerksamkeit und Pflege zuteil wurde und dass sie auf diese Weise zu einem Eckpfeiler der preußischen Einnahmen avancierten, muss im Vergleich zu anderen europäischen Mächten, insbesondere zu Frankreich, als auffällige Besonderheit gelten; und gleichfalls, dass es auf diesem und anderen Wegen gelang, europäische Großmachtpolitik zu initiieren, ohne auf die vielfältigen *expédients* einer kontinuierlichen Verschuldungspolitik zurückzugreifen.

Wo lagen die Ursachen für diesen unbezweifelbaren Erfolg, der freilich die rigiden Regime der beiden großen Könige des 18. Jahrhunderts nicht überdauerte? Eine detaillierte Antwort könnte nur im Rahmen einer ausführlichen, mit anderen Ländern vergleichenden Betrachtung gegeben werden. Doch lassen sich einige ins Auge fallende Besonderheiten sogleich benennen. Das frühneuzeitliche Preußen war, im Gegensatz zu vielen anderen europäischen Staaten, ein extrem sparsamer, der »Verschwendung« verschlossener Staat. Das Hofsystem war niemals aufwändig, und wenn Friedrich I. Versuche zu seiner Ausweitung im barocken Stil unternahm, so wurden diese unter Friedrich Wilhelm I. harsch zurückgenommen. Sparsam waren auch die Versorgungsleistungen gegenüber den Soldaten, Offizieren und Beamten. Wo immer im Rahmen des für das Militär geltenden Zwangssystems (für die Offiziere wie für die einfachen Soldaten) mit Eigenleistungen gerechnet werden konnte, wurden diese auch erwartet. Dass die Offiziere in ihren Regimentern z. B. Zahlungen ihrer Soldaten erhielten – für eine zeitweise oder dauerhafte »Beurlaubung« etwa, für einen Heiratskonsens o. ä. – wurde von den Königen bewusst geduldet. Im Übrigen war die preußische Bürokratie im 17.

und 18. Jahrhundert, verglichen mit Frankreich, zahlenmäßig klein.

Doch Verschuldung beruht nicht immer nur auf den von oben kommenden Impulsen, einen Staatshaushalt zu einem erheblichen Teil auf geliehenes Geld zu gründen. Auch die von unten kommenden Voraussetzungen sind zu beachten. Verglichen mit Frankreich fehlten in Preußen die privaten Vermögen für eine massive Verschuldungspolitik. Weder gab es die ganz großen Vermögen und Einkommen des Hochadels und, vor allem, der Kirche, noch gab es die für Frankreich so bedeutsame Schicht der zahllosen Beamtenkorporationen, deren einzige Funktion spätestens im 18. Jahrhundert die – in der Regel einträgliche – Bedienung der königlichen Finanzinteressen war. Es gab zwar Ämterkäuflichkeit in Preußen, nicht aber ein umfassendes System des staatlicherseits geförderten Ämterhandels, durch das eine breite Schicht von staatsorientierten Erwerbern von Schuldverschreibungen und Renten und eine sich weitgehend unabhängig vom Königtum entfaltende *finance* überhaupt erst entstehen konnte. Finanzpolitik war und blieb in Preußen immer – mit mehr oder minder großem Erfolg – Angelegenheit des Königs selbst und damit einer streng auf die politisch-militärischen Ziele verwiesenen Haushaltspolitik.

Merkantilismus

Eine ganz andere, nur mittelbar mit dem Staatshaushalt zusammenhängende Frage ist die nach den wirtschaftlichen Aktivitäten der Fürsten (und Staaten) selbst. Bei der Suche nach einer Antwort stoßen wir auf einen weiteren großen »-ismus« der europäischen Geschichtsschreibung – den Merkantilismus. Mit »Absolutismus« teilt er das Schicksal, nicht der Sprache der zeitgenössischen Quellen zu entstammen. Das muss kein grundsätzlicher Mangel sein, birgt aber die Gefahr in sich, dass der Begriff ideologische Vorannahmen seiner Entstehungszeit in die Betrachtung der Geschichte hineinträgt. In der Tat gibt es da beim Merkantilismus ein Problem; auch dieser Begriff ist, wie Absolutismus, polemischen Ursprungs. Aus der Sicht liberaler, auf Freihandel versessener Ökonomen des späten 18. und des 19. Jahrhunderts dient er zur Charakterisierung all jener Aktivitäten der frühneuzeitlichen Fürstenstaaten, die auf Staatsintervention, Staatstätigkeit, Protektionismus hinausliefen. Da dies in den Augen dieser Ökonomen zu verurteilen war, wurde auch der Merkantilismus verurteilt. In der wissenschaftlichen Analyse dieses Phänomens trat dann die polemische Begriffsverwendung allmählich zurück, insbesondere in der deutschen Preußenforschung, galt doch die von Friedrich dem Großen initiierte preußische »Staatswirtschaft« als das Nonplusultra einer verantwortungsvollen, auf das Staatsganze gerichteten und letztlich auch erfolgreichen merkantilistischen Politik.

Heute überwiegt, auf den wissenschaftlichen Begriffsgebrauch insgesamt gesehen, eine vorsichtige Betrachtungsweise. Dass es Merkantilismus gegeben hat, wird nicht geleugnet, ihm wird aber für die meisten europäischen Staaten der Charakter eines umfassenden Wirtschaftssystems abgesprochen. Unter den im Vergleich zum Renaissancezeitalter erheblich eingeschränkten konjunkturellen Bedingungen des 17. Jahrhunderts, denen Wirtschaftshistoriker gern die Bezeichnung »Krise des 17. Jahrhunderts« verleihen, sahen sich die europäischen Staaten zunehmend auf ein ihren eigenen Bedürfnissen dienendes, »egoistisches« Wirtschaftsverhalten verwiesen. Und hier fanden die großen Theoreme des Merkantilismus ihren Platz. Wie zwanghaft achtete man darauf, eine positive Handelsbilanz für den eigenen Staat zu erzielen, das heißt möglichst wenige Rohstoffe einzuführen, möglichst viele Fertigwaren zu exportieren und alle denkbaren ökonomischen Aktivitäten staatlicherseits zu privilegieren, die dem eigenen Staat Vorteile und dem Konkurrenten Nachteile brachten; es gab sogar förmliche Exportverbote für wertvolle Rohstoffe mit der Maßgabe, sie im eigenen Land zu verarbeiten und dann erst im Ausland abzusetzen, um auf diese Weise den durch die Verarbeitung gewonnenen Mehrwert abzuschöpfen. Auch die Ansammlung möglichst vieler Edelmetallbestände (Thesaurierung) im eigenen Land gehörte zum merkantilistischen Programm, da man im Hinblick auf Gold und Silber von einem großen, aber nicht unbegrenzten »Kuchen« ausging, von dem man sich sein – möglichst großes – Stück zu sichern hatte. Das merkantilistische Programm ist in vielen Beispielen einer nun intensiver werdenden Gesetzgebung Wirklichkeit geworden, die wir aus den Lexika der Ereignisgeschichte gut kennen und die im Übrigen nicht nur von den typischen Fürstenstaaten, sondern gerade auch und mit besonderem Erfolg von den Handelsstaaten England und den Niederlanden verwirklicht wurde: die englischen Navigationsakten etwa, welche die Aufgabe hatten, die englische Schifffahrt vor der ausländischen, insbesondere der holländischen, Konkurrenz zu schützen; die Gründung der verschiedenen, vor allem der wirtschaftlichen Ausbeutung der Kolonien gewidmeten Handelsgesellschaften, z. B. der Ostindischen Kompagnie in den Niederlanden (1603); die Gründung von Manufakturen für die Erzeugung von Luxusgütern im Bereich der Textil-, Glas- und Porzellanherstellung; die Abschöpfung von Zolleinkünften an den zahllosen Zollständen zwischen den Ländern, aber auch innerhalb eines einzigen Staates; die gezielte Anwerbung qualifizierter ausländischer Fachkräfte zur Förderung der binnenländischen Produktion – die französischen Hugenotten, die nach ihrer Flucht aus Frankreich nach der Widerrufung des Edikts von Nantes (1685) u. a. nach Brandenburg zogen, wussten vermutlich recht genau, dass sie dort willkommen waren!

Vielen frühneuzeitlichen Theoretikern der Ökonomie und Praktikern der Politik ist der Ruhmeskranz geflochten worden, sie hätten diese Methoden erfunden bzw. ausformuliert: dem Engländer Thomas Mun z. B., den Franzosen Richelieu und Colbert, später dann den österreichischen und deutschen Kameralisten. Tatsächlich entstand um die merkantilistischen Praktiken herum im frühneuzeitlichen Europa ein intensives theoretisches Schrifttum. Nicht übersehen werden darf freilich das bedeutende Vorläufertum in den italienischen Stadtstaaten des 14. und 15. Jahrhunderts. Sie, allen voran Venedig, waren kleine wirtschaftliche Kosmen, die eine Fülle merkantilistischer Praktiken entwickelt und erfolgreich praktiziert hatten und nun zu Lehrmeistern der großen, monarchischen Flächenstaaten wurden.

Wie erfolgreich der frühneuzeitliche Merkantilismus gewesen ist, lässt sich bis heute nur schwer überblicken, da es an neueren vergleichenden Studien mangelt. Aufs Ganze gesehen scheinen dort die besten Ergebnisse erzielt worden zu sein, wo die Befolgung konsequenter Staatstätigkeit in der Wirtschaft gut zu planen und zu kontrollieren war, in Stadtstaaten und in kleinen Fürstenstaaten mit überschaubaren sozialen und wirtschaftlichen Strukturen; manche deutschen Reichsstände des 17. und 18. Jahrhunderts können hier als Beispiel dienen. Die Kurpfalz unter Kurfürst Karl Ludwig (1648–1660) etwa, Kurmainz unter Kurfürst Johann Philipp (1647–1673), herausragend und über die allgemeine Verwaltung in den Sektor der Bildung hinausgreifend Sachsen-Gotha unter seinem seither als »Musterfürst« in die Literatur eingegangenem Herzog Ernst der Frommen (1640–1675). Es gab auch Situationen, in denen die zeitweilige Steigerung einer wirtschaftlichen Tätigkeit der fürstlichen Kammern (oder gar der Herrscher persönlich) in der Natur der Sache lag – beim Wiederaufbau vom Krieg zerstörter Landschaften wie z. B. im Herzogtum Württemberg, bei der »Bevölkerung« bisher nicht besiedelter Regionen oder bei der Errichtung kostspieliger Manufakturen für den Luxusbedarf aus den Mitteln des Fürsten, weil einzelne Kaufleute mit einer solchen Investition überfordert gewesen wären. Erfolgreiche Merkantilisten waren auch die dem Meer zugewandten, westeuropäischen Handelsstaaten Holland und England, die ihren Kaufleuten bei ihren jetzt weltumspannenden Aktivitäten den gesetzlichen Schutz ihrer Schiffe und Häfen mit auf den Weg gaben. Dass solche, schon stark vom Wirtschaftsdenken geprägte Staaten andere merkantilistische Dogmen – vor allem die Thesaurierung von Edelmetalle, denen man, ganz im Gegenteil, im Interesse des Handels die Wege öffnete, bevor man sie durch die Einführung des Wechselsystems oder des beweglicheren Papiergeldes überhaupt überflüssig machte – durchaus ablehnten, muss freilich auch gesehen werden.

Merkantilismus, mit Augenmaß umgesetzt, war demnach in einer von Rezessionen gezeichneten Epoche wie der nach dem Ende des Dreißigjährigen Kriegs ein nahe liegendes Verfahren. Soweit er, wie es für Russland, aber auch für andere, schwach entwickelte Regionen behauptet worden ist, so etwas wie ein Entwicklungsprogramm zur Beseitigung von Rückständigkeit enthielt, barg er sogar einige deutlich in die Zukunft weisende Tendenzen. Wogegen sich seine Kritiker seit der Mitte des 18. Jahrhunderts offen wandten – latent vorhanden war diese Kritik schon vorher –, war die Erstarrung, in die das System durch überzogene merkantilistische Praktiken geraten war. War es z. B. sinnvoll, dass Friedrich II. von Preußen im späteren 18. Jahrhundert noch an den Prinzipien einer merkantilistischen »Staatswirtschaft« festhielt, die er noch dazu sehr persönlich formulierte, umsetzte und kontrollierte, während doch zumindest in seinen westfälischen Provinzen Unternehmer, Produzenten und Händler, z. B. in der Textilherstellung, zur Verfügung standen, die ihm den Wert eines selbsttätig sich entfaltenden und in Freiheit und Ruhe gelassenen unternehmerischen Bürgertums hätten demonstrieren können? War es noch sinnvoll, so viel von oben zu regulieren und gesetzlich zu reglementieren, wo über die »freien Kräfte des Marktes«, die man im späteren 18. Jahrhundert schon gut kannte, möglicherweise mehr zu erreichen gewesen wäre?

Die wirtschaftspolitische Kritik am Merkantilismus hat sich freilich im 18. Jahrhundert nicht am preußischen Beispiel, auch nicht in erster Linie am österreichischen Kameralismus oder an anderen, kleineren Reichsständen entzündet. Sie zielte, ob sie nun in England, Frankreich oder, in vorsichtigeren Wendungen, in Deutschland formuliert wurde, auf das wirtschaftlich potenteste Land des Kontinents, das seine Wirtschaftskraft nach verbreiteter Auffassung nicht richtig nutzte – auf Frankreich. Das geschah mit gutem Grund. Seit Ludwig XIV., seit der Tätigkeit seines in den ersten Jahrzehnten omnipotenten Finanzministers Jean Baptiste Colbert, galt Frankreich als Musterland für das, was später dann Merkantilismus genannt wurde und in den Quellen des 18. Jahrhunderts gelegentlich auch als »Colbertinismus« erscheint. Colbert hat in einer Reihe von Schriften die »reine Lehre« des Merkantilismus, insbesondere das Theorem von den Edelmetallen, beschrieben. Ihm ist es damit gelungen, einen Dauerplatz in unseren Schulbüchern zu erobern. In Wirklichkeit war er nicht in erster Linie

Ökonom, sondern Verwalter, ein von der Idee der Ordnung und der Planung besessener Finanzfachmann des Königs, der, je mehr das Land den Hegemonieansprüchen dieses Königs zu folgen hatte, umso mehr dafür sorgen musste, dass diese Ansprüche finanziert werden konnten.

Das Gesicht des französischen Merkantilismus ist daher nicht in der von Colbert bestimmten Friedensepoche zwischen 1661 und 1672 geprägt worden, sondern in den langen Kriegsphasen des 17. und 18. Jahrhunderts. Und hier zeigte sich, dass nahezu alle auf die Wirtschaft gerichteten Initiativen dieses großen Staates unter das Diktat der Finanzpolitik gerieten mit dem Ziel, das französische Finanzierungs- und Verschuldungssystem in Gang zu halten. Eine Erscheinung vor allen anderen zeigt diese konsequent finanzpolitische Tendenz des französischen Merkantilismus auf, der daher vielleicht besser »Fiskalismus« genannt werden sollte: die Nutzung des »Privilegs« als Mittel zur Mobilisierung von Kapital für den Staatshaushalt.

Privilegien als Instrument des Merkantilismus

Ein Privileg war seinem Wesen (und seinem Begriff) nach eine nur vom König zu gewährende Erlaubnis, ein bestimmtes Gewerbe zu treiben, eine bestimmte Tätigkeit vorzunehmen (oder gerade nicht vorzunehmen), etwas zu tun, was andere nicht tun durften, etwas nicht zu tun, was andere tun mussten. Es war eine »Ausnahmegenehmigung« in einem sonst dem König vorbehaltenen Feld. Sie zu erteilen, war überall in Europa merkantilistische Praktik, und es leuchtet ein, dass sie, wirtschaftlich sinnvoll eingesetzt, zu den wichtigsten Instrumenten einer vom Monarchen ausgehenden »Wirtschaftspolitik« gehörte. Dass z. B. der Aufbau bestimmter Produktionen in der Textil-, Glas- oder Porzellanherstellung nur mit Hilfe eines solchen Privilegs in Gang kam, lässt sich zumindest für solche Staaten und Städte vorstellen, in denen diese Produktionen bis dahin unbekannt waren. Auch der Sinn materieller Vergünstigungen, in Gestalt des Privilegs einer befristeten oder dauernden Steuerbefreiung etwa, leuchtet ein. Die Praxis ist heute noch bei der Ansiedlung von Unternehmen in unseren Kommunen oder Landkreisen bekannt. Und es überrascht nicht, wenn für entsprechende fürstliche Angebote mehrere Bewerber vorhanden waren und Interesse daran finanziell genutzt wurde.

Überall in Europa haben die Fürsten Privilegien verkauft, nirgendwo ist diese Praxis jedoch zu einer solchen Perfektion gediehen wie im absolutistischen Frankreich. Die Vergabe von Privilegien an Einzelne, Gruppen, Korporationen, Städte, selbst ganze Provinzen war eines der virtuos genutzten Instrumente der französischen Finanzpolitik zur Kapitalmobilisierung und zur Schaffung einer in dieser Hinsicht dauerhaft mit dem Staat verbundenen Schicht von Interessenten, denen man in schweren Zeiten ein Privileg auch einmal wegnehmen konnte, um es ihnen sogleich erneut zu verkaufen. Und dass sich eine solche Vergabepraxis nicht nur und nicht einmal in erster Linie auf ökonomisch sinnvolle Objekte und Nutzungen wie Manufakturen, Produktionsstätten, Verlage, Handelsunternehmungen u. ä. beschränkte, sondern alles erfasste, was sich in die Gestalt eines Privilegs kleiden ließ, dafür bietet das Frankreich der Bourbonen eine Fülle von Beispielen: Einkünfte, Ämter, Abgaben, königliche Regalien, die Steuerfreiheit, die Freiheit von Einquartierungen, von der Erfassung durch Truppenwerbung, von öffentlichen Wegearbeiten, von Sondersteuern etc. Bedenken wir, dass jedes Privileg in Schriftform gefasst wurde, dass es Konkurrenten und folglich Streit darum gab, dass es zur Schlichtung dieses Streits einer großen Hierarchie von Gerichtshöfen bedurfte, die wiederum untereinander in Streit über ihre Ressortkompetenzen gerieten, so wird deutlich, wie wenig der französische Merkantilismus ein Programm zur Wirtschaftsförderung, wie sehr dagegen ein Instrument zur Geldabschöpfung war.

Unter seinem Einfluss ist die französische Ancien-Régime-Gesellschaft – in ihrer sehr breiten Spitze – das geworden, was sie nach Auffassung der neueren Absolutismusforschung vor allem gewesen ist: eine Gesellschaft von Rechte- und Privilegienbesitzern, ein jeder sorgsam gegen den anderen abgeschottet und einzeln an die Krone gebunden, ausgestattet mit einem vorzüglichen Schutz gegen übermäßige Ansprüche dieser Krone durch sein Recht, sein Privileg, durch dieses »Eigentum« auch geschützt, wenn von oben her der Versuch gemacht wurde, diese Gesellschaft zu reformieren. Ihrer übergroßen Mehrheit nach war dies keine wirtschaftlich dynamische Gesellschaft, sondern eine Gesellschaft der »wohlerworbenen Rechte«, die das Ausmaß und die Grenzen der Königsherrschaft sehr genau festlegte: »Solange das Königtum sich als Rechtsgarant dieser Gesellschaft begriff, herrschten im Lande weithin Ruhe und Konsens; sobald es, um z. B. der Verschuldung des Landes zu begegnen, Reformen in Angriff nahm, setzte der Widerstand dieser Gesellschaft ein.« (Ernst Hinrichs)

Bibliographische Hinweise

Der Mangel an vergleichenden finanzgeschichtlichen Studien ist eklatant, offenbar bereiten der Umgang mit vergangenen Währungen und ihren Systemen und die Erschließung vergangener Budgets dem Historiker derart viel Mühe, dass jeder froh ist, wenn er nur eine einzige nationale Tradition einigermaßen in den Blick bekommt. Zu allgemeinen Aspekte vgl. immerhin Stolleis (1983) und die aspektreichen Arbeiten von Reinhard (unter anderem in E. Hinrichs 1986, in Asch/Duchhardt 1996). Zu Frankreich, dem in dieser Hinsicht am besten erforschten Land, tragen alle im bibliographischen Hinweis zu den Kapiteln 2 und 3 erwähnten Arbeiten bei, darüber hinaus Guéry (1978), Mager (1980), E. Hinrichs (1994), das Zitat S. 224, und, jüngst erneut, Bonney (1995). Zu Österreich Bérenger (1975) und Dickson (1987), zu Dänemark Krüger (in E. Hinrichs 1986), zu »Deutschland« über einen langen Zeitraum (1500–1870) Klein (1974).

5. Vom Söldnerheer zur »gesponsorten« Armee: Fürstenstaat und Heerwesen

Die »militärische Revolution«

Folgt man neueren militärgeschichtlichen Forschungen und Darstellungen, so war die europäische Staatenwelt in der Frühen Neuzeit Schauplatz einer »militärischen Revolution«. Sie erstreckte sich auf nahezu alle Felder des militärischen Geschehens – auf die Waffentechnik ebenso wie auf die Disziplin, auf Taktik und Strategie ebenso wie auf die Mannschaftsstärken, auf die Kriegsmarine ebenso wie auf die gesamte Logistik. Und sie fand, nehmen wir die einzelnen Autoren wie Michael Roberts, Geoffrey Parker oder Jeremy Black beim Wort, über die ganze Frühe Neuzeit statt. Die Frage, ob ein derart gestreckter Prozess noch die dramatische Bezeichnung »Revolution« verdient, muss hier nicht erörtert werden. Ganz sicher hatten nicht nur die monarchisch verfassten Staaten oder gar nur die »absoluten« Monarchien Anteil daran. Die bedeutendste militärische Reformbewegung der Frühen Neuzeit, die »oranische Heeresreform«, die insbesondere die Disziplinierung der Heeresführung betraf, wurde im Zusammenhang mit der Rezeption des römischen Stoizismus in den Niederlanden erdacht. Eine unverwechselbare Position in der europäischen Militärgeschichte des späten Mittelalters gewannen die Schweizerischen Kantone, und sie bewahrten diese auch in der Frühen Neuzeit. Als es im Jahr 1683 dem Kaiser gelang, die vor Wien stehenden osmanischen Truppen zu besiegen, spielten die verbündeten polnischen Verbände eine entscheidende Rolle. Es ist demnach richtig, wenn in den neueren Forschungen zur »militärischen Revolution« die früher einmal vorhandene Sichtweise, der »absolutistische Machtstaat« und die frühneuzeitliche Militärexpansion seien eng, fast »wesenhaft« miteinander verknüpft gewesen, aufgegeben wurde. Die Militarisierung des gesamten Lebens in allen Teilen Europas ist ein Grundtatbestand frühneuzeitlicher Geschichte, unabhängig von Art und Größe des jeweiligen politischen Systems.

Dennoch hatten, wer wollte das bezweifeln, die großen Monarchien ihren besonderen Anteil an dieser Entwicklung. Ein Staat wie Brandenburg-Preußen, dessen Wachstum im 17. und 18. Jahrhundert mit einer Militarisierung von Staat und Gesellschaft einherging, ist schon von Otto Hintze als »absolutistischer Militärstaat« bezeichnet und analysiert worden. Auch Frankreich, dessen Außenpolitik zumindest in den eineinhalb Jahrhunderten zwischen Richelieu und dem Ende des Siebenjährigen Krieges nicht ohne die ständige Bereitschaft zur aktiven Kriegsführung gestaltet werden konnte, entwickelte sich in diesem Zeitraum zu einer förmlichen Militärmonarchie. Dass dies nach außen nicht so deutlich spürbar wurde wie in Preußen, lag allein daran, dass dieses Land älter, größer und reicher war als der oftmalige deutsche Bündnispartner und es daher nicht nötig hatte (oder nicht nötig zu haben glaubte), das ganze Staatswesen so massiv den militärischen Bedürfnissen zu unterwerfen wie dort. Man leistete sich in Frankreich ja neben dem Heer auch noch ein aufwändiges Hofsystem, welches allein schon ausreichte, dieser Monarchie ein weniger martialisches Aussehen zu verleihen als dem aufstrebenden Reichsstand im deutschen Nordosten.

Die Ursachen für die Militarisierung Europas in der Frühen Neuzeit waren vielfältig. Seit dem späten 15. Jahrhundert waren die bedeutenderen Staaten Europas Bestandteil eines internationalen Staatensystems, das vom Prinzip der Mächtekonkurrenz in Gang gehalten wurde. Sich in diesem System zu behaupten, es nach den eigenen Vorstellungen zu beeinflussen, sei es im Interesse eines Hegemonialstrebens, sei es mit dem Ziel eines allgemeinen Gleichgewichts, setzte territoriale Geschlossenheit, Selbstständigkeit und Macht voraus. Militärische Machtmittel leisteten dabei nicht die einzige Hilfestellung. Diplomatie und ständiges Gesandtschaftswesen waren notwendig, bestimmte universelle Prinzipien des Völkerrechts wurden formuliert und genutzt, die subtilen Möglichkeiten der dynastischen Heiratspolitik standen zur Verfügung. Der Kampf um wirtschaftlichen Gewinn, wenn er erfolgreich geführt wurde, stärkte die Staaten und sicherte ihnen ihre Position im Mächtesystem. Er endete freilich häufig im Krieg, und tatsächlich wurde im 17. Jahrhundert der Krieg als legitimes Instrument des politischen und wirtschaftlichen Konkurrenzkampfes betrachtet.

Äußere Anlässe, um eine kriegerische Unternehmung zu beginnen, gab es genug. Die komplizierten dynastischen Erbfolgeordnungen wurden immer wieder zum Eingriff in benachbarte Territorien, zur Umgestaltung der bestehenden Kräfteverhältnisse genutzt. Nur selten standen diese Kriege im Zeichen weit ausgreifender Eroberungen. Als Friedrich II. von Preußen Schlesien »nahm«, richtete sich die Empörung im übrigen Europa zwar formal gegen den Rechtsbruch, den er nach der Meinung vieler beging, gemeint war aber eigentlich die Tatsache, dass er sich ein unverhältnismäßig großes und wohlhabendes Territorium aneignete. Prinzipiell stand die Arrondierung des eigenen Territoriums im Vordergrund, die Einsetzung einer dem eigenen Haus verwandten oder gewogenen Dynastie durch nachbarliche Heiratspolitik, der Kampf gegen übermächtig erscheinende Unionen oder Konföderationen, ebenso die Bildung von Koalitionen gegen einen Fürsten, der das Gleichgewicht allzu sehr zu seinen Gunsten verschob, schließlich auch, vor allem in den Ländern der Habsburger, der Kampf gegen die Türken.

Auch innerstaatliche Gründe förderten die Militarisierung der europäischen Staatenwelt. Der wichtigste unter ihnen, der konfessionelle, war von derart umfassender Wirksamkeit, dass die Unterscheidung von »innen« und »außen« sich hier, wie so oft in der Frühen Neuzeit, verbietet. Die Reformation und, in ihrem Gefolge, die »konfessionelle Verbissenheit« (Michael Roberts) führten im Verlauf des 16. und 17. Jahrhunderts zu einer ganzen Kette von Schlachten. Und als der Prozess der Konfessionalisierung im 17. Jahrhundert in einen allgemeinen, religiöse und politische Zielsetzungen unauflösbar miteinander verbindenden Krieg mündete, kommentierte der schwedische König Gustav Adolf dies mit der Bemerkung, »dass nun sämtliche Kriege in einem einzigen verschmelzen.« Daneben trieben auch Adelsfronden, Bauernaufstände, Revolten in den Außenbezirken der großen Städte den Prozess der Militarisierung voran; denn sie unter Kontrolle zu bringen, reichten die überall äußerst schwachen Polizeikräfte nicht aus.

Die moderne Forschung zur »militärischen Revolution« geht davon aus, dass diese nicht nur durch solche direkten politischen Anlässe provoziert wurde. In gewisser Weise brachten Kriege weitere Kriege aus sich selbst hervor. Dass der Dreißigjährige Krieg, kein ununterbrochenes und alle Staaten mit gleicher Heftigkeit betreffendes Geschehen, auch deshalb so lange dauerte, weil so viele Söldnerarmeen entstanden waren, die sich nur schwer wieder auflösen ließen, ist seit langem bekannt. Von großer Bedeutung war auch, dass gerade im späten 16. und frühen 17. Jahrhundert in zahlreichen Landschaften Europas sehr viele Menschen zur Verfügung standen, die aus materiellen Gründen gern bereit waren, sich in die Heere werben zu lassen. In den städtereichen Regionen von Oberitalien über die Schweizer Kantone nach Nordwesten, in den Westen Deutschlands und den Osten Frankreichs und nach Flandern reichte das Rekrutierungsgebiet der großen Armeen. Hier stand im Zeichen des Bevölkerungsaufschwungs des 16. Jahrhunderts genug »Überschussbevölkerung« zur Verfügung, um Heere aufzubauen und zu ergänzen.

Absolutismus und Militarisierung

Welches war nun die Rolle der »absoluten« Monarchien in diesem Prozess der Militarisierung? Längst schon geht die Forschung nicht mehr davon aus, dass die absoluten Monarchen die Heeresentwicklung unausgesetzt und planmäßig vorantrieben. Auf diesem wie auf vielen anderen Gebieten waren sie oft mehr die Getriebenen als die Treibenden, mehr die improvisiert Reagierenden als die planmäßig Handelnden. Für die großen Monarchien war ihre Position im internationalen Mächtesystem das entscheidende Movens. Soweit sie diese Position nur durch militärische Machtmittel erringen oder bewahren konnten, mussten sie, wollten sie sich nicht auf Dauer, wie es noch im 16. Jahrhundert die

Regel war, von Söldnerheeren abhängig machen, dem Aufbau einer Heeresmacht in Gestalt eines »stehenden Heeres« – seine markanten Merkmale sind die Unterhaltung von Truppen in Kriegs- *und* Friedenszeiten und die Ausrichtung der ganzen Heerespolitik auf dieses Ziel – erhöhte Aufmerksamkeit schenken. In Frankreich ist dieser Prozess zunächst in kleinen, wenn auch effektiven Schritten, dann in ständig wachsendem Ausmaß in der Zeit zwischen der Friedensära Heinrichs IV. ab 1598 und den großen militärischen Unternehmungen Ludwigs XIV. zu beobachten. 37000 festbesoldete Soldaten, darunter nur noch 12000 Schweizer Söldner und Landsknechte und nur noch 5000 Reiter, umfasste das Heer, das Heinrich IV. im Jahr 1609 zur Verfügung hatte, als er in den Jülisch-Klevischen Erbfolgestreit einzugreifen beabsichtigte – eine kleine, schlagkräftige Einheit, die, so Pierre Babelon, ihre Existenz »nicht nur einer militärischen, sondern einer sozialen Revolution« verdankte: Nur noch 1000 Adelige taten in dieser Armee Dienst, wenn auch in den besten Positionen.

Über die im Verlauf des 17. Jahrhunderts wachsenden Heeresstärken liegen unterschiedliche Angaben vor, doch zeigen auch ungefähre Größenordnungen die Wucht dieses Prozesses sehr anschaulich. Zwischen 1600 und 1760 vergrößerten die europäischen Heere ihre Kopfstärke um das Fünffache, ihre Feuerkraft etwa um das Hundertfache. Nach einer anderen Schätzung wuchs die Truppenstärke in ganz Europa zwischen 1500 und 1700 um dreihundert Prozent, während die europäische Bevölkerung insgesamt nur um etwa vierzig Prozent anstiegen. Der stärkste Impuls kam nach der Jahrhundertmitte, in Frankreich unter Ludwig XIV., in England unter Karl II. und William III., in Brandenburg-Preußen unter dem Großen Kurfürsten. Dieser übernahm bei seinem Amtsantritt eine unbedeutende Armee von 2000 Mann und übergab seinem Nachfolger ein stattliches Stehendes Heer mit einer Stärke von 27000 Mann. 1713, beim Regierungsantritt Friedrich Wilhelms I., waren es schon 40000, 1806 schließlich 235000. Das französische Heer wuchs im Laufe des 17. und 18. Jahrhunderts zeitweise auf fast 400000 Mann an, wobei das Adverb »zeitweise« die Flexibilität des französischen Rekrutierungssystems zum

Ausdruck bringt, denn diese Zahlen konnten in den wenigen Friedensjahren schnell erheblich reduziert werden.

Die vielen Soldaten mussten geworben, bezahlt, ausgerüstet, versorgt und untergebracht werden. In der zweiten Hälfte des 18. Jahrhunderts, so hat man errechnet, kostete der Unterhalt der Heere etwa fünfmal so viel wie um 1600. Hinzu kamen die Ausgaben für Befestigungsanlagen, die im 17. Jahrhundert nach grundsätzlich anderen Prinzipien gestaltet wurden als zuvor. Besonders Frankreich tat sich hier hervor, ein Land, das seine lange und verletzliche Nord- und Nordostgrenze durch einen engmaschigen Festungsgürtel schützte. Unsummen verschlang auch die Marine, ein höchst kostspieliges Kriegsinstrument, um dessen Auf- und Ausbau Frankreich und England, zu Beginn des 17. Jahrhunderts keine großen maritimen Militärmächte, das ganze Jahrhundert über miteinander wetteiferten.

Die Versorgung der Heere, die Organisation der Kriegszüge, die veränderte Strategie und Taktik der Massenheere, der Bau von Befestigungsanlagen und Kriegsschiffen – das alles forderte den frühneuzeitlichen Staaten nicht nur ein Höchstmaß materieller und personeller Leistungen ab, es verlangte auch neue Militärinstitutionen, eine neue Befehlsstruktur in der Führung und Verwaltung der Heere, neue Formen der Kommunikation und Organisation im Nachschubwesen und insgesamt eine neue Stellung der Kriegsmacht im und zum Staat. Im 17. Jahrhundert stand der europäische Territorialstaat im Zeichen des »stehenden«, das heißt des grundsätzlich auch in Friedenszeiten unterhaltenen und im Kern aus langdienenden Berufssoldaten zusammengesetzten Heeres. Ältere Heeresformen wie die Milizen oder die feudale Aushebung lebten fort, spielten aber kaum mehr eine Rolle oder, wie in Frankreich der *ban et arrière-ban*, eine rein fiskalische. Gegen Ende des 17. Jahrhunderts erlebte in Frankreich die Miliz eine Renaissance, war aber eine rein königliche Unternehmung und diente zur Ergänzung des Stehenden Heeres.

Neu organisiert wurden auch die Befehlsstruktur im Heer und die Kontrollbefugnisse des Staates über das Heer. Oberster Befehlshaber und Kriegsherr war der Landesherr, das Heer als Institution des Staates, nicht mehr als Privatunternehmung eines unabhängigen Kondottiere, unterstand dem König. Erst jetzt entstanden die modernen Offizierskorps, klar gegliederte Rangordnungen innerhalb der militärischen Führung wurden festgelegt, das systematische Aufrücken innerhalb dieser Rangordnung wurde zur Regel. Zusammen mit der Hierarchisierung der militärischen Führung wuchs die Disziplinierung der Mannschaften. Regulierung der Lebensweise, Bestrafungen, Uniformierung waren wichtige Beiträge der frühneuzeitlichen Königsheere zur Entwicklung der militärischen Disziplin. Ohne Frage hat dabei die Tatsache, dass Könige bzw. Landesherren wie Heinrich IV. von Frankreich, Christian IV. von Dänemark, Maximilian I. von Bayern, Gustav Adolf, Ludwig XIV., der Große Kurfürst, später dann Karl XII. und Peter der Große selbst an allem militärischen Geschehen äußerst interessierte Heerführer waren, die allmähliche Verwandlung der älteren Söldnerheere in moderne Königsheere beeinflusst.

Mit der Versorgung der Mannschaften mit Lebensmitteln, Waffen, Uniformen, Unterkünften, die freilich im Wesentlichen aus Einquartierung, nur zu einem geringen Teil aus Kasernen bestanden, nahm die staatliche Aufsicht über die Heere zu. Kriegsministerien bildeten sich in den größeren Staaten wie Frankreich und Brandenburg-Preußen aus, besondere Armeeintendanten, die in Frankreich direkt dem Oberbefehlshaber unterstanden, »brachten einen wirksamen administrativen Despotismus in die Armee hinein«. (G. Clark) Kriegskommissare kontrollierten das Versorgungswesen, den Nachschub, den Sanitätsdienst. Besondere Inspektoren für Infanterie und Kavallerie sahen auf die Unterrichtung und Disziplinierung der Soldaten. Auf diesem Wege wurden zwei Grundübel der Renaissanceheere, die Desertion und die Meuterei, wenn nicht ausgemerzt, so doch in ihrer Wirkung erheblich eingeschränkt. Zwar blieb die Bezahlung für Offiziere und Mannschaften unzureichend oder gar inexistent, zwar richtete sich die Ämterkäuflichkeit auch im Heer häuslich ein, doch wie in der zivilen Verwaltung unterstand jetzt alles der Kontrolle des Königs und seiner Kommissare.

Soziale Funktionsfähigkeit der Heere

Doch sollten wir uns nicht täuschen. Neuordnung, Hierarchisierung, strenge staatliche Aufsicht, Überordnung des staatlichen Prinzips über alle anderen, herkömmlichen Organisationsprinzipien im Heer – das alles wurde immer wieder gefordert und dekretiert; Kriege gewinnen ließen sich allein damit nicht. Die neuen, staatlichen Heere waren auf Gedeih und Verderb darauf angewiesen, dass auch in ihrem Inneren, sprich: in sozialer Hinsicht, die Verhältnisse stimmten, und das ließ sich nicht einfach dekretieren. Hier ging es um die zentrale Frage, woher die Mannschaften und vor allem die Offiziere kamen, wie sie in das Heer eingebunden waren, worauf ihre Verpflichtungen zur Loyalität beruhten. Es lohnt sich zunächst ein Blick auf Frankreich, dem Bernhard Kroener eine Reihe von interessanten Arbeiten gewidmet hat. Frankreichs Heerespolitik, ein zentrales Unternehmen für eine Monarchie, die in der Nachfolge Spaniens die Hegemonie in Europa anstrebte (und erreichte), beruhte auf einer Besonderheit: Zwar errichtete man in Frankreich wie anderswo ein Stehendes Heer, doch variierte man die Truppenstärken beträchtlich – in Friedenszeiten umfasste das Heer weit weniger Regimentsverbände als im Krieg. Damit reduzierten sich die Unterhalts- und Versorgungsprobleme, und darüber hinaus wurde den bei Ludwig XIV. zeitlebens virulenten Ängsten vor Aufständen Rechnung getragen.

Frankreich ist auch ein gut erforschtes Beispiel für die soziale Komponente der neueren, absolutistischen Heerespolitik. Der Adel, vor allem der kleine, in Versailles nicht präsente Provinzadel, fand in dem neuen Heer ein neues, insgesamt befriedigendes Betätigungsfeld. Ihm wurden Offiziersstellen in den Regimentern zum Ankauf zur Verfügung gehalten, er musste darüber hinaus zumindest am Anfang der Epoche Ludwigs XIV. seine Regimenter und Kompanien selbst rekrutieren, unterhalten und versorgen. Das war ganz offensichtlich ein erfolgreiches Konzept, denn es entstand als sein Ergebnis so etwas wie ein Militäradel *(noblesse militaire)* mit einem spezifischen Korpsgeist, in dem sich altadelige, »feudale« Militärtraditionen fortsetzten, die freilich sehr konsequent vom König für sein Heer instrumentalisiert wurden. Und da dieser Adel, was die Werbung der Mannschaften und die Besetzung der nicht-käuflichen Offiziersstellen anging, freie Hand hatte, griff jeder Regimentskommandeur gern auf ihm Vertraute aus seinen Grundherrschaften zurück. Damit gewann auch im Heer, wie in so vielen anderen Gebieten des öffentlichen Lebens, das Klientel- und Patronagewesen eine starke Position – ein weiterer Beleg dafür, wie wenig selbst im Heer Ludwigs XIV. die bisher für besonders modern gehaltenen Errungenschaften absolutistischer Staatlichkeit um sich griffen.

»Solange der Adel die militärische Elite dominierte, bestimmten seine Normen und Verhaltensmuster die innere Struktur der militärischen Gesellschaft. Die Armee blieb in ihrem Kern feudal, wurde aber in diesem Bezugsrahmen durch den monarchischen Staat instrumentalisiert [...]. Militärische Machtsegmentierung, konfessionelle Geschlossenheit, schwache außenpolitische Gegner, die erst in ihrer Summe bedrohlich werden und daher auf die inneren Verhältnisse in Frankreich keinen unmittelbaren Einfluss nehmen konnten, und schließlich eine häufige kriegerische Bewährung haben die adelige Bestimmung zum Waffendienst letztlich nur noch im Dienste der Krone attraktiv erscheinen lassen.« (Bernhard Kroener)

Diese Tendenz zur Integration des Adels in das absolutistische Heer brach sich spät, aber besonders konsequent in Brandenburg-Preußen Bahn. Bis zum Regierungsantritt Friedrich Wilhelms I. (1713–1740) stand der Adel dem Heer und dem Offizierskorps distanziert, ja feindlich gegenüber. Viele Adelige dienten im Ausland, und wenn sie es in der heimischen Armee taten, entzogen sie sich ihren Pflichten oft durch Desertion und Flucht. Das Heer war Angelegenheit des Fürsten, für den Adel war es allenfalls Instrument standesgemäßer Unterkunft, die auch in den Heeren anderer Landesfürsten zu haben war. Erst der »Soldatenkönig« erkannte den Wert eines beständigen, in der Sozialstruktur des Landes verankerten Offizierskorps. Parallel zur Einrichtung eines neuen Rekrutierungssystems, das die Mannschaften aus den gutsuntertänigen Bauern ergänzte, zwang er den einheimischen Adel auf dem Erlassweg in das Offizierskorps: Der Dienst bei ausländischen Fürsten wurde verboten; selbst nicht genehmigte Reisen in das Ausland zogen den Verlust des Vermögens nach sich.

Die sozialen Verhältnisse in den meisten Territorien der Hohenzollern kamen einer solchen Politik entgegen. Gutsherrschaft und Landbesitz waren die wirtschaftliche Grundlage der adeligen Lebensweise. Beide waren im Übergang vom 17. auf das 18. Jahrhundert schwer verkäuflich; deshalb blieben ihre Inhaber auch ohne entsprechende landesherrliche Erlasse im Land. Die adelige Lebensweise versperrte den Mitgliedern dieses Standes, insbesondere den nicht erbenden Söhnen, den Zugang zu Berufen außerhalb der Landwirtschaft. So war es nur folgerichtig, wenn der König in diesem Stand eine Basis für sein Offizierskorps sah. Schon in seiner Politik, mehr noch in der seines Sohnes, kam zudem ein besonderes Bewusstsein für die traditionellen, militärisch-ritterlichen Qualitäten des Adels zum Durchbruch, welches unter Friedrich II. schließlich zu einer weitgehenden Absonderung der adeligen Offiziere von den Unteroffizieren und Mannschaften, ja auch von der zivilen Beamtenschaft führte, gleichgültig, ob deren Mitglieder ebenfalls zum Adel gehörten oder nicht. Gewiss vollzog sich diese Umwandlung des »antistaatlichen Junkertyps des 17. Jahrhunderts« in den »für den Staat kämpfenden Junkertyp des 18. Jahrhunderts« (Otto Büsch) nicht ohne Schwierigkeiten und Gewaltsamkeiten, wovon die lange Reihe von Ausreiseverboten unter Friedrich Wilhelm I. und seinem Nachfolger Zeugnis ablegt. Insgesamt aber war sie erfolgreich, weil der preußische Staat die beträchtlichen materiellen und personellen Leistungen des Adels für sein Militärsystem mit einem hohen Preis zu bezahlen bereit war: der fast vollständigen sozialen und politischen Privilegierung des ritterschaftlichen Adels in seinen Gutsbezirken. Sie gab dem Adel nicht nur umfassende Freiheit nach unten, gegenüber seinen Bauern, sondern sicherte ihn auch nach oben, gegenüber der Krone und ihrer Bürokratie.

Der andere Aspekt der sozialen Funktionsfähigkeit eines absolutistischen Heeres betraf die Rekrutierung und Ergänzung der Mannschaften. Beide beruhten im 17. Jahrhundert grundsätzlich noch auf der freien Werbung. Dass das Erfolg hatte, lag nicht zuletzt an dem großen Angebot wehrfähiger Menschen in vielen Regionen Europas. Kein Heer bestand allein aus Landeskindern, jeder Staat warb seine Soldaten dort, wo er sie fand. Arme Länder vermieteten ihre Truppen an reichere, die Schweizer Kantone, deren Soldaten entscheidend zur Wandlung der Kriegstechnik am Ende des Mittelalters beigetragen hatten, zogen aus diesem Geschäft größten Nutzen. Pierre Chaunu hat die durch den Dreißigjährigen Krieg provozierte Bevölkerungsverschiebung von den »armen Gebirgs- und Niederungsgebieten in die reichen Ebenen« eine »innerstaatliche Invasion« genannt. Jedes Heer war ein buntes Völkergemisch, was der Ausbreitung des modernen Disziplingedankens zunächst enge Grenzen setzte.

Wie schon erwähnt, begegnete Frankreich am Ende der Regierungszeit Ludwigs XIV. den Problemen dieser freien Werbung mit einer Veränderung seiner Praktiken. Zwar blieb die freie Werbung grundsätzlich bis zur *levée en masse* der Revolution auf der Tagesordnung, doch indem einerseits die adeligen Offiziere ihre Regimenter und Kompanien vor allem zu Hause, in ihren eigenen Provinzen bzw. Seigneurien rekrutierten, andererseits die Zahl der Regimenter in Friedenszeiten erheblich reduziert wurde, bekam das französische Heer ein anderes Gesicht: Es wurde in sich geschlossener, es wurde »französischer«, es wurde aber auch beweglicher und schlagkräftiger. Zugleich wuchs mit dieser Veränderung die Bedeutung der am Ende des 17. Jahrhunderts neu geschaffenen Miliz, die das Stehende Heer in Kriegszeiten um etwa fünfzig Prozent ergänzte.

Anders sah es in dieser Hinsicht im Staat der Hohenzollern aus. Sicher kannten alle Länder, die ein größeres Stehendes Heer unterhielten, neben der freiwilligen Werbung mannigfache Praktiken der Zwangsrekrutierung. In Brandenburg-Preußen jedoch war sie schon am Ende des 17. Jahrhunderts zu einem freilich durch entsprechende Erlasse des Königs noch nicht abgesicherten System geworden. Als unter Friedrich Wilhelm I. der Bedarf an Soldaten sprunghaft zunahm, verschärfte sich der Druck auf die bisher schon hart betroffenen bäuerlichen Bevölkerungsschichten. Die Werbung wurde den bis dahin verantwortlichen

13 Leopold I. von Anhalt-Dessau, Kupferstich von Martin Bernigeroth, um 1716. (Staatliche Museen zu Berlin – Preussischer Kulturbesitz, Kupferstichkabinett, Inv. KDA 123–143).

Eine kuriose Kombination: Der Kupferstich von Martin Bernigeroth entstand um 1716, auf der Druckplatte wurde der Kopf jedoch etwa zwanzig Jahre später durch ein Altersporträt des nun »alten« Dessauers ersetzt. In jedem Fall handelt es sich bei Leopold I. von Anhalt-Dessau um einen der besten Heerführer seiner Zeit; bevor er in preußische Dienste trat, brachte er sein kleines mitteldeutsches Territorium in Ordnung. Im Dienst für den pietistischen König legte er dann, zusammen mit diesem, den Grundstein für die preußische Militärmacht, die diesen Staat zu einer kleinen Großmacht werden ließ.

zivilen Instanzen Schritt für Schritt aus der Hand genommen und den Regimentsoffizieren übertragen. Die Werbemethoden wurden brutaler, der Konkurrenzkampf zwischen den Offizieren um die vom König verlangten »langen Kerls« nahm teilweise unerträgliche Formen an. Zudem breitete sich jetzt die Neigung aus, Landeskinder zu bevorzugen. Es gab zwar legale und illegale Möglichkeiten – die Zahlung einer hohen Ablösesumme oder die Flucht –, um sich der Zwangswerbung zu entziehen. Doch verstärkte das nur die Schädlichkeit des ganzen Systems für die Landwirtschaft. Staat und Adel waren auf einen leistungsfähigen Bauernstand angewiesen, der eine für sein Steueraufkommen, der andere für den Ertrag seiner Güter. Die völlig ungeregelten Dienstzeiten der zwangsgeworbenen Bauern, ihre Verschuldung durch hohe Ablösesummen und die Landflucht stellten beides in Frage.

Friedrich Wilhelm I. erkannte die Gefahren der ungeregelten und brutalen Zwangswerbung. Er verbot sie und ersetzte sie durch das berühmte »Kantonreglement«. Auch dieses System beruhte auf Zwang und unterschied sich somit von der sonst weithin gängigen Praxis der freiwilligen Werbung. Mit der Einrichtung fester Aushebungsbezirke (der so genannten »Kantone«), mit der geregelten Abgrenzung von Dienst- und Urlaubszeit fasste es den Zwang jedoch in klare, durchschaubare Regeln und schuf damit die Voraussetzungen für eine die Interessen des Heeres und der Landwirtschaft berücksichtigende, die Idee des Stehenden Heeres und der Miliz miteinander verbindenden Aushebungsmethode.

Der frühneuzeitliche Fürstenstaat hat über lange Zeiträume des 17. und des 18. Jahrhunderts Krieg geführt. Es nimmt daher nicht wunder, dass seine materiellen Ressourcen vor allem für das Militär herhalten mussten und dass seine schöpferischen Kräfte zu einem nicht unerheblichen Teil in das Militärsystem flossen. Neben (und vor) den Höfen war das Militär der größte Kostenfaktor dieses Staates. Es überrascht daher auch nicht, dass unsere herkömmliche Vorstellung vom Absolutismus stark von der militärmonarchischen Komponente dieses Systems geprägt wurde. Wenn wir freilich bedenken, wie sehr die Konzentration auf Heer und

Machtpolitik auf dem Weg über die Verschuldung in das jeweilige Land zurückwirkte, dann werden wir auch hier nicht von einer eindeutigen und auf Dauer stabilen Durchsetzung »absolutistischer« Staatsstrukturen sprechen wollen. Intentional wollten die frühneuzeitlichen Fürsten – neben der fürstlichen Selbstdarstellung – gewiss auf keinem Gebiet so viel Absolutismus wie auf dem militärischen, aber gerade deshalb gerieten sie funktional auf vielfältige Weise in eine Abhängigkeit von ihren Gesellschaften, die den Anspruch wieder massiv in Frage stellte.

Bibliographische Hinweise

Die zuweilen etwas künstlich wirkende Diskussion über die »militärische Revolution« vor allem bei Roberts (in E. Hinrichs 1986), Kiernan (in Aston 1965), G. Parker (1976, 1990). Zum Neustoizismus unter anderem Oestreichs Aufsätze zu Lipsius und zur oranischen Heeresreform in dem Sammelband von Oestreich (1969). Zu Preußen immer noch wichtig Otto Hintzes Aufsatz zum Preußischen Militär- und Beamtenstaat in Hintze (1967), Büsch (1962) und Messerschmidt (in Puhle/Wehler 1980). Zu Frankreich die neueren Arbeiten von Kroener (1988, 1989) und in Asch/Duchhardt (1996); hier auch das Zitat von Kroener, S. 322. Zu den französischen Heeresreformen als Reaktion auf die Niederlage Frankreichs im Siebenjährigen Krieg das gründliche Buch von Opitz-Belakhal (1994). Eine Reihe von wichtigen Neuansätzen zum Verhältnis von Militär und Gesellschaft bei Kroener/Pröve (1996).

6. Eine Rolle im Schatten des Staats: Kirchen

Die Kirchen, insbesondere die im Verlauf des 16. Jahrhunderts zur »katholischen« im neuzeitlichen Sinne werdende alte Kirche, waren in der Frühen Neuzeit – auch weltlich-institutionell gesehen – noch bedeutende, einflussreiche Mächte. Die katholische Kirche verfügte mit dem *Patrimonium Petri* über einen regelrechten Staat, den Kirchenstaat, der am internationalen Mächtegeschehen aktiv teilnahm und dabei ein sehr weltliches Aussehen gewann. Eine besondere, mit keinem anderen Staat zu vergleichende Position nahm sie ein wegen des ihr eigentümlichen Internationalismus, mit dessen Hilfe sie in den europäischen Staaten über eine Klientel verfügte, die sich zwar nicht unter allen Umständen, aber doch in vielen Situationen und unter bestimmten Voraussetzungen für ihre Belange – und das heißt auch: gegen die des Einzelstaates – mobilisieren ließ. Verwiesen sei in diesem Zusammenhang auf unsere Bemerkungen zu Frankreich und zur Geschichte der Konkordate zwischen dem französischen König und dem Papsttum – mit dem Abschluss im Jahr 1516, als sich der König den Zugriff auf die meisten bedeutenden Pfründen in Frankreich endgültig zu sichern vermochte.

Auch der lutherische Protestantismus hatte seine spezifische Einstellung zu Politik und Staaten und wurde demnach in die Entwicklung der modernen Staatlichkeit in Europa hineingezogen. Martin Luthers Obrigkeitslehre lief, grob ausgedrückt, darauf hinaus, »dem Staat zu überlassen, was des Staates ist«. Deshalb empfahl Luther seinen Glaubensanhängern Gehorsam gegenüber der Obrigkeit, außer wenn diese sich in ihre Glaubensangelegenheiten einmischte. Selbst gegenüber einer tyrannischen Obrigkeit sollte dieser Gehorsam in rein weltlichen Dingen gelten, weil die Gläubigen, so der Trost Luthers für seine Anhänger, ohnehin nur für einen flüchtigen Augenblick ihres ewigen Lebens auf der Erde weilten. In der praktischen Konsequenz hat sich daraus im Laufe der Zeit jenes enge Verhältnis zwischen staatlicher Obrigkeit und lutherischer Landeskirche herausgebildet, das fortan als typisch für die Entwicklung der kleineren deutschen Territorien, aber auch für die beiden lutherischen Königreiche Dänemark und Schweden galt.

Landesherrliches Kirchenregiment

Das landesherrliche Kirchenregiment, Ergebnis der Konfessionsbildung in lutherischen Staaten, war durch eine große Nähe von Staat und Kirche gekennzeichnet. Der Landesherr selber wurde in der Regel zum territorialen Oberhaupt, das heißt zum Bischof dieser Kirche. Die landeskirchlichen Belange wurden durch eine Art Kirchenministerium – das Konsistorium – verwaltet, und auf dieser Basis vollzog sich die Durchdringung dieser Territorien mit landeskirchlich-lutherischem Geist bis hin zu den ganz wichtigen Fragen der Armenfürsorge, des Schulunterrichts und der Schulversorgung, die bis ins 19. Jahrhundert hinein die Aufgabe der dem Staat so eng verbundenen Landeskirchen blieben. Dabei gab es in der Zeit immer wieder Debatten über die Frage, wie sich dieser oberste Bischof in seinem merkwürdigen Doppelverhältnis zu Staat und Kirche begriff und wie er kirchenrechtlich von anderen gesehen wurde. Hatte er, der über keine kirchlichen Weihen verfügte, Einfluss auf die rein kirchlichen Dinge, beanspruchte er ein *jus in sacra,* war er damit in seinem Territorium auch die oberste geistliche Autorität, so etwas wie ein protestantischer Papst? Oder betraf seine landesherrliche Kirchenhoheit nur das *jus circa sacra,* ordnungspolitische Aufgaben gleichsam um die Kirche herum, ohne deren Substanz zu berühren? Es kann kein Zweifel daran bestehen, dass die meisten protestantischen Fürsten beide Rechte für sich beanspruchten; dies taten selbst die Kurfürsten und Könige von Brandenburg, die seit 1613 Calvinisten waren und sich dennoch als geistliche Herren aller ihrer Untertanen, also auch der weit in der Mehrheit stehenden Lutheraner und der erst nach der Eroberung Schlesiens zu einer recht stattlichen Minderheit werdenden Katholiken begriffen. Noch Friedrich II. hat sich in seiner Funktion als Erzbischof von Magdeburg einmal sarkastisch als *vicarius Jesu Christi* bezeichnet. Dennoch war nicht zu verhindern, dass es im Verlauf der Frühen Neuzeit immer weniger um die mittelalterliche Vorstellung eines aus zwei Körpern bestehenden, Geistliches und Weltliches ununterscheidbar verknüpfenden Regiments ging, sondern immer mehr um eine klare Überordnung der territorial-weltlichen Gewalt über die kirchliche, die nur noch deren »Attribut« oder »Zubehör« (Otto Hintze) war.

In der kirchenrechtlichen Literatur des 17. Jahrhunderts und, ihr folgend, in der Forschung wurde versucht, einer Analyse dieses Zusammenhangs mit den Wortungetümen »Episkopalismus versus Territorialismus« näher zu kommen. Politisch betrachtet, liefen beide Auffassungen schließlich auf dasselbe hinaus – eine deutlich spürbare Unterordnung der Kirche unter den Staat. Das war freilich keine Bestätigung der alten, vor allem in Deutschland verbreiteten These, mit dem Absolutismus und dem Heraustreten des Fürstenstaats aus den Religionskriegen des 16. und 17. Jahrhunderts sei der »konfessionell neutrale Staat« entstanden. Der frühneuzeitliche Fürstenstaat war in aller Regel nicht konfessionell neutral, sondern er konnte, was die Konfessionen angeht, sogar sehr parteiisch sein, ob es sich nun um die evangelische, die katholische oder die calvinistische Konfession handelte. Anders sah es allerdings mit dem Verhältnis des Staates zur institutionalisierten Kirche aus. Hier war weithin, im Katholizismus wie im Protestantismus, die Bemühung spürbar, Distanz und Überordnung des Staates herzustellen. Im Folgenden sollen dazu einige relevante Beispiele aus der Geschichte der frühneuzeitlichen europäischen Monarchien betrachtet werden.

Bayern und Österreich

Relativ unproblematisch lagen die Dinge dort, wo der Katholizismus vorherrschende Konfession und einzige Kirche war und blieb, sei es seit eh und je, zum Beispiel in einem Territorium »ausschließlicher Katholizität« wie dem Herzogtum Bayern, sei es nach einer tiefgreifenden und letztlich erfolgreichen Gegenreformation wie in den habsburgischen Erbländern, in Böhmen und in Ungarn. In Bayern wie im Reich der Habsburger waren seit der großen Krise des Dreißigjährigen Kriegs und ihrer Beendigung im gegenreformatorischen Sinne die Monarchien die unangefochtenen Träger der kirchlichen Entwicklung. Auch wenn es im weiteren Verlauf des 17. und 18. Jahrhunderts immer wieder einmal Probleme – etwa im Verhältnis zur Kirche innerhalb des Territoriums, mehr noch zum Papsttum – gab, entwickelten sich die Dinge doch im Wesentlichen unauffällig. Zusammen mit den durch die Wittelsbacher im Laufe der Zeit eroberten geistlichen Territorien (vor allem Köln, zeitweise Münster, Paderborn, Hildesheim und andere) bildeten Bayern und Österreich, mächtepolitische Rivalen, die sie im Verlauf des 17. und 18. Jahrhunderts waren, die katholischen Führungsmächte im Reich. Und sie wurden dies mit Hilfe einer massiven und durchdringenden Konfessionalisierung ihrer Territorien, die das auch politisch stets spürbare Charakteristikum dieser Staaten bis ins 18. Jahrhundert und darüber hinaus blieb.

Frankreich

Was Frankreich angeht, von seinem Anspruch her spätestens seit dem 17. Jahrhundert eine katholische Führungsmacht Europas, so sah die Entwicklung bei weitem komplizierter aus. Eindeutig war zunächst nur eines: Der französische Fürstenstaat unter Ludwig XIII. und Ludwig XIV. war alles andere als ein konfessionell neutraler Staat, und die Basis dafür war von Heinrich IV. und seiner Religionspolitik ab 1598 gelegt worden. Es gab für den französischen König nichts wichtigeres, als katholische Führungsmacht in Europa zu werden und den Habsburger Monarchien auch diese Machtchance streitig zu machen. Einen hohen Preis hatten die Hugenotten dafür zu zahlen, der in der Ereigniskette 1598 (Edikt von Nantes), 1629 (Edikt von Alès), 1685 (Aufhebung des Edikts von Nantes) zum Ausdruck kommt. Zudem kultivierte der französische König wie kein anderer in Europa das Gottesgnadentum, *le droit divin*, das

14 Kardinal Richelieu, Gemälde von Philippe de Champaigne, um 1640.
Der Kardinal in einer königähnlichen Darstellung. Dass Kardinäle zu Leitern der Politik des heranwachsenden Hegemonialstaats Frankreich wurden, sollte nicht überbewertet werden, mussten doch möglichst hohe Titel her für ein Amt, das es in der überkommenen Verfassung Frankreichs gar nicht gab. Kardinal Richelieu war immer Mann der Kirche und Mann des Staates zugleich, wusste dabei aber die Sache der Kirche so zu handhaben, dass sie die des Staates nicht störte. In dieser Hinsicht war er Ludwig XIV. weit überlegen. Philippe de Champaignes großartiges Staatsporträt aus der Zeit um 1640 ist, so heißt es, das erste dieser Art, das von einem Nichtmonarchen erstellt wurde.

mit sich brachte, dass dieser konfessionell nicht neutrale Staat auch keinerlei Säkularisierungstendenzen in sich barg. Im Gegenteil: Die Symbiose von Königs- und Gotteskult führte gerade bei der breiteren Masse der »Beherrschten« zu einer »Heiligung« der weltlichen Herrschaft, wie man sie sich vermutlich auf dem Höhepunkt der Renaissancemonarchie im 16. Jahrhundert nicht hätte vorstellen können.

Allerdings: Das Verhältnis der Monarchie zur Kirche sah in Frankreich anders aus als im übrigen katholischen Europa, weil der französische Katholizismus anders war als zum Beispiel der bayerische oder österreichische. Eine »strömungspolitische« Analyse dieser Kirche seit dem 17. Jahrhundert lässt mindestens drei unterschiedlich starke und unterschiedlich wirksame Richtungen hervortreten:

Erstens: Der Gallikanismus, die »Mehrheitsfraktion« des französischen Katholizismus und, da vor allem der hohe Klerus ihr zuneigte, die eigentliche »staatskirchliche« Strömung. Seit langem Verfechter einer weitgehenden Unabhängigkeit der französischen Kirche von Rom, entsprach der Gallikanismus in seinem Selbstverständnis dem auf seine Souveränität pochenden französischen Königtum, dessen politisches Bestreben, zwischen Gott und sich selbst keine weitere Autorität anzuerkennen, ja vor allem in den spätmittelalterlichen Auseinandersetzungen mit dem Papsttum gewachsen war. Mit den Gallikanern konnte jeder französische König rechnen, auf sie konnte er bauen, solange er ganz oder zumindest weitgehend darauf verzichtete, Ideen und Institutionen des katholischen »Internationalismus« in Frankreich zu fördern. Die Trienter Konzilsbeschlüsse wurden in diesem katholischen Land daher sehr spät und recht halbherzig eingeführt, der Jesuitenorden genoss zwar seit Heinrich IV. Gastrecht, seine Stellung blieb aber auf Dauer problematisch. Unter dem Einfluss einer zielstrebigen königlichen Kirchen- und Stellenbesetzungspolitik im Sinne eines von Rom weitgehend unabhängigen Kurses hatten die meisten Gallikaner keine Probleme, sich mit der »thèse royale« zu befreunden oder abzufinden.

Zweitens: Der Richerismus, eine auf den Pariser Theologen Edmond Richer (1560–1631) zurückgehende Richtung, die aus der Sicht ihres Begründers ins Zentrum des

Gallikanismus gehörte, durch ihre Betonung der konziliaren Lehre aber eine kritische Wendung gegen eine allzu stark auf den König zugeschnittene Kirchenverfassung enthielt. Der Richerismus spielte in den Konflikten des 17. Jahrhunderts über die Religions- und Kirchenpolitik keine besondere Rolle, seine Bedeutung lag vor allem darin, dass mit ihm eine stets aktualisierbare, anti-absolutistische Denkhaltung im Klerus vorhanden war. Als in der vorrevolutionären Epoche auch innerhalb des gallikanischen Klerus Meinungsverschiedenheiten zu den großen politischen Fragen der Zeit – Partizipation, Repräsentation, Volkssouveränität – ausbrachen, sollte sich der Richerismus als Theorie erweisen, die insbesondere den Wünschen des niederen Klerus nach mehr Partizipation in Staat und Kirche entsprach.

Drittens: Schließlich und vor allem der Jansenismus, der auf den niederländischen Theologen Cornelius Jansen (1585–1638) zurückging und in seinem Ausgangspunkt eine innerkatholische, theologische Opposition gegen die jesuitische Gnadenlehre darstellte, in seinen Auswirkungen aber viel mehr wurde als das. Kirchenpolitisch gegen den Einfluss des Papsttums auf die Nationalkirchen eingestellt, wurde er im späten 17., vor allem aber im 18. Jahrhundert zu einer das Theologische weit hinter sich lassenden politischen Oppositionsbewegung gegen die Jesuiten, gegen Rom und gegen das Königtum, sofern dieses sich zur Verteidigung der römischen Einflüsse auf die französische Kirche aufschwang.

Das Königtum hat im 17. und 18. Jahrhundert niemals eine in sich konsequente und einheitliche Einstellung zu diesen Richtungen des französischen Katholizismus gewonnen. Hier liegt einer der Gründe dafür, dass Konflikte um kirchliche Themen im Verlauf des gesamten Ancien Régime auf der Tagesordnung standen – ein überraschender Tatbestand in einer gottbegnadeten, absoluten Monarchie, zu deren besonderen Leistungen es angeblich gehörte, ihren gesamten Untertanenverband diszipliniert und zu einer königsfrommen Haltung geformt zu haben. Neuere Forschungen gehen sogar davon aus, dass diese religionspolitischen Konflikte, vor allem der Jansenismuskonflikt, eine gewichtige Rolle bei der Verbreitung einer revolutionären Disposition in Frankreich in der zweiten Hälfte des 18. Jahrhunderts spielten.

War die Haltung des Königs Rom gegenüber kritisch oder gar ablehnend, wie in dem Konflikt zwischen Ludwig XIV. und Papst Innozenz XI. über die »Regalien« in den siebziger und achtziger Jahren des 17. Jahrhunderts, so konnte dieser mit großer Unterstützung im Klerus rechnen und musste außer von der kleinen Gruppe besonders romtreuer Bischöfe keinen Widerstand befürchten. Dieser Streit mit dem Papst um die Pfründenbesetzung in jenen zu Frankreich gekommenen Gebieten, die 1516 noch nicht zu Frankreich gehört hatten und daher im Konkordat von 1516 noch nicht erwähnt worden waren, führte mit der Publikation der berühmten »Vier Artikel« (1682) zu einer massiven Demonstration des Gallikanismus, die den König in weitgehender Übereinstimmung mit der großen Mehrheit seines Klerus sah. Wurde seine Haltung dagegen, wie in dem nicht minder berühmten Konflikt mit den Jansenisten am Ende seiner Regierungszeit, zunehmend von Jesuiten und romergebenen Devoten am Hof bestimmt, so erwuchs ihm aus seiner Kirchenpolitik eine heftige Opposition. Der lang dauernde und in der Tiefe wirkende Jansenismusstreit, entzündet an der Zerstörung des Frauenklosters von Port-Royal (1711) und an der vom König gebilligten päpstlichen Bulle Unigenitus (1713), vermittelt über eine in sämtlichen hohen Gerichtshöfen des Landes vorhandene jansenistische Fraktion, wurde zum Ferment der spannungsgeladenen Beziehungen zwischen der Monarchie und ihren Gerichtsinstitutionen, die seit den 1760er Jahren schließlich zur völligen Unterminierung der monarchischen Autorität führten. Das Königtum setzte im Jansenismusstreit zwar die Interessen der staatlichen Gewalt gegenüber dem eigenen Klerus und seinen Anhängern in den staatlichen Institutionen durch; doch es bewirkte damit allenfalls vorübergehende, äußerliche Ruhe, keinesfalls Zustimmung und, auf Dauer gesehen, einen gravierenden Legitimationsverlust.

Brandenburg-Preußen

Das dritte Beispiel ist das brandenburgisch-preußische, und es zeigt den immensen Vorteil, den protestantische Herrscher aus der Tatsache zu ziehen vermochten, dass für sie keine geistliche Autorität außerhalb ihres Territoriums mehr gegeben war. Im Jahr 1613 konvertierte Kurfürst Johann Sigismund (1608–1620) vom Luthertum zum Calvinismus. Über seine Gründe gibt es bis heute keine einheitliche Auffassung; wurde früher gern auf dynastische und außenpolitische Motive verwiesen – die Erwerbung Kleves stand bevor, dort lebten nicht wenige Calvinisten, außerdem standen die Hohenzollern im 17. Jahrhundert in einem engen Verhältnis zu den niederländischen Oraniern –, so werden heute auch wieder sehr persönliche Gründe genannt. Der Kurfürst hat sich offenbar intensiv mit den Glaubensinhalten der Konfessionen befasst und den Schritt, wie manch anderer auch in dieser Zeit, da die calvinistische »Bewegungspartei« in Deutschland erhebliche Attraktivität besaß, sehr bewusst aus theologischen Gründen getan. Wie dem auch immer sei, die kirchenpolitischen Folgen dieser Entscheidung waren immens, sie sahen aber anders aus, als sie, dem *Cuis regio, eius religio*-Grundsatz des Augsburger Religionsfriedens von 1555 entsprechend, hätten aussehen müssen und zeitweise vom Kurfürsten auch geplant waren. Die Bevölkerungen der lutherischen Staaten des brandenburgisch-preußischen Staatenkonglomerats vollzogen die Konversion nicht mit. Sie blieben, was sie waren, so dass in diesem Staat unter den Nachfolgern Johann Sigismunds, vor allem unter dem Großen Kurfürsten, allmählich ein konfessioneller Pluralismus heranwuchs. Der Kurfürst war *Summus Episcopus*, er repräsentierte aber nicht die Mehrheitskonfession und konnte schon aus diesem Grund seinen Auftrag nicht mehr im Sinne einer episkopalistischen, sondern nur noch einer territorialistischen Amtsauffassung erblicken. Er war Landesherr und oberster Kirchenherr und konnte, von äußeren Einflüssen so gut wie völlig ungestört, darauf achten, dass keine der Kirchen eine dem Staat schädliche Position gewann. Dies war eine der historischen Voraussetzungen für die brandenburgisch-preußische Version von Toleranz, die den in das Land einwandernden Sozinianern und Hugenotten des 17. und den schlesischen Katholiken des 18. Jahrhundert zugute kam. Auch auf das Arrangement dieses Staates mit der innerhalb des Protestantismus neu entstehenden Strömung des Pietismus unter Friedrich

I. und Friedrich Wilhelm I. wirkte sich diese Stellung des Königs hilfreich aus. Solche Akte staatlich indizierter Toleranz beruhten auf einer deutlichen Unterordnung der Kirche unter den Staat, die die Kirche in Brandenburg-Preußen schließlich zu einer Kirche »im Schatten des Staates« (Rudolf von Thadden) werden ließ.

Im Hinblick auf unser Thema »Absolutismus« erweist sich damit die Stellung der Kirche im frühneuzeitlichen dynastischen Fürstenstaat als ein durchaus bedenkenswertes, relevantes Thema. Blicken wir auf die katholischen Führungsmächte des Dreißigjährigen Kriegs, so lässt sich nicht übersehen, dass hier eine deutliche Stärkung der Monarchie in Richtung auf die »thèse royale«, ja auf die absolute Monarchie stattfand. Von den spanischen Monarchen einmal abgesehen, verkörperten Ferdinand II. für die österreichischen Länder und Maximilian I. für Bayern wie kaum ein anderer Herrscher in dieser Epoche den neuen Typus des machtbewussten und zielstrebigen Glaubenseiferers, für den die Rettung und Förderung des alten Glaubens notwendigerweise verbunden war mit einer Stärkung der staatlichen Substanz in ihren Territorien. Bemerkenswerterweise kamen nach Beendigung des Großen Kriegs und im weiteren Verlauf des 17. Jahrhunderts protestantische Potentaten diesem Typus zwar nicht vom Erscheinungsbild, aber vom Ergebnis her am nächsten, ja übertrafen ihn sogar noch durch die geistliche Oberstellung, die sie in ihren Territorien zu erringen wussten. Bedenkt man zudem, wie sehr protestantischen Fürsten durch den Prozess der Enteignung und Übernahme von Kirchengut begünstigt worden waren, so drängt sich förmlich der Eindruck auf, dass »Absolutismus« im Sinne des alten Paradigmas möglicherweise nirgendwo besser verwirklicht wurde als im Verhältnis zwischen den Staaten und den Kirchen. Eine Ausnahme bzw. einen eingeschränkten Befund bietet erneut – Frankreich! Zwar hatte Frankreich sein Verhältnis zu Rom lange vor Beginn der Konfessionskämpfe auf eine äußerst befriedigende Basis stellen können, zwar wurde es im Verlauf des Konfessionskampfes unter Zuhilfenahme der neuen Staats- und Herrscherauffassungen auch des Hugenottenproblems Herr, doch eine den protestantischen »höchsten Bischöfen« vergleichbare Stellung als Herr der Kirche erreichte der französische König nie. Im Gegenteil: Nehmen wir die neuen Forschungen zum Jansenismus in Frankreich ernst, dann grub sich das französische Königtum mit seiner konsequenten Weigerung, die katholische Frömmigkeitsbewegung in seinen Staat zu integrieren, zumindest ein Teil des Grabes, in das es dann am Ende des 18. Jahrhunderts steigen musste.

Bibliographische Hinweise

Vergleichende europäische Kirchengeschichte im Hinblick auf das Verhältnis von Staat und Kirche, gar noch über Konfessionsgrenzen hinweg, wird leider sehr wenig betrieben, so dass auch in diesem Kapitel das Bild aus Einzelstudien zusammengesetzt werden muss. Für das alte Reich und darüber hinausgehende Fragestellungen vgl. immerhin Schilling (1988, 1989). Zu Frankreich sind sämtliche Arbeiten von großer Bedeutung, die in letzter Zeit erneut das Jansenismusproblem für die Entwicklung dieser Nation in der Frühen Neuzeit zu ergründen versuchen. Vgl. dazu das eindringliche neue Buch von Van Kley (1996), in dem sich auch eine Fülle von wichtigen Literatur- und Quellenhinweisen findet. Der Titel dieses Buchs, »The religious Origins of the French Revolution«, ist revisionistisches Programm, mit seinem Beginn bei Calvin und seinem gründlichen Blick auf die gesamte Religions- und Kirchengeschichte des französischen Ancien Régime weist es jedoch jeglichen Verdacht auf die bloße Vertretung einer neuen, modischen These zurück. Zum Jansenismus allgemein immer noch wichtig Tavenaux (1965), heute allerdings vor allem Maire (1998); zur Bedeutung des Jansenismus für die Opposition des Pariser Parlaments im 18. Jahrhundert jetzt Rogister (1996). Zu Brandenburg-Preußen immer noch von großer Bedeutung die älteren Betrachtungen von Hintze (in E. Hinrichs 1986) und C. Hinrichs (1971). Vgl. auch Thadden (in Puhle/Wehler 1986).

IV. Ein Begriff und seine historische Wirklichkeit

Versuchen wir zum Abschluss, die vorangehenden Argumentationen noch einmal zu überblicken und aus ihnen einige zusammenfassende Schlüsse zu ziehen. Im Grunde gab es drei unterschiedliche, eng miteinander verknüpfte, aber keinesfalls identische Sprechweisen, wenn Historiker in den letzten hundertfünfzig Jahren von »Absolutismus« sprachen oder die Adjektive »absolut« bzw. »absolutistisch« benutzten. Die erste, engste bezog sich auf jene fürstlichen Regime des späten 16., des 17. und 18. Jahrhunderts, die nach Auffassung der Historiker in dieser Epoche ihren Charakter veränderten, aus der Kooperation mit ihren Ständen, und das heißt vor allem: mit dem Adel, heraustraten und von da an, ohne die Stände förmlich »abzuschaffen«, im Wesentlichen aus eigener Macht und Stärke heraus regierten und handelten. Der zweite Sprachgebrauch ging von der historischen Realität des späten 18. und frühen 19. Jahrhunderts aus und bezeichnete die in dieser Zeit unmodern werdenden Regime, die eine politische Partizipation ständischer oder frühparlamentarischer Provenienz verweigerten; er verschaffte aus dieser Perspektive der gesamten vorangehenden Epoche des 17. und 18. Jahrhunderts ein negatives »Image«. Als drittes setzte sich schließlich ein systematischer, politisch-soziologischer Begriffsgebrauch durch, der »Absolutismus« als ein umfassendes Regierungssystem mit tiefgreifenden Auswirkungen auf die gesamte, von einem absoluten Monarchen beherrschte Gesellschaft begriff; er war wesentlich für die Konstituierung einer Epoche des »Absolutismus« verantwortlich und bildet das eigentliche Problem, wenn es gegenwärtig um eine Neubesinnung auf die historische Erscheinung des Absolutismus geht. In besonders konsequenten, in sich geschlossenen Epochendarstellungen, wie sie im Anschluss an die ältere deutsche Absolutismusdeutung zum Beispiel Johannes Kunisch vorgelegt hat, reicht Absolutismus weit über das reine Regierungsgeschehen hinaus und findet seine Parallele in den allgemeinen Tendenzen des Zeitalters, so dass es Aufgabe der Epochendarstellung wird, »den absoluten Fürstenstaat in seiner rechtlichen, gesellschaftlichen und institutionellen Verfasstheit als eine Erscheinungsform darzustellen, die das Zeitalter der Vernunft und Geometrie in spezifischer Weise charakterisiert.«

Es kann kein Zweifel daran bestehen, dass es Absolutismus in allen drei Formen gegeben hat. Wenn in Dänemark 1665 der hochadelige Reichsrat seiner bisherigen Kompetenzen regelrecht entkleidet und dem König von den Ständen »aus eignem freien Willen und vorbedachtem Rathe allerunterthaenigst« »das Erbrecht in diesen Unseren Koenigreichen Daenemark und Norwegen, mit allen Jura Majestatis, absoluter Macht, der Souverainitaet und allen Koeniglichen Herrlichkeiten und Regalien, ungezwungen und ohne irgend Unsere Anreizung, Anmuthung oder Begehrung« angetragen wurde, so lässt sich eine solche Entscheidung in ihrer Konsequenz für die folgende, mehrhundertjährige Geschichte Dänemarks nicht leugnen. Dass sich politisch sensible Engländer des frühen 17. Jahrhunderts, wenn sie das Vorgehen Jacobs I., vor allem aber Karls I. und seines Erzbischofs beobachteten, auf dem Weg zur »absoluten« Monarchie und damit zur Abschaffung der vom Parlament errungenen Rechte wähnten und dass sie dafür perhorreszierte Vorbilder im zeitgenössischen Frankreich Heinrichs IV. und Richelieus sahen, ist gleichfalls evident und hatte gravierende politische Konsequenzen – die beharrliche Weigerung großer Teile der englischen Führungsschichten nämlich, den Weg der Stuarts mitzugehen. Diese Weigerung und die ihr folgenden Revolutionen des 17. Jahrhunderts sorgten dafür, dass »Absolutismus« in England fortan dauerhaft als eine dem englischen Wesen fremde Erscheinung wahrgenommen wurde. Dass eine Dynastie wie die Hohenzollern schließlich, als Kurfürsten von Brandenburg im 16. und frühen 17. Jahrhundert ein Reichsstand unter anderen, seit der Mitte des 17. Jahrhunderts über ihrem zerklüfteten Länderkonglomerat einen zwar nicht großen, aber effektiven bürokratisch-militärischen Apparat errichteten, der von nun an das Muster eines absolutistischen Verwaltungsstaates abgab, lässt sich auch heute nicht als bloßes Hirngespinst etatistischer Preußenhistoriker abtun.

Für alle drei Begriffskreise gilt jedoch auch, dass sie, indem sie von »Absolutismus« sprechen, politisch-staatliche Teilwirklichkeiten zu einer umfassenden Realität stilisieren, die es so in der Vergangenheit nicht oder allenfalls vorübergehend gegeben hat. Ein Beleg dazu aus dem »fürstlich-ständischen« Begriffsfeld: Es ist kein Zufall, dass in seinem Sinne eigentlich nur der kleine Staat Dänemark, vorübergehend auch Schweden und einige kleinere deutsche Reichsstände Absolutismus verwirklicht haben. Bis zum Verfassungswandel in Dänemark in der Mitte des 17. Jahrhunderts ruhte dieser Staat auf einem relativ ausgeglichenen Verhältnis von hochadeligem Reichsrat und Wahlmonarchie, das sich mit dem förmlichen, in den Quellen tatsächlich auftauchenden Verfassungsbegriff der »monarchia mixta« bezeichnen ließe. Viele Epochendarstellungen erwecken jedoch den Eindruck, als sei diese »monarchia mixta« nicht nur für die kleineren Staaten Skandinaviens und des Reichs kennzeichnend gewesen, sondern für das ganze fürstliche Europa des 16. und frühen 17. Jahrhunderts, bevor dann die Epoche des Absolutismus diesen allgemeineuropäischen Verfassungszustand beendete. Blickt man nun aber auf die größte europäische Monarchie, die französische, dann wird man mit dieser Verlaufsvorstellung »von der monarchia mixta zur absoluten Monarchie« kaum etwas anfangen können. Frankreich war vor dem 17. Jahrhundert niemals eine »monarchia mixta«, und es wurde im 17. und 18. Jahrhundert nicht in jenem Ausmaß zu einer absoluten Monarchie, das die Modellvorstellung vom Verfassungswandel suggeriert. Es gibt in der gesamten Verfassungsgeschichte des französischen Ancien Régime keinen Text, der in einer auch nur entfernt mit der dänischen Lex Regia vergleichbaren Art und Weise die »absolute« Monarchie zur Verfassung des Landes erklärt. Mit Frankreich aber, der hegemonialen Großmacht der Epoche, bricht ein zentrales Element für eine Absolutismusinterpretation im Sinne dieses Begriffskreises zusammen.

Zum zweiten Begriffskreis: Es war verständlich und einsehbar, wenn »konstitutionell« denkende Betrachter des beginnenden 19. Jahrhunderts autoritäre Regime ihrer Zeit oder des ausgehenden 18. Jahrhunderts mit dem Absolutismusverdikt belegten. Weit weniger überzeugend war es, wenn sie ihre zeitgebundene Sichtweise zur Grundlage einer Interpretation der gesamten vorhergehenden Epoche machten – auch jener langen Zeiträume also, in denen »konstitutionelle« Vorstellungen gar nicht oder allenfalls in nuce oder regional verbreitet waren. Dass die Engländer auf ihrer Insel im Verlauf des 17. Jahrhunderts allmählich begriffen, welche Bedeutung für sie die Bändigung der Monarchie durch ein mit erheblichen Rechten ausgestattetes Parlament hatte, hieß noch nicht, dass damit eine auch für alle übrigen Fürstenstaaten gültige Modellentwicklung gegeben war. Erst im Zeitalter der Französischen Revolution und im frühen 19. Jahrhundert wurde die Zeit reif für eine gewisse Anziehungskraft der englischen Entwicklung auch auf dem europäischen Festland.

Schließlich zum dritten Begriffsgebrauch: Dass die »Staatsapparate« seit dem 16. Jahrhundert überall in Europa anschwollen und damit die Möglichkeiten staatlichen Handelns gegenüber Einzelnen, Gruppen und Ständen wuchsen, ist unbestreitbar. Doch von der Frage ganz abgesehen, ob das nur in den so genannten »absoluten« Monarchien der Fall war, muss auch gefragt werden, ob ein solcher Prozess ausschließlich und gleichsam zwangsläufig der Handlungskraft der Monarchen zugute kam. Das preußische Beispiel im 18. Jahrhundert könnte darauf hindeuten, solange wir uns, wie es viele Historiker getan haben, darauf beschränken, preußische Machtpolitik im 18. Jahrhundert zu analysieren. Betrachten wir jedoch den Gesamtstaat bzw. das »Gesamtsystem« Preußen, so stellte es eine beträchtliche Verkürzung dar, wollten wir es nur von der Staatsspitze, nur von den Monarchen aus beurteilen. Mochten die Ständeversammlungen als Institutionen auch weitgehend oder völlig in den Hintergrund getreten sein, der preußische Adel als sozialer Stand war es keinesfalls. Von seiner gutsherrschaftlichen Führungsstellung insbesondere in den Alt- oder Kernprovinzen dieses unförmigen Staatsgebildes ausgehend, wurde er spätestens seit dem ersten Drittel des 18. Jahrhunderts in dieses Staatswesen integriert und entwickelte sich dabei zum zentralen Bestandteil jenes berühmten Herrschaftskompromisses, der die Funktionsfähigkeit dieses Staatswesens sicherte.

Funktional vergleichbar lagen die Dinge in Frankreich, wenn auch die sozialen Voraussetzungen ganz andere waren. Auch in Frankreich gab es seit Ludwig XIV. so etwas wie einen Herrschaftskompromiss, er umfasste auch den Adel, griff jedoch weit über diesen hinaus. Er war nicht Ergebnis einer einzigen politischen Entwicklung bzw. Auseinandersetzung, zum Beispiel zwischen König und Adel, sondern Konsequenz der langjährigen Finanzpolitik der Krone, welche die Führungsschichten des Landes mittels eines hochkomplexen Verschuldungssystems an sich band. Der hohe Klerus, der hohe und mittlere Adel, das breite »käufliche« Beamtentum, das hohe und mittlere Bürgertum, selbst das wohlhabende Bauerntum hatten Teil an diesem Kompromiss, der im Großen und Ganzen zwischen 1660 und 1770 »funktionierte«. Über den Verschuldungsmechanismus wurde dieser Teil der französischen Bevölkerung – ihre veritablen »Führungsschichten« – an die Krone gebunden, die sich zwar gelegentlich sehr *absolut* gab, es sich aber nicht erlauben konnte, auch durchgängig *absolutistisch* zu regieren.

Es ist merkwürdig, aber es gibt für diese Sichtweise der europäischen, vor allem der französischen Geschichte im »Zeitalter des Absolutismus« seit langem eine vielzitierte Analyse, die jedoch kaum wirklich rezipiert wurde. In jenen Kapiteln seines Hauptwerks »Über den Prozess der Zivilisation«, in denen sich Norbert Elias zur »Soziogenese des Staates« äußert, ist, wenn auch in einer stark synkretistischen, gelegentlich unübersichtlich werdenden Gesamtschau der Epochen, dem erst in jüngster Zeit intensiv erforschten Verschuldungsmechanismus weniger Aufmerksamkeit schenkend als dem berühmten »Königsmechanismus« und dem Mechanismus der kontinuierlichen »Monopolbildung«, eine vergleichbare Sicht der Dinge angelegt. Der Soziologe Elias hat den meisten Analysen von Historikern voraus, dass er das sich entfaltende Herrschaftssystem der Monarchie und ihr Herrschaftsobjekt – die Gesellschaft in ihrer historischen

Gestalt der Stände, vor allem des Adels – unablässig zusammensieht und schon aus diesem Grunde Schwierigkeiten mit dem Begriff »Absolutismus« hat, den er daher auch nur in einem sehr konventionellen Sinne und mehr am Rande benutzt. Auch aus der Sicht von Elias gelang es der »absoluten« Monarchie in Frankreich niemals, in einer dem Absolutismusparadigma entsprechenden Weise frei von gesellschaftlichen Bedingtheiten zu agieren:

»Wenn auch die persönliche Verfügungsgewalt des Königs über die monopolisierten Chancen [...] groß ist, sie ist alles andere als unumschränkt. Im Aufbau dieser relativ privaten Monopolgewalt zeichnen sich bereits ganz unzweideutig die Strukturelemente ab, die schließlich dazu führen, dass aus dieser persönlichen Verfügung eines Einzelnen über Monopole mehr und mehr eine öffentliche Verfügung, eine Verfügung unter der Kontrolle immer weiterer Teile des arbeitsteiligen Ganzen wird. Für Ludwig XIV. gilt in der Tat bis zu einem gewissen Grad das Wort: ›L'Etat c'est moi‹, er mag es selbst ausgesprochen haben oder nicht: Institutionell hat die Monopolorganisation noch in beträchtlichem Maße den Charakter eines persönlichen Besitztums. Funktionell aber ist die Abhängigkeit des Monopolherrn von den anderen Schichten, von dem funktionsteiligen Ganzen der Gesellschaft bereits außerordentlich stark, und diese funktionelle Abhängigkeit ist überdies beständig im Wachsen, je weiter die Handels- und Geldverflechtung der Gesellschaft fortschreitet. Nur die besondere Situation der Gesellschaft, nur das eigentümliche Spannungsgleichgewicht zwischen den aufsteigenden bürgerlichen und den schwächer werdenden Adelsgruppen, dann zwischen den vielen großen und kleinen Gruppen des Landes überhaupt, gibt dem Zentralherrn seinen gewaltigen Verfügungs- und Entscheidungsspielraum. Die größere Unabhängigkeit, mit der ehemals die Könige über ihren Guts- und Domänenbesitz verfügten, Ausdruck der geringeren gesellschaftlichen Verflechtung, ist verschwunden. Das gewaltige Menschengeflecht, über das Ludwig XIV. herrscht, hat seine Gesetzlichkeit und sein eigenes Schwergewicht, denen er sich fügen muss; es kostet eine gewaltige Anspannung, eine starke Selbstbeherrschung, das Gleichgewicht der Menschen und Gruppen in diesem Geflecht zu erhalten und, auf den Spannungen spielend, das Ganze zu steuern.« (Norbert Elias)

Diese Sicht verdient um so mehr Aufmerksamkeit, als es beim europäischen Fürstentum der Frühen Neuzeit, bei seinem glanzvollsten Protagonisten, Ludwig XIV., nicht weniger als bei August dem Starken, bei Gustav Adolf von Schweden und seinen Nachfolgern nicht weniger als beim Großen Kurfürsten von Brandenburg, nicht in erster Linie um Herrschaft nach innen, sondern um den Mächtekampf nach außen ging. Dem historiographischen Begriff »Absolutismus« als Bezeichnung für ein politisches System ist seit seiner Entstehung im frühen 19. Jahrhundert eine eminent nach innen gerichtete Komponente eigentümlich, ging es den Historikern, die ihn benutzten, doch in erster Linie um die Machtbeziehungen zwischen dem Herrscher und »seinen« Untertanen. Die Herrschaftsrealität der europäischen Monarchie der Frühen Neuzeit war, von der Epoche der Religions- und Bürgerkriege einmal abgesehen, jedoch auf eine ganz massive Weise von den äußeren Verhältnissen bestimmt, vor allem in jenen Staaten, die aktiv in der europäischen Mächtekonkurrenz standen. Jean Bodin, an sich ein Theoretiker der inneren Machtbeziehungen, hat davon viel gespürt, als er seinen Souveränitätsbegriff mit den beiden ihm inhärenten Komponenten, der inneren und der äußeren, entwickelte. Mehrfach wurde in unserem Text auf die im Hinblick auf das Absolutismusproblem bedeutsame Unterscheidung zwischen den großen und kleinen Monarchien hingewiesen mit dem Ergebnis, dass letztlich kleine, ressourcen- und menschenarme Staaten wie Dänemark, wenn sie denn monarchisch organisiert waren, mehr Absolutismus verwirklicht haben als ihre größeren Nachbarn. Der Grund dafür lag in ihrer relativen Ferne zu den Problemen des europäischen Mächtekampfes, die ihnen ein Handeln nach innen ermöglichte. Dänemark musste erst seine berühmte Abwendung vom europäischen Mächtekampf nach seiner Niederlage im Dreißigjährigen Krieg vollziehen, bevor es zur absoluten Monarchie wurde. Die mittleren und großen Monarchien dagegen, allen voran das Frankreich Ludwigs XIV. mit seinem Streben nach europäischer Hegemonie, stellten über weite Strecken des 17. und 18. Jahrhunderts ihr Handeln völlig auf den Mächtekampf ein, folgten förmlich einem von Prestige und Ruhm *(gloire)* diktierten Primat der Außen- oder besser der Machtpolitik und richteten auch ihre inneren Verhältnisse darauf ein. Mit anderen Worten: Absolutismus

15 Friedrich I. von Brandenburg-Preußen, August der Starke und Friedrich IV. von Dänemark, Gemälde von Samuel Theodor Gericke, um 1709.

Die Epoche des europäischen Mächtesystems des 17. und 18. Jahrhunderts und seiner Wandlungen war gekennzeichnet durch ein nahezu ununterbrochenes Justieren und Austarieren der europäischen Kräfteverhältnisse. Außenpolitik war somit das zentrale Alltagsgeschäft der Fürstenstaaten, das heißt: Sie führten Krieg, schlossen Frieden und schmiedeten Bündnisse. Vor allem für kleine Staaten wie Brandenburg-Preußen, die gleichwohl Ansprüche stellten, wurde Bündnispolitik zur Essenz ihres staatlich-politischen Lebens. Das vorliegende Gemälde aus dem Charlottenburger Schloss – eine Kopie ist in dem jüngst restaurierten Caputher Schlösschen zu sehen – beleuchtet eine Episode aus den Bündnisbemühungen von drei benachbarten Mittelstaaten gegen eine Großmacht, das Schwedische Königreich unter Karl XII.

(im Inneren) war für sie eine abhängige Variable der Souveränität (nach außen) und insofern kein an und für sich gegebenes Herrschaftsziel.

Es gibt dafür kein besseres Zeugnis als die oft interpretierten Selbstzeugnisse der europäischen Monarchen und Minister, die berühmten »Politischen Testamente« bzw. »Memoiren«. Selbstverständlich spielen die inneren Verhältnisse in diesen an die voraussichtlichen Nachfolger gerichteten Texten eine große Rolle, doch in erster Linie mit dem Blick auf die Quantität und Qualität der Ressourcen und damit auf die Frage, in welchem Ausmaß ein Fürst in der Lage war, mit diesem Staatswesen in der europäischen Mächtekonkurrenz zu bestehen. Selbstverständlich gibt es in diesen Texten eine Fülle von Ratschlägen an die Nachfolger zu Fragen der Herrschaftsweise und Regierungstechnik, die, wenn wir aus ihnen ein Bild des handelnden Fürsten erstellen, einen ungebundenen, »absoluten«, sich seiner *maiestas* in jeder Weise bewussten Herrscher zeigen. Doch die zentrale Argumentationsrichtung dieser Texte ist eine andere: nicht eine möglichst große Handlungsfreiheit nach innen, sondern ein möglichst großes Wirkungs- und Handlungspotenzial nach außen.

Also keine Epoche des Absolutismus? Nur einige, zeitlich befristete »absolute« Monarchien, vor allem in den kleineren Staaten? Nur einige Phasen im Prozess der Ausbildung größerer Flächenstaaten, in denen ein besonders »autoritäres« Handeln und Argumentieren von Seiten einiger europäischer Monarchien in der Auseinandersetzung mit dem rebellischen Adel, mit religiösen Nonkonformisten, mit revoltierenden Beamtenkorporationen und nicht selten auch mit Aufständischen aus dem »Volk« nötig war? In der neueren Frühneuzeitforschung, vor allem in den Epochenübersichten, wie sie in England regelmäßig vorgelegt werden, wächst die Tendenz, in dieser Weise zu argumentieren. Absolutismus, so wenig selbst pragmatische englische Historiker auf diesen Begriff verzichten, ist keinesfalls das überragende Kennzeichen der Epoche, sondern eine Tendenz unter vielen anderen. Zum Beleg mag ein Blick auf die zur Zeit beste englische »Weltgeschichte« und ihre Beiträge zur europäischen Frühneuzeit dienen: In der »Short Oxford History of the Modern

World« fasst der Frankreichkenner Richard Bonney den ersten Teil der Frühen Neuzeit (1494–1660) unter dem Titel »The European Dynastic States« zusammen, während der folgende Band von William Doyle, gleichfalls ein Spezialist des französischen Ancien Régime, den Titel »The Old European Order« (1660–1800) trägt. Das ist gewiss keine besonders gut aufeinander abgestimmte Titelgebung, da die Ausbildung einer »alteuropäischen« Ordnung lange vor 1660 einsetzt und der dynastische Fürstenstaat auch im 18. Jahrhundert noch vorhanden ist. Gemeinsam ist den Bänden jedoch die Reduktion des Absolutismusphänomens. Bonneys Band enthält zwar, insgesamt ein wenig irreführend, ein Unterkapitel mit dem Titel »The Rise of the European Absolutism«, doch handelt er hier, weit über diesen Titel hinausgehend, all jene Themen ab, die auf den »modernen Staat« als solchen zielen: das politische Denken des 16. und frühen 17. Jahrhunderts, das Verhältnis von Herrschern und Ständen, die königlichen Verwaltungssysteme, die »militärische« und die »finanzielle« Revolution. Und Doyle, dessen Text vor dem Bonneys entstand, geht noch einen Schritt weiter und sieht für seine Epoche, das klassische Zeitalter des europäischen Absolutismus, überhaupt keine entsprechende Titelgebung mehr vor, sondern nur noch ein Kapitel über »Staaten«, ihre »Geschäfte« und ihre »Maschinerie«. Doyle sieht mit den Augen Montesquieus, der in seiner Lehre von den Regierungsformen in Europa keine »absolute« Monarchie kannte, sondern nur das »gouvernement despotique« und die »gut geordneten Monarchien« *(des monarchies bien reglées),* zu deren Wesen das – bei Montesquieu nicht mehr institutionell, sondern soziologisch verstandene – enge Verhältnis von Monarchie und Adel gehörte. »Er [der Adel] geht gewissermaßen in das Wesen der Monarchie ein, deren Devise lautet: kein Monarch, kein Adel; kein Adel, kein Monarch, sondern ein Despot.« (De l'Esprit des Lois, II, 4)

Damit scheinen die Voraussetzungen für eine neue Charakterisierung und eine angemessene Periodisierung der Epoche gegeben: Die sich entfaltende europäische Staatenwelt des späten Mittelalters war der monarchischen Herrschaftsform überall günstig. Das lag einerseits an den schon im Mittelalter gegebenen Vorbildern und Vorläufern – dem

Kaisertum, den nationalen Königtümern Frankreichs, Englands, Spaniens, aber auch Ungarns, Polens und Skandinaviens. Es lag andererseits daran, dass im Zuge des Staatenwettbewerbs, wie er sich innerhalb des Staatensystems entwickelte, Monarchien besser als andere Staatsformen in der Lage waren, Machtmittel zu mobilisieren und auf kriegerische Zwecke hin auszurichten. Dabei darf nicht übersehen werden, dass Monarchie – »Einherrschaft« – zur Kennzeichnung dessen, was an der Spitze dieser Staaten geschah, ein problematischer Begriff ist. Hinter jedem monarchischen Regiment, so schwach es in seiner individuellen Ausprägung auch sein konnte, stand die gebündelte Kraft der Dynastie, welche die Machtchance einer gegebenen Herrschaft auf möglichst lange Zeit für sich zu bewahren versuchte.

Die Herrschaftsdynastien waren das überragende Kennzeichen der staatlichen Wirklichkeit Europas im 16., 17. und – abgeschwächt – auch noch im 18. Jahrhundert. Mit ihrer Hilfe brachte sich das monarchische Prinzip selbst dort massiv zur Geltung, wo es nicht gelang, die jeweilige Thronfolge durch eine Erbfolgeordnung zu sichern. Die Dynastien schienen am besten geeignet, das herzustellen, was die sich vergrößernden Flächenstaaten seit ihrer Ausbildung im späten Mittelalter und im 16. Jahrhundert benötigten: Herrschaftskontinuität. Sie wirkten nicht nur nach innen, sondern auch nach außen. Der Beginn der europäischen Mächtekonkurrenz wurde durch sie bestimmt. Das sich entfaltende »Staatensystem« war zunächst ein System einander befehdender Dynastien, bevor es im Verlauf des 17. und 18. Jahrhunderts zu einem System miteinander konkurrierender Staaten und – später – auch Nationen wurde. Weithin sichtbare Repräsentanten dieser Dynastien waren ihre »Oberhäupter«, die auf den verschiedensten Wegen an die Macht kamen: Sie wurden gewählt, »bestimmt« oder durch regelrechte Erbschaft eingesetzt, sie waren Männer oder Frauen, je nachdem, wie es das jeweilige Hausgesetz der Dynastie oder die von ihr geübte Praxis vorsah.

Wie diese Fürsten oder Fürstinnen ihr Amt ausübten, welche Formen von Staatlichkeit sie durchsetzten, wie »absolut«, das heißt »unumschränkt« sie jeweils regierten –

das hing von den in ihren Ländern herrschenden institutionellen und sozialen Umständen und von der Zeit ab. Alle europäischen Monarchien vergrößerten seit dem 16. Jahrhundert den »Staatsapparat« und brachten damit zwangsläufig mehr Staat ins Spiel, als bis dahin bekannt gewesen war. Alle Monarchien blieben zugleich aber in hohem Maße auf Kooperation mit den gegebenen gesellschaftlichen Kräften angewiesen – den Ständen und ihren Ausschüssen in allen vorstellbaren Formen und Zusammensetzungen, den Amtsträgern älteren oder neueren Stils, den sich gelegentlich noch recht »feudal« gebenden Gouverneuren, die in Wirklichkeit aber für den Fürstenstaat instrumentalisiert wurden, den in- und ausländischen Finanzfachleuten, den Bankiers und Hoffaktoren, die ihre Anleihen zeichneten bzw. weitere Interessenten dafür suchten und ihnen auch sonst manchen wertvollen Dienst leisteten. Wo ständische Versammlungen (oder ihre Ausschüsse) stark waren und gegenüber der Krone stark zu bleiben verstanden, okkupierten sie die Formen dieser Kooperation, so gut sie konnten. Die englische Entwicklung ist dafür das weitestgehende Beispiel, ohne dass England etwas vollkommen anderes geworden wäre als ein dynastischer Fürstenstaat. Wo das nicht der Fall war, traten andere Formen der Kooperation ein, die nicht unbedingt dasselbe Maß von Institutionalisierung erreichen mussten, wie es formalisierte Ständeversammlungen taten. In kleineren Monarchien wie Dänemark und Schweden lassen sich diese Formen der Kooperation zu bestimmten Zeiten sehr genau im Sinne eines politischen Deals beschreiben – in Dänemark zum Beispiel zwischen Krone und Kopenhagener Bürgertum vor und während der Durchsetzung des Königgesetzes, in Schweden zwischen Krone, niederem Adel und Bauerntum vor der Begründung des Absolutismus in den achtziger Jahren des 17. Jahrhunderts. In großen Staaten wie Frankreich konnte diese »Kooperation« sehr offen zutage liegende und vom König demonstrativ zur Schau gestellte Formen annehmen wie etwa bei der »Domestizierung« des Adels in Versailles; sie konnte sich aber auch auf sehr verdeckte, unübersichtliche, jedoch nicht weniger wirkungsvolle Weise abspielen, wie dies bei dem großen

Geschäft des Vermögenstransfers von den wohlhabenden Untertanen auf den König auf dem Wege der Verschuldung geschah.

Diese gegenwärtig vor allem von angelsächsischen Historikern vertretene These einer relativ engen Kooperation zwischen Herrschern und Beherrschten sollte freilich nicht in einem allzu formal-rechtlichen Sinn missverstanden werden. Es ist eine funktionale Vorstellung, die ihre Herkunft aus der Denkwelt der Systemtheorie nicht verleugnet und darauf abzielt, systemische Übereinstimmungen auch dort zu konstatieren, wo die Sprache der Quellen solche nicht anzeigt, sondern, im Gegenteil, auf Konflikte hinweist. Es geht hier nicht oder nicht in erster Linie um »konstitutionell« festgelegte Verfahrensweisen auf beiden Seiten, zum Beispiel jene berühmten »Konsensgepflogenheiten« (Günter Birtsch) aus der Reichsgeschichte des späteren Mittelalters, als die *meliores et maiores terrae*, das heißt also die bedeutenden weltlichen und geistlichen Reichsfürsten, dem Kaisertum auf Dauer intensive Formen der Partizipation abzuringen wussten. Es ging vielmehr um Kompromisse, die durch die jeweilige gesellschaftliche Stärke (Norbert Elias) der Beteiligten erzwungen und nicht unbedingt in sinnfälligen, offen zutage liegenden Verhandlungsformen gefunden wurden. Ganz im Gegenteil: Eine solche Kooperation konnte auch in einem jahrelangen Ringen um »das letzte Wort« zum Ausdruck kommen, wie es zum Beispiel im 18. Jahrhundert bei den zum Teil heftigen Auseinandersetzungen zwischen der französischen Monarchie und den ihr gegenüberstehenden Personen, Gruppen und Institutionen in einer sich zunehmend differenzierenden Gesellschaft und den sie repräsentierenden Institutionen der Fall war. François Furet hat die französische Monarchie des Ancien Régime vor der großen Krise des späten 18. Jahrhunderts einmal sinngemäß das Steuerungszentrum Frankreichs genannt, um das herum der Hof und alle relevanten politisch-sozialen Kräfte gruppiert waren und das »funktionierte«, solange das Königtum die Kraft besaß, diese Rolle auszufüllen. Die Vorstellung des »Steuerungszentrums« ist mit der einer »Kooperation« gut vereinbar, wenn sie auch der Monarchie als die Kraft, die »steuert«, eindeutig ein Prä einräumt. Es ist dieses Prä, das nach den Vorstellungen Furets den ganzen Umfang dessen ausmachte, was wir im Blick auf Frankreich »absolute Monarchie« nennen, und es ist genau dieses Prä, das die Monarchie im Verlauf der vorrevolutionären Krise zwischen 1765 und 1791 Schritt für Schritt verlor.

Zweimal im Verlauf der Gesamtepoche vom späten 15. bis zum ausgehenden 18. Jahrhundert traten einige der europäischen Fürstenstaaten aus dem gegebenen Rahmen von Konsens und Kooperation heraus und verschärften den Verstaatlichungsprozess in ihrem Inneren in Richtung auf eine massivere Durchdringung des Untertanenverbandes mit der neuen Staatlichkeit. Zunächst, in der ersten Hälfte des 17. Jahrhunderts, im Zusammenhang mit den Religionskriegen und der internationalen Krise des Dreißigjährigen Kriegs. Die katholischen Mächte Europas – Österreich, Spanien und Frankreich – nutzen die Chance der Gegenreformation und des Kriegs, um, auf sehr unterschiedliche Weise und mit sehr unterschiedlichem Erfolg, die konfessionellen Verhältnisse in ihrem Inneren zugunsten der alten Kirche zu klären bzw. das hohe Maß an ständischen Freiheiten zurückzuschrauben, das im Zusammenhang mit den Religionskämpfen aufgebaut worden war. Im Reich schlossen sich katholische Reichsstände unter der Führung Bayerns dieser Politik an, während die skandinavischen Monarchen, zu internationalen Vorkämpfern des Luthertums avanciert, ihren hochadeligen Reichsräten alle Freiheiten lassen mussten, solange sie mehr als Heerführer im Reich denn als Könige zu Haus agierten.

Diese Epoche trägt in herkömmlichen Darstellungen und, wie gesagt, zuletzt noch bei Bonney, gern den Titel »Aufstieg des Absolutismus«. Doch weniger »Aufstieg« als vielmehr »Krise« war ihr besonderes Kennzeichen, nicht die Geburt eines neuen Systems war ihr Inhalt, sondern die Krise der im 16. Jahrhundert entwickelten Formen expansiver fürstlicher Verwaltung und fürstlich-ständischer Kooperation. Und an die Krise schloss sich nach dem Ende des Dreißigjährigen Kriegs und des harten Konfessionskampfes keine Epoche des »Absolutismus« an, die in Übersichtsdarstellung gelegentlich sogar »Hochabsolutismus« (in Fortsetzung des »Frühabsolutismus« und vor dem Einsetzen des

»Spätabsolutismus«) genannt wird. Vielmehr trat eine Zeit relativer Stabilität des dynastischen Fürstenstaats ein, die etwa von 1660 bis 1760 dauerte. In diesem Jahrhundert wurden herkömmliche Kooperationsformen zwischen den Fürsten und dem von ihnen beherrschten »Menschengeflecht« erneut aufgenommen und viele neue entwickelt und erprobt, vor allem in Frankreich, der kontinentalen Führungsmacht, in anderer Form jedoch auch in England. Aufs Ganze gesehen traten die inneren Probleme der Staaten zurück, die zwischenstaatlichen Beziehungen der europäischen Völkerfamilie (unter Einschluss des Ottomanischen Reichs) im Zeichen des europäischen Staatensystems dagegen in den Vordergrund.

Den zweiten großen Einschnitt in der Geschichte des dynastischen Fürstenstaats stellte die Epoche der Aufklärung dar. Sie war, sofern es um Staat und Verwaltung ging, auch und vor allem eine Bewegung zur stärkeren Durchsetzung von Staatlichkeit. Dort, wo die Kooperation auch im späten 18. Jahrhundert noch ganz auf den ständischen Konsensgepflogenheiten gründete – das Österreich Josephs II. ist dafür das berühmteste Beispiel – griff die Aufklärung mit ihren Reformen tiefer in das Beziehungsgeflecht von Herrscher und Beherrschten ein als andere Reformversuche je zuvor. Die Reformen Josephs II. waren die konsequentesten Schritte zur Herstellung einer modernen, direkten Form von Staatlichkeit in diesem Reich, das sich trotz aller äußeren politischen Erfolge der Dynastie im Inneren seit dem 17. Jahrhundert wenig verändert hatte. Von den Intentionen Josephs II. her erscheinen daher nach wie vor die Epochenbezeichnungen »aufgeklärter Absolutismus« bzw. »Reformabsolutismus« nicht ohne Sinn, wäre da nicht die offensichtliche Erfolglosigkeit seiner überstürzten Reformversuche gewesen. Friedrich II. von Preußen und Katharina II. von Russland agierten vorsichtiger, gingen nicht annähernd so weit und nutzten die Aufklärung mehr als Instrument der Herrschaftsbegründung und der Selbstdarstellung, denn als umfassenden Reformimpuls. Da auch Frankreich trotz aller hastig durchgeführter Reformversuche nach 1763 von den Intentionen seiner Regenten her kaum als Monarchie des Typs »aufgeklärter Absolutismus« bezeichnete werden kann, bleibt dieser Begriff als allgemeine Epochenbezeichnung daher durchaus problematisch.

Nicht in Frage steht jedoch, dass im Zuge der Aufklärung und der wirtschaftlichen und sozialen Veränderungen des späteren 18. Jahrhunderts die Epoche des dynastischen Fürstenstaat an ihr Ende kam. Weder das Gottesgnadentum noch die besondere Weihe der Dynastie reichten für die Herrschaftsbegründung der fürstlichen »Einherrschaft« mehr aus. Als die Ankläger des Konvents im Prozess gegen Ludwig XVI. diesen ironisch als »Bürger Capet« titulierten, wurde beides überaus deutlich. Und als nach dem Ende des revolutionären Zeitalters nach 1815 die großen Mächte Europas an die alten Traditionen anzuknüpfen versuchten, wurde das von kritischen liberalen Zeitgenossen als Skandal empfunden, für den sie dann auch einen Begriff fanden: Absolutismus.

Vor dem Hintergrund einer solchen Betrachtung bietet sich ein Periodisierungsbild der fürstenstaatlichen Epoche der europäischen Geschichte an, das folgendes Aussehen haben könnte:

- 1350–1500: Durchsetzung und Konsolidierung des frühneuzeitlichen Fürstenstaats.
- 1470–1560: Erste massive Bürokratisierungswelle des frühneuzeitlichen Fürstenstaats.
- 1560–1650: Der Fürstenstaat in der Krise. Versuche zur Etablierung absoluter Monarchien.
- 1650–1750: Etablierung des Fürstenstaats als schwerfälliges, aber funktionsfähiges Gesamtsystem, mit dem selbstzweckhaften Ruhm als Zentrum.
- 1750–1800: Aufgeklärter oder Reformabsolutismus.

Damit aber führt die Ausgangsfrage: Was ist geschehen mit dem Absolutismus? zu einer weiteren, bedeutsameren: Wie könnte eine zeitgemäße Politikgeschichte der Frühen Neuzeit im europäischen Vergleich aussehen? Zum Abschluss dieses Essays hierzu einige Überlegungen und Postulate:

Wir haben in der Frühen Neuzeit in Europa kein länderübergreifendes, dominantes politisches System vor uns, das sich gewissermaßen flächendeckend über die meisten Staaten Europas gelegt hat und hier wie dort nach denselben

Prinzipien funktionierte. Aus dem Urgrund der gemeinsamen lateinisch-christlichen Tradition, im 16. Jahrhundert durch die Reformation zwar erheblich verändert, modifiziert, nicht aber in Frage gestellt, ziehen die europäischen Monarchien ein gutes Stück ihrer Legitimation. Die Frage, wie es diesen Monarchien gelang, in ihrem jeweiligen Staatsgebiet Herrschaft zu errichten, das heißt Gehorsam zu erreichen, und, wenn es denn nötig wurde, Veränderungen, das heißt Reformen durchzuführen, kann jedoch nicht auf eine einheitliche, überall gültige Art und Weise beantwortet werden, wie es der Absolutismusbegriff zumindest suggeriert. Ohne Frage wachsen im Verlauf der Frühen Neuzeit Strukturen heran, die wir ex post als in die gleiche Richtung weisend in die Vorgeschichte des modernen Staates einzuordnen haben. Wer dies, wozu Nicholas Henshall neigt, leugnet, macht sich einer betont altertümelnden Betrachtungsweise verdächtig, aus der keine neue historische Erkenntnis erwächst. Solche Strukturen zum Beispiel in Gestalt von neuen Institutionen zu entdecken, erlaubt es uns aber noch nicht anzunehmen, dass sie damals so funktioniert haben, wie wir heute glauben, dass sie funktioniert haben müssten. Nicht nur, dass solche Institutionen entstanden, ist wichtig, sondern auch die Frage, wie sie gehandhabt, instrumentalisiert, verfügbar gemacht wurden, und zwar von allen Beteiligten, nicht nur von Königen oder Ministern, sondern auch von Familien, Clans, Gruppen, Ständen, Eliten, nicht nur von den »Herrschern« also, sondern auch von den »Beherrschten«.

Überhaupt gewinnt angesichts einer solchen Forschungslage die Elitenforschung wieder große Bedeutung – Elite im soziologischen Sinne verstanden. Solange die Vorstellung herrschte, die Hauptleistung des Absolutismus sei Nivellierung des Untertanenverbandes gewesen, konnte dieser Aspekt vernachlässigt werden; wenn jedoch klar ist, dass zum Beispiel Privilegierung, sogar extreme Privilegierung zum System gehörte, wird sogleich die Frage entscheidend, wer warum und zu welchen Bedingungen privilegiert wurde. Dann geht es nicht um Absolutismus, wohl aber um die sich absolut gebende Monarchie und um den Preis für ihre Bereitschaft, vom hohen Podest des Anspruchs herunterzutreten und gemeinsame Politik zu gestalten. Und es geht doch wohl auch schon früh, um 1650, nach dem Ende der Konfessionalisierung, um die Frage, ob nicht Herrscher und Beherrschte zusammenfinden konnten in etwas Gemeinsamen, dem Glanz der Monarchie, von dem es nicht mehr weit war hin zum Glanz der Nation. Unbezweifelbar, dass dies, was zum Beispiel Frankreich angeht, kein geeignetes Angebot war für *alle* Untertanen und dass somit »Opposition« ein dauerhaftes Strukturmerkmal der Epoche Ludwigs XIV. war und blieb. Kein Zweifel jedoch auch, dass damit im Vergleich zur vorangehenden Epoche mehr Ruhe erreicht und zeitweise sogar mehr Glanz entfaltet wurde.

So gibt die Absolutismus-Diskussion neue Gelegenheit, über die politischen Systeme der Frühen Neuzeit, vor allem über das weithin dominante - die Monarchie - neu nachzudenken. Denn soviel ist deutlich: Wenn wir den Absolutismus als umfassendes, epochenprägendes politisches System leugnen, heißt das nicht, dass wir damit auch die überragende verfassungsgeschichtliche Bedeutung der frühneuzeitlichen Monarchie negieren. Im Gegenteil: In gewisser Weise kann die Befreiung vom Absolutismus-Paradigma dazu beitragen, das frühneuzeitliche Königtum gleichsam von den Fesseln zu lösen, die es unter dem Einfluss des Absolutismus-Paradigmas ohne Frage getragen hat. Das Königtum Frankreichs, insbesondere auch Ludwig XIV. bieten dafür die besten Belege. Seine Selbstdeutung in Richtung auf die Vorstellungswelt »absolute Monarchie« ist eindeutig und unbezweifelbar, sein hohes Maß an Pragmatismus und Flexibilität darum um so bemerkenswerter.

Bibliographische Hinweise

Elias (Ausgabe Bern 1969), das Zitat Bd. 2, S. 277f.; Birtsch (1969), Furet (1978), die erwähnte Interpretation der französischen Monarchie vor allem S. 148 ff., Henshall (1993), E. Hinrichs (in Asch u. Duchhardt 1996), Kunisch (1986), das Zitat S. 19; das Zitat aus der Präambel des dänischen Königsgesetzes aus Olshausen (1838).

Nachwort

Das Buch geht auf eine lange, oftmals unterbrochene Beschäftigung mit dem Phänomen des europäischen Absolutismus zurück. Seine Anfänge liegen im Göttinger Max-Planck-Institut für Geschichte, in der von Dietrich Gerhard, später von Rudolf Vierhaus geleiteten Arbeitsgruppe zur Geschichte des Ständewesens und des Absolutismus. Gesprächen mit den Leitern der Arbeitsgruppe und mit Günter Birtsch und Hans-Christoph Schröder in den Jahren zwischen 1966 und 1970 verdanke ich viele Anregungen. Eine Phase intensiver Vertiefung trat durch die regelmäßige Reflexion auf den französischen »Fall« ein, von dem aus sich, vor allem auf der Grundlage der großartigen angelsächsischen Forschungen, immer mehr Skepsis gegenüber der traditionellen Absolutismusdeutung einstellte. In dieselbe Richtung wiesen unschätzbar wertvolle Gespräche mit Fernand Braudel und François Furet. Gelegenheit zur Überprüfung der Interpretation ergab sich durch Vorlesungen in Braunschweig und Oldenburg, bis schließlich ein erster Text als Kurseinheit der Fernuniversität Hagen entstand (1998). Der vorliegende Band stellt eine Überarbeitung und Erweiterung dieses Textes dar. Die dort erprobte Nachweistechnik wurde beibehalten. Für kritische Lektüre danke ich Rolf Gehrmann und Roland Olthoff, bei der Herstellung von Literaturverzeichnis und Register halfen Thorsten Melchers und Yvonne Kölling, um das Manuskript kümmerte sich Anke Berding. Allen Genannten gilt mein herzlicher Dank, sie tragen für Mängel des Buchs keine Verantwortung.

Im Verlag Vandenhoeck & Ruprecht traf ich auf kompetente und hilfsbereite Mitarbeiterinnen, die Geduld und das fachliche Interesse von Ulrich Dietenberger machten die Zusammenarbeit zu einer angenehmen Erfahrung.

Oldenburg, im Juli 2000 — Ernst Hinrichs

Literaturverzeichnis

Abel, Günter, Stoizismus und Frühe Neuzeit. Zur Entstehungsgeschichte des modernen Denkens im Felde von Ethik und Politik, Berlin 1978.

Algazi, Gadi, Herrengewalt und Gewalt im späten Mittelalter. Herrschaft, Gegenseitigkeit und Sprachgebrauch, Frankfurt a. M. 1996.

Alvarez, Manuel Fernandez, Karl V. Herrscher eines Weltreichs, München [2]1984.

Anderson, Matthew Smith, Peter the Great. London [2]1995.

Anderson, Perry, Die Entstehung des Absolutistischen Staates, Frankfurt a. M. 1979.

André, Louis (Hg.), Cardinal de Richelieu, Testament politique, Paris 1947.

Antoine, Michel, Le Conseil du Roi sous le règne de Louis XV, Genève 1970.

–, Louis XV, Paris 1989.

Aretin, Karl Otmar von (Hg.), Der Aufgeklärte Absolutismus, Gütersloh 1974.

–, Friedrich der Große. Größe und Grenzen des Preußenkönigs, Freiburg 1985

–, Das Reich. Friedensgarantie und europäisches Gleichgewicht 1648–1806, Stuttgart 1986.

–, Aufgeklärter Herrscher oder aufgeklärter Absolutismus? In: Ferdinand Seibt (Hg.), Gesellschaftsgeschichte, Bd. 1, München 1993, S. 78–87.

Armstrong, John A., The European Administrative Elite, Princeton 1973.

Arneth, Alfred von (Hg.), Joseph II. und Leopold von Toscana. Ihr Briefwechsel von 1781 bis 1790, 2 Bde., Wien 1869.

Asch, Ronald G. u. Heinz Duchhardt (Hg.), Der Absolutismus – ein Mythos? Strukturwandel monarchischer Herrschaft in West- und Mitteleuropa (ca.1550–1700), Köln 1996.

Aston, Trevor, Crisis in Europe 1560–1660, London 1965.

Babelon, Jean-Pierre, Henri IV, Paris 1982.

Barker, Thomas M., Army, Aristocracy, Monarchy. Essays on War, Society and Gouvernment in Austria, 1618–1780, Boulder 1982.

Barudio, Günter, Absolutismus. Zerstörung der ›libertären Verfassung‹. Studien zur »Karolingischen Eingewalt« in Schweden zwischen 1680 und 1693, Wiesbaden 1976.

–, Das Zeitalter des Absolutismus und der Aufklärung, Frankfurt a. M. 1981.

–, Gustav Adolf der Große. Eine politische Biographie, Frankfurt a. M. 1985.

Baumgart, Peter (Hg.), Zur Geschichte der kurmärkischen Stände im 17. und 18. Jahrhundert, in: Dietrich Gerhard (Hg.), Ständische Vertretungen in Europa im 17. und 18. Jahrhundert, Göttingen 1969, S. 131–161.

– (Hg.), Ständetum und Staatsbildung in Brandenburg-Preußen, Berlin 1983.

Behme, Thomas, Samuel von Pufendorf. Naturrecht und Staat. Eine Analyse und Interpretation seiner Theorie, ihrer Grundlagen und Probleme, Göttingen 1995.

Behrens, C.B.A., Society, Government and the Enlightenment. The Experience of Eighteenth Century France, London 1985.

Beik, William, Absolutism and Society in Seventeenth-Century France, State Power and Provincial Aristocracy in Languedoc, Cambridge 1985.

Bendix, Reinhard, Könige und Volk. Machtausübung und Herrschaftsmandat, 2 Bde., Frankfurt a. M. 1980.

Bercé, Yves-Marie, Histoire des croquants. Etude des soulèvements populaires au 17e siècle dans le sud-ouest de la France, 2 Bde., Genève 1974.

Bérenger, Jean, Finances et absolutisme autrichien dans la seconde moitié du XVIIe siècle, Paris 1975.

Bernecker, Walther L. u. Horst Pietschmann, Geschichte Spaniens: Von der frühen Neuzeit bis zur Gegenwart, Stuttgart 1993.

Bernier, Oliver, Ludwig XIV. Eine Biographie, Zürich 1989.

Bien, David D., Die »Secrétaires du roi« – Absolutismus, Korporationen und Privilegien im französischen Ancien Régime, in: Ernst Hinrichs (Hg.), Absolutismus, Frankfurt a. M. 1986, S. 249–272.

Birke, Adolf M. u. Kurt Kluxen (Hg.), England und Hannover – England and Hanover, München 1986.

Birtsch, Günter, Die landständische Verfassung als Gegenstand der Forschung, in: Dietrich Gerhard (Hg.), Ständische Vertretungen in Europa im 17. und 18. Jahrhundert, Göttingen 1969, S. 32–55.

– (Hg.), Der Idealtyp des aufgeklärten Herrschers, Hamburg 1987.

– (Hg.), Reformabsolutismus im Vergleich. Staatswirklichkeit, Modernisierungsaspekte, verfassungsstaatliche Positionen, Hamburg 1996.

Bischoff, Malte, Die Amtsleute Herzog Friedrichs III. von Schleswig-Holstein-Gottorp (1616–1659). Adelskarrieren und Absolutismus, Diss., Neumünster 1996.

Black, Jeremy, The Rise of the European Powers, 1679–1793, London 1990.

Blaich, Fritz, Die Epoche des Merkantilismus, Wiesbaden 1973.

Blänkner, Reinhard, »Absolutismus« und »frühmoderner Staat«. Probleme und Perspektiven der Forschung, in: Rudolf Vierhaus (Hg.), Frühe Neuzeit – Frühe Moderne, Göttingen 1992, S. 48–75.

Blaschke, Karlheinz, Finanzwesen und Staatsräson in Kursachsen zu Beginn der Neuzeit, in: Maddalena, Aldo de u. Hermann Kellenbenz (Hg.), Fürstentum und Staatsräson in Italien und Deutschland in der Frühen Neuzeit, Berlin 1992, S. 171–180.

Bloch, Marc, Les Rois thaumaturges. Études sur le caractère surnaturel attribué à la puissance royale particulièrement en France et en Angleterre, ND Paris 1961.

–, Die Feudalgesellschaft, München 1982.

Bluche, François, Louis XIV, Paris 1986.
-, Le despotisme éclairé, Paris 1969.
Bödeker, Hans Erich u. Ulrich Herrmann (Hg.), Aufklärung als Politisierung - Politisierung der Aufklärung, Hamburg 1987.
Bodie, Leslie, Zur Problematik des Reformabsolutismus in der Habsburgermonarchie. Eine Literaturübersicht (1975-1990), in: Das Achtzehnte Jahrhundert 16, 1992, S. 153-170.
Bodin, Jean, Les six livres de la République, Paris 1976; dt. Ausg.: Sechs Bücher über den Staat, 2 Bde., hg. v. Peter Cornelius, München 1981/1986.
Boldt, Hans, Deutsche Verfassungsgeschichte, Bd. 1, Von den Anfängen bis zum Ende des älteren Deutschen Reiches 1806, München [3]1994.
Bonney, Richard, Political Change in France under Richelieu and Mazarin. 1624-1661, Oxford 1978.
-, The King's Debts, Finance and Politics in France 1589-1661, Oxford 1981.
-, The European Dynastic States 1494-1660, Oxford 1991.
-, The Limits of Absolutism in Ancien Régime France, Aldershot 1995.
Bosher, John Francis, French Finances. From Business to Bureaucracy 1770-1795, Cambridge 1970.
Bosl, Karl, Die Geschichte der Repräsentation in Bayern. Landständische Bewegung, Landständische Verfassung, Landesausschuß und altständische Gesellschaft, München 1974.
Bourgeon, Jean-Louis, Les Colberts avant Colbert. Destin d'une famille marchande, Paris 1973.
Brandt, P., Von der Adelsmonarchie zur königlichen »Eingewalt«. Der Umbau der Ständegesellschaft in der Vorbereitungs- und Frühphase des dänischen Absolutismus, in: Historische Zeitschrift 1, 1990, S. 33-72.
Braudel, Fernand, Das Mittelmeer und die mediterrane Welt in der Epoche Philipps II., 3 Bde., Frankfurt a. M. 1990.
- u. Ernest Labrousse (Hg.), Histoire économique et sociale de la France, Paris 1977.
Brewer, John, The Sinews of Power. War, Money and the English State, 1688-1783, London 1989.
Brunner, Otto, Vom Gottesgnadentum zum monarchischen Prinzip, in: Das Königtum. Seine geistigen und rechtlichen Grundlagen, hg. vom Konstanzer Arbeitskreis für mittelalterliche Geschichte, Sigmaringen [4]1973, S. 209-305.
-, Land und Herrschaft. Grundfragen der territorialen Verfassungsgeschichte Österreichs im Mittelalter, Wien [5]1965.
Buchholz, Werner, Staat und Ständegesellschaft in Schweden zur Zeit des Übergangs vom Absolutismus zum Ständeparlamentarismus 1718-1720, Stockholm 1979.
Buck, August u. a. (Hg.), Europäische Hofkultur im 16. und 17. Jahrhundert, 3 Bde., Hamburg 1981.
Bücking, J., Frühabsolutismus und Kirchenreform in Tirol (1565-1665). Ein Beitrag zum Ringen zwischen Staat und Kirche in der Frühen Neuzeit, Wiesbaden 1972.

Burckhardt, Carl Jacob, Richelieu, 3 Bde., München 1937–1966.
Burke, Peter, Ludwig XIV. Die Inszenierung des Sonnenkönigs, Berlin 1993.
–, State-Making, King-Making and Image-Making from Renaissance to Baroque, Scandinavia in an European Context, in: Scandinavian Journal of History 22, 1997, S. 1–8.
Büsch, Otto, Militärsystem und Sozialleben im alten Preußen, 1713–1807. Die Anfänge der Militarisierung der preußisch-deutschen Gesellschaft, Berlin 1962.
Campbell, Peter Robert, Power and Politics in Old Regime France, London 1996.
Carey, John A., Juridical Reform in France before the Revolution of 1789, Cambridge 1981.
Carpanetto, D. u. G. Ricuperati, Italy in the Age of Reason 1685–1789, London 1987.
Carsten, Francis L., Princes and Parliaments in Germany from the 15th to the 18th Century, Oxford 1959.
Castel de Saint-Pierre, Charles Irenée, Kritik des Absolutismus, München 1988.
Chartier, Roger, Die kulturellen Ursprünge der Französischen Revolution, Frankfurt a. M. 1995.
Chaunu, Pierre, Europäische Kultur im Zeitalter des Barock, München 1968.
Childs, J., The Army, James II and the Glorious Revolution, Manchester 1980.
Clark, Jonathan C. D., State and Society in the Seventeenth and Eighteenth Centuries, Cambridge 1986.
Colemann, D. C. (Hg.), Revisions in Mercantilism, London 1969.
Collins, James, Fiscal Limits of Absolutism, Direct Taxation in Early Seventeenth-Century France, Berkeley 1988.
Conrad, Hermann, Rechtsstaatliche Bestrebungen im Absolutismus Preußens und Österreichs am Ende des 18. Jahrhunderts, Köln 1961.
–, Staat und Kirche im Aufgeklärten Absolutismus. In: Der Staat 12, 1973, S. 45–63.
Constant, Jean-Marie, Les conjurateurs. Le premier libéralisme politique sous Richelieu, Paris 1987.
Corvisier, André, La France de Louis XIV. 1643–1715. Ordre intérieur et place en Europe, Paris 1979.
Crouzet, Denis, Les guerriers de Dieu. La violence au temps des troubles de religion (vers 1525 – vers 1610), 2 Bde., Paris 1990.
Czok, Karl, August der Starke und seine Zeit. Kurfürst von Sachsen, König in Polen, Leipzig 1997.
–, Zur absolutistischen Politik Augusts des Starken in Sachsen, in: Sächsische Heimatblätter 29, 1983, S. 145–153.
–, August der Starke – sein Verhältnis zum Absolutismus und zum sächsischen Adel, Berlin 1991.
Daly, James, The Idea of Absolut Monarchy in the Seventeenth-Century England, in: Historical Jounrnal 21, 1978, S. 227–250.

Davis, Nathalie Zemon, Society and Culture in Early Modern France, Stanford 1975.
Degarne, Monique, Etudes sur les soulèvements provinciaux en France, avant la Fronde. La révolte du Rouergue en 1643, in: Dix-septième siècle, 1962, S. 3–18.
Degn, Christian u. Dietrich Lohmeier (Hg.), Staatsdienst und Menschlichkeit. Studien zur Adelskultur des späten 18. Jahrhunderts in Schleswig-Holstein und Dänemark, Neumünster 1980.
Delbrück, Hans, Geschichte der Kriegskunst im Rahmen der politischen Geschichte, Teil 4, Berlin 1920; ND Berlin 1966.
DeMadariage, Isabel, Catherine the Great. A Short History, New Haven 1993.
Demel, Walter, Vom aufgeklärten Reformstaat zum bürokratischen Staatsabsolutismus, München 1993.
Dessert, Daniel, Argent, pouvoir et société au Grand Siècle, Paris 1984.
–, Fouquet, Paris 1987.
Deyon, Pierre, Le mercantilisme, Paris 1969.
–, L'Europe du XVIIIe siècle, Paris 1995.
Dickens, Arthur Geoffrey (Hg.), Europäische Fürstenhöfe. Herrscher, Politiker und Mäzene 1400–1800, Graz 1978.
–, The English Reformation, London ^{2}1989.
Dickson, P. G. M, Finance and Government under Maria Theresia 1740–1780, 2 Bde., Oxford 1987.
Dietrich, Richard (Bearb.), Politische Testamente der Hohenzollern, München 1986.
Dittrich, Erhard, Die deutschen und österreichischen Kameralisten, Darmstadt 1974.
Diwald, Hellmut, Anspruch auf Mündigkeit. 1400–1555, Frankfurt a. M. 1975.
Dollinger, Heinz, Studien zur Finanzreform Maximilians I. von Bayern in den Jahren 1598–1618. Ein Beitrag zur Geschichte des Frühabsolutismus, Göttingen 1978.
Donnert, Erich, Politische Ideologie der russischen Gesellschaft zu Beginn der Regierungszeit Katharinas II. Gesellschaftstheorien und Staatslehren in der Ära des Aufgeklärten Absolutismus, Berlin 1976.
–, Russia in the Age of Enlightenment, Leipzig 1986.
–, Peter der Große, Wien 1989.
Doyle, William, The Old European Order 1660–1800, Oxford 1978.
Dreitzel, Horst, Absolutismus und ständische Verfassung in Deutschland. Ein Beitrag zur Kontinuität und Diskontinuität der politischen Theorie in der Frühen Neuzeit, Mainz ^{2}1992.
–, Monarchiebegriffe in der Fürstengesellschaft. Semantik und Theorie der Einherrschaft in Deutschland von der Reformation bis zum Vormärz, 2 Bde., Köln 1991.
Duchhardt, Heinz (Hg.), Der Herrscher in der Doppelpflicht. Europäische Fürsten und ihre beiden Throne, Mainz 1997.
–, Das Zeitalter des Absolutismus, München 1989.
–, Deutsche Verfassungsgeschichte 1495–1806, Stuttgart 1991.

- (Hg.), Rahmenbedingungen und Handlungsspielräume europäischer Außenpolitik im Zeitalter Ludwigs XIV., Berlin 1991.

-, Gleichgewicht der Kräfte, Convenance, Europäisches Konzert. Friedenskongresse und Friedensschlüsse vom Zeitalter Ludwigs XIV. bis zum Wiener Kongreß, Darmstadt 1976.

- (Hg.), Herrscherweihe und Königskrönung im frühneuzeitlichen Europa, Wiesbaden 1983.

- (Hg.), Politische Testamente und andere Quellen zum Fürstenethos der Frühen Neuzeit, Darmstadt 1987.

-, Absolutismus - Abschied von einem Epochenbegriff? In: Historische Zeitschrift 258, 1994, S. 113-122.

Duffy, Christopher, Frederick the Great. A Military Life, London 1986.

Dukes, Paul, The Making of Russian Absolutism, London 1982.

Dülmen, Richard van, Entstehung des frühneuzeitlichen Europa 1550-1648, Frankfurt a. M. 1982.

-, Kultur und Alltag in der frühen Neuzeit, Bd. 2, Dorf und Stadt 16.-18. Jahrhundert, München 1992.

Durand, Yves, Les fermiers généraux au XVIIIe siècle, Paris 1971.

Ehalt, Hubert C., Ausdrucksformen absolutistischer Herrschaft - Der Wiener Hof im 17. und 18. Jahrhundert, Wien 1980.

Elias, Norbert, Die höfische Gesellschaft, Darmstadt [3]1969.

-, Über den Prozeß der Zivilisation. Soziogenetische und psychogenetische Untersuchungen, 2 Bde., Bern 1969.

Elliott, John H. (Hg.), Die spanische Welt. Geschichte - Kultur - Gesellschaft, Freiburg 1991.

-, Imperial Spain 1469-1716, London 1969.

-, The Revolt of the Catalans. A Study in the Decline of Spain (1598-1640), Cambridge 1984.

Elton, Geoffrey R., England unter den Tudors, München 1983.

Erbe, Michael, Deutsche Geschichte 1713-1790. Dualismus und Aufgeklärter Absolutismus, Stuttgart 1985.

Evans, Robert J. W., Das Werden der Habsburgermonarchie 1550-1700, Gesellschaft, Kultur, Institutionen, Wien 1986.

-, Rudolf II. Ohnmacht und Einsamkeit, Graz 1980.

Eysell, Maria, Wohlfahrt und Etatismus. Studien zum dänischen Absolutismus und zur Bauernbefreiung 1787/88, Neumünster 1979.

Faber, K.-G., Zum Verhältnis von Absolutismus und Wissenschaft, Wiesbaden 1983.

Faure, Edgar, 17 Juillet 1720. La banquerote de Law, Paris 1977.

Fejtö, Fransois, Joseph II. Portrait eines aufgeklärten Despoten, Frankfurt a. M. 1987.

Findeisen, Jörg-Peter, Der Aufgeklärte Absolutismus Gustavs II., Jena 1989.

-, Karl XII. König von Schweden. Ein König, der zum Mythos wurde, Berlin 1992.

Foisil, Madelaine, La révolte des Nu-pieds et les révoltes normands de 1639, Paris 1970.

Franklin, Julian H., Jean Bodin and the Rise of Absolutist Theory, Cambridge 1973.
Frey, Linda u. Marsha Frey, Friedrich I., Preußens erster König, Graz 1984.
Fürbringer, Christoph, Necessitas und Libertas. Staatsbildung und Landstände im 17. Jahrhundert in Brandenburg, Frankfurt a. M. 1985.
Furet, François, Penser la Révolution française, Paris 1978.
Garber, Jörn, Spätabsolutismus und bürgerliche Gesellschaft. Studien zur deutschen Staats- und Gesellschaftstheorie im Übergang zur Moderne, Frankfurt a. M. 1991.
Garnot, Benoit u. Didier Poton, La France et les Français au XVIIIe siècle (1751–1788), Paris 1992.
Garrisson, Janine, L'Edit de Nantes et sa révocation, Paris 1984.
–, Henry IV, Paris 1984.
Geertz, Clifford, Negara, the Theater State in Nineteenth Century Bali, Princeton 1980.
Gerhard, Dietrich (Hg.), Ständische Vertretungen in Europa im 17. und 18. Jahrhundert, Göttingen 1969.
–, Gesammelte Aufsätze, Göttingen 1977.
–, Old Europe. A Study in Continuity. 1000–1800, New York 1981.
Gerschenkron, Alexander, Europe in the Russian Mirror. Four Lectures in Economic History, Cambridge 1970.
Gerteis, Klaus, Bürgerliche Absolutismuskritik im Südwesten des alten Reiches vor der Französischen Revolution, Trier 1983.
Gestrich, Andreas, Absolutismus und Öffentlichkeit. Politische Kommunikation in Deutschland zu Beginn des 18. Jahrhunderts, Göttingen 1994.
Geyer, Dietrich, Der Aufgeklärte Absolutismus in Rußland. Bemerkungen zur Forschungslage, in: Jahrbuch für Geschichte Osteuropas 30, 1982, S. 176–189.
Geyer, Paul (Hg.), Das 18. Jahrhundert, Aufklärung, Regensburg 1995.
Giesey, Ralph E., Cérémonial et puissance souveraine, France, XVIe et XVIIe siècles, Paris 1987.
–, Modèles de pouvoir dans les rites royaux en France, Annales E.S.C. 41, 1986, S. 579–599.
Glaser, Hubert, Um Glauben und Reich. Kurfürst Maximilian I., München 1980.
– (Hg.), Kurfürst Max Emanuel. Bayern und Europa um 1700, 2 Bde., München 1976.
Goertz, Hans J., Religiöse Bewegungen in der Frühen Neuzeit. München 1992.
Gordon, Daniel, Citizens without Sovereignty. Equality and Sociability in French Thought (1670–1789), Princeton 1994.
Goubert, Pierre, Ludwig XIV. und 20 Millionen Franzosen, Berlin 1973.
–, Mazarin, Paris 1990.
– (Hg.), Louis XIV, Mémoires pour l'instruction du Dauphin, Paris 1992.
– u. Daniel Roche, Les Français et l'Ancien Régime, 2 Bde., Paris 1984.
Grandami, Rene, La physiocratie. Théorie générale du dévelopement économique, Paris 1973.

Greengrass, Mark, France in the Age of Henri IV. The struggle for Stability, London [2]1995.

Greyerz, Kaspar von, England im Jahrhundert der Revolutionen 1603–1714, Stuttgart 1994.

Gruder, V.R., The Royal Provincial Intendants. A Governing Elite in Eighteenth-Century France, Ithaca 1968.

Guéry, Allain, Les finances de la monarchie française sous l'Ancien Régime, in: Annales E.S.C. 33, 1978, S. 216–239.

Guth, P., Mazarin. Frankreichs Aufstieg zur Weltmacht, München 1976.

Hahn, Peter-Michael, Die Gerichtspraxis der altständischen Gesellschaft im Zeitalter des »Absolutismus«. Die Gutachtertätigkeit der Helmstedter Juristenfakultät für die brandenburgisch-preußischen Territorien 1675–1710, Berlin 1989.

Halbach, Uwe u. a. (Hg.), Geschichte Altrußlands in der Begriffswelt ihrer Quellen, Wiesbaden 1986.

Harding, Robert R., Anatomy of a Power Elite. The Provincial Governors of Early Modern France, New Heaven 1978.

Harnisch, Hartmut, Der preußische Absolutismus und die Bauern. Sozialkonservative Gesellschaftspolitik und Vorleistung zur Modernisierung, in: Jahrbuch für Wirtschaftsgeschichte, H. 2, 1994, S. 11–32.

Hartmann, Peter Claus (Hg.), Französische Könige und Kaiser der Neuzeit. Von Ludwig XII. bis Napoleon III. 1498–1870, München 1994.

–, Geld als Instrument europäischer Machtpolitik im Zeitalter des Merkantilismus. Studien zu den finanziellen und politischen Beziehungen der Wittelsbacher Territorien Kurbayern, Kurpfalz und Kurköln mit Frankreich und dem Kaiser von 1715 bis 1740, München 1978.

–, Das Steuersystem der europäischen Staaten am Ende des Ancien Régime, Zürich 1978.

–, Karl Albrecht – Karl VII. Glücklicher Kurfürst, unglücklicher Kaiser, Regensburg 1985.

Hartung, Fritz u. Roland Mousnier, Quelques problèmes concernant la monarchie absolue, in: Relazoni del x congresso internationale di scienze storiche (Roma 1955), Bd. 4., Florenz 1955, S. 1–55.

Hassinger, Erich, Das Werden des neuzeitlichen Europa 1300–1600. Braunschweig 1959.

Hauptmeyer, Carl-Hans, Souveränität, Partizipation und absolutistischer Kleinstaat. Die Grafschaft Schaumburg(-Lippe) als Beispiel, Hildesheim 1980.

Hauser, Oswald (Hg.), Friedrich der Große in seiner Zeit, Köln 1987.

Haussherr, Hans, Verwaltungseinheit und Ressorttrennung vom Ende des 17. Jahrhunderts bis zum Beginn des 19. Jahrhunderts, Berlin 1953.

Haussmann, Folkert, Staat und Absolutismus im Denken der Physiokraten. Ein Beitrag zur physiokratischen Staatsauffassung von Quesnay bis Turgot, Frankfurt a. M. 1976.

Heine, Hartmut, Geschichte Spaniens in der Frühen Neuzeit 1400–1800. München 1984.

Heinemeier, Walter (Hg.), Das Werden Hessens, Marburg 1986.

Heinrich, Gerd, Geschichte Preußens. Staat und Dynastie, Frankfurt a. M. 1981.
Helmer, Hans-Josef, Merkantilismus und Kapitalismus im modernen Rationalisierungsprozeß, Frankfurt a. M. 1986.
Henning, Friedrich Wilhelm, Dienste und Abgaben der Bauern im 18. Jahrhundert, Stuttgart 1969.
Henshall, Nicholas, The Myth of Absolutism. Change and Continuity in Early Modern European Monarchy, London [2]1993.
Henzler, Christoph, Maximilian III. Joseph und die bayrische Landständeverordnung. Der Kampf eines bayrischen Kurfürsten um seinen absoluten Herrschaftsanspruch, in: Jenal, Georg (Hg.), Gegenwart in Vergangenheit. Beiträge zur Kultur und Geschichte der neueren und neuesten Zeit, München 1993, S. 131–158.
Heuvel, Gerd van den, Grundprobleme der französischen Bauernschaft 1730–1794. Soziale Differenzierung und sozio-ökonomischer Wandel vom Ancien Régime zur Revolution, München 1982.
Hinrichs, Carl, Preussen als historisches Problem. Gesammelte Abhandlungen, hg. v. Gerhard Oestreich, Berlin 1964.
–, Preußentum und Pietismus. Der Pietismus in Brandenburg-Preußen als religiös-soziale Reformbewegung, Göttingen 1971.
Hinrichs, Ernst, Fürstenlehre und politisches Handeln im Frankreich Heinrichs IV. Untersuchungen über die politischen Denk- und Handlungsformen im Späthumanismus, Göttingen 1969.
– u. a. (Hg.), Vom Ancien Régime zur Französischen Revolution. Forschungen und Perspektiven, Göttingen 1978.
–, Einführung in die Geschichte der Frühen Neuzeit, München 1980.
– (Hg.), Absolutismus, Frankfurt a. M. 1986.
–, Ancien Régime und Revolution. Studien zur Verfassungsgeschichte Frankreichs zwischen 1589 und 1789, Frankfurt a. M. 1989.
– (Hg.), Kleine Geschichte Frankreichs, Stuttgart 1994.
–, Abschied vom Absolutismus? Eine Antwort auf Nicholas Henshall, in: Roland G. Asch u. Heinz Duchhardt (Hg.), Der Absolutismus – ein Mythos? Köln 1996, S. 353–371.
Hinske, Norbert (Hg.), Halle – Aufklärung und Pietismus, Heidelberg 1989.
– (Hg.), Kant und die Aufklärung, Hamburg 1993.
Hintze, Otto, Staat und Verfassung. Gesammelte Abhandlungen zur allgemeinen Verfassungsgeschichte, hg. v. Gerhard Oestreich, Göttingen 1970.
–, Regierung und Verwaltung. Gesammelte Abhandlungen zur Staats-, Rechts- und Sozialgeschichte Preußens, hg. u. eingeleitet von Gerhard Oestreich, Göttingen [2]1967.
Hof, Ulrich im, Das gesellige Jahrhundert. Gesellschaft und Gesellschaften im Zeitalter der Aufklärung, München 1982.
Hoffmann, Peter, Rußland im Zeitalter des Absolutismus, Vaduz 1988.
Hofmann, C., Das Spanische Hofzeremoniell 1500–1700, Frankfurt a. M. 1985.
Hosfeld-Guber, Jutta, Der Merkantilismusbegriff und die Rolle des absolutistischen Staates im vorindustriellen Preußen, München 1985.

Hubatsch, Walther (Hg.), Absolutismus, Darmstadt 1973.
–, Friedrich der Große und die preußische Verwaltung, Köln 1973.
Hübner, Eckhard u. a. (Hg.), Rußland zur Zeit Katharinas II. Absolutismus – Aufklärung – Pragmatismus, Köln 1998.
Ingrao, Charles W., The Habsburg Monarchy (1618–1815), Cambridge 1995.
Janssen, W., Die Anfänge des modernen Völkerrechts und der neuzeitlichen Diplomatie. Ein Forschungsbericht, Stuttgart 1965.
Jersch-Wenzel, Stefi, Juden und »Franzosen« in der Wirtschaft des Raumes Berlin/Brandenburg zur Zeit des Merkantilismus, Berlin 1978.
Jones, Robert E., The Emancipation of the Russian Nobility, 1762–1785, Princeton 1973.
Kamen, Henry, Spain 1469–1714, London [2]1991.
–, The Decline of Spain. A Historical Myth? In: Past & Present 81, 1978, S. 24–50.
–, Spain in the Later Seventeenth Century (1665–1700), London 1980.
Kamienski, Andrzej, Die Anfänge des Absolutismus in Brandenburg-Preußen um die Mitte des 17. Jahrhunderts, in: Jahrbuch für Geschichte Mittel- und Ostdeutschlands, Bd. 43, 1995, S. 25–43.
Kantorowicz, Ernst H., Die zwei Körper des Königs. Eine Studie zur politischen Theologie des Mittelalters, München [2]1994.
Keller, Katrin, La magnificence des deux Augustes. Zur Spezifik höfischer Kultur im Dresden des Augusteischen Zeitalters (1694–1763), in: Cahiers d'études germaniques, Nr. 28, 1995, S. 55–66.
Kern, Fritz, Gottesgnadentum und Widerstandsrecht. Zur Entwicklungsgeschichte der Monarchie, Darmstadt 2. Aufl. 1954.
Kettering, Sharon, Patrons, Brokers and Clients in Seventeenth-Century France, New York 1986.
King, Preston, The Ideology of Order. A Comparative Analysis of Jean Bodin and Thomas Hobbes, London 1974.
Klein, E., Die Geschichte der öffentlichen Finanzen in Deutschland 1500–1870, Wiesbaden 1974.
Klingenstein, G. u. R. G. Plaschka (Hg.), Österreich im Europa der Aufklärung. Kontinuität und Zäsur in Europa zur Zeit Maria Theresias und Josephs II., 2 Bde., Wien 1985.
Knecht, R. J., French Renaissance Monarchy, Francis I and Henry II. London 1984.
Kopitzsch, Franklin (Hg.), Aufklärung, Absolutismus und Bürgertum in Deutschland. 12 Aufsätze, München 1976.
Kossmann, E., La Fronde, Leiden 1953.
Kossok, Manfred, Der Aufgeklärte Absolutismus in Spanien, in: Zeitschrift für Geschichtswissenschaft 30, 1982, S. 111–129.
–, Der aufgeklärte Absolutismus. Überlegungen zum historischen Ort und zur Typologie, in: Zeitschrift für Geschichtswissenschaft 7, 1985, S. 622–642.
–, Am Hofe Ludwigs XIV., Stuttgart 1990.
Krause, Peter (Hg.), Vernunftrecht und Rechtsreform, Hamburg 1989.

Kriedtke, Peter, Spätfeudalismus und Handelskapital. Grundlinien der europäischen Wirtschaftsgeschichte vom 16. bis zum Ausgang des 18. Jahrhunderts, Göttingen 1980.

Krieger, Leonard, Kings and Philosophers 1689–1789, London 1971.

–, An Essay on the Theory of Enlightened Despotism, Chicago 1975.

Kroener, Bernhard R., Vom »extraordinari Kriegsvolck« zum miles perpetuus. Zur Rolle der bewaffneten Macht in der europäischen Gesellschaft der Frühen Neuzeit. Ein Forschungs- und Literaturbericht, in: Militärgeschichtliche Mitteilungen 1, 1988, S. 141–188.

–, Europa im Zeitalter Friedrichs des Großen. Wirtschaft, Gesellschaft, Kriege, München 1989.

– u. R. Pröve (Hg.), Krieg und Frieden. Militär und Gesellschaft in der Frühen Neuzeit, Paderborn 1996.

Krüdener, Jürgen von, Die Rolle des Hofes im Absolutismus, Stuttgart 1973.

Krüger, Kersten, Die ständischen Verfassungen in Skandinavien in der frühen Neuzeit. Modelle einer europäischen Typologie? In: Zeitschrift für historische Forschung 10, 1983, S. 129–148.

–, Absolutismus in Dänemark – ein Modell für Begriffsbildung und Typologie, in: E. Hinrichs (Hg.), Absolutismus, Frankfurt a. M. 1986, S. 65–96.

–, Die Staatsfinanzen Dänemarks und Schwedens im 16. Jahrhundert, in: Zeitschrift für historische Forschung 15(2), 1988, S. 129–150.

–, Möglichkeiten, Grenzen und Instrumente von Reformen im Aufgeklärten Absolutismus, Johann Friedrich Struensee und Andreas Peter Bernstorff, in: Bohnen, Klaus u. Sven Aage Jørgensen (Hg.), Der dänische Gesamtstaat. Kopenhagen 1992, S. 23–48.

Kunisch, Johannes, Absolutismus. Europäische Geschichte vom Westfälischen Frieden bis zur Krise des Ancien Régime, Göttingen 1986.

–, Das Mirakel des Hauses Brandenburg. Studien zum Verhältnis von Kabinettspolitik und Kriegführung im Zeitalter des Siebenjährigen Krieges, München 1978.

– (Hg.) (in Zusammenarbeit mit Helmut Neuhaus), Der dynastische Fürstenstaat – Zur Bedeutung von Sukzessionsordnungen für die Entstehung des frühmodernen Staates, Berlin 1982.

–, Absolutismus und Öffentlichkeit, in: Der Staat 34 (2), 1995, S. 183–198.

–, Staatsverfassung und Mächtepolitik. Zur Genese von Staatenkonflikten im Zeitalter des Absolutismus, Berlin 1979.

– (Hg.), Staatsverfassung und Heeresverfassung in der europäischen Geschichte der Frühen Neuzeit, Berlin 1986.

–, Fürst – Gesellschaft – Krieg. Studien zur bellizistischen Disposition des absoluten Fürstenstaates, Köln 1992.

Lampe, Joachim, Aristokratie, Hofadel und Staatspatrizipat in Kurhannover. Die Lebenskreise der höheren Beamten an den kurhannoverschen Zentral- und Hofbehörden 1714–1760, 2 Bde., Göttingen 1963.

Laursen, John C. (Hg.), New Essays on the Political Thought of Huguenotts of the »Refuge«. Leiden 1995.

Lebeau, Christine, Le »gouvernements des excellents et des meilleurs«. Aristocratie et pouvoir dans la monarchie des habsbourg, 1748–1790, in: Revue de la BN de France 1, 1994, S. 16–25.

Lehmann, Hartmut, Das Zeitalter des Absolutismus. Gottesgnadentum und Kriegsnot, Stuttgart 1980.

–, Der Pietismus im alten Reich, in: Historische Zeitschrift 214, 1972, S. 58–95.

Le Roy Ladurie, Emmanuel, Über die Bauernaufstände in Frankreich 1548–1648, in: Wirtschaft und soziale Strukturen im säkularen Wandel, Hannover 1974, S. 277–305.

–, L'État royale, de Louis XI à Henri IV 1460–1610, Paris 1988.

–, L'Ancien régime, de Louis XIII à Louis XV, Paris 1991.

–, avec la collaboration de Jean-François Fitou, Saint-Simon ou le système de la Cour, Paris 1997.

Liebel, H. P., Enlightened Bureaucracy versus Enlightened Despotism in Baden 1750–1792, Philadelphia 1965.

Lottes, Günther, Absolutismus versus Besitzkonservativismus. Zum politischen Denken der hohen Magistratur im Frankreich des 18. Jahrhunderts, in: Speitkamp, Winfried u. Hans-Peter Ullmann (Hg.), Konflikt und Reform, Göttingen 1995, S. 41–56.

Louis XIV. Mémoires pour l'instruction du dauphin, hg. v. Pierre Goubert, Paris 1992.

Luh, Jürgen, Unheiliges Römisches Reich. Der konfessionelle Gegensatz 1648–1806, Potsdam 1995.

Maddalena, Aldo de u. Hermann Kellenbenz (Hg.), Fürstentum und Staatsräson in Italien und Deutschland in der Frühen Neuzeit, Berlin 1992.

Magenschaub, Hans, Joseph II., Revolutionär von Gottes Gnaden, Graz ^{4}1989.

Mager, Wolfgang, Frankreich vom Ancien Régime zur Moderne. Wirtschafts-, Gesellschafts- und politische Institutionengeschichte 1630–1830, Stuttgart 1980.

Mahoney, Irene, Katharina von Medici. Königin von Frankreich, München 1994.

Maire, Catherine, De la cause de Dieu à la cause de la Nation. Le Jansénisme au XVIIIe siècle, Paris 1998.

Major, J. Russell, Representative Government in Early Modern France, New Haven 1980.

–, From Renaissance Monarchy to Absolute Monarchy. French Kings, Nobles and Estates, Baltimore 1994.

Malettke, Klaus, Opposition und Konspiration unter Ludwig XIV. Studien zu Kritik und Widerstand gegen System und Politik des französischen Königs während der ersten Hälfte seiner persönlichen Regierung, Göttingen 1976.

– (Hg.), Ämterkäuflichkeit, Aspekte sozialer Mobilität im europäischen Vergleich (17. und 18. Jahrhundert), Berlin 1980.

– (Hg.), Soziale und politische Konflikte im Frankreich des Ancien Régime, Berlin 1982.

–, Frankreich, Deutschland und Europa im 17. und 18. Jahrhundert. Beiträge zum Einfluß französischer politischer Theorie, Verfassung und Außenpolitik in der frühen Neuzeit, Marburg 1994.

–, Ludwig XIV. Von Frankreich. Leben Politik und Leistung, Göttingen 1994.

Mandrou, Robert, Les classes et les luttes des classes en France au début du XVIIe siècle, Messina 1965.

–, Louis XIV et son Temps (1661–1715), Paris 1973.

–, Staatsraison und Vernunft 1649–1775, Berlin 1976.

Matis, Herbert (Hg.) u. Leonhard Bauer (Mitarb.), Von der Glückseligkeit des Staates. Staat, Wirtschaft und Gesellschaft in Österreich im Zeitalter des aufgeklärten Absolutismus, Berlin 1985.

McEvedy, Colin and Jones, Richard, Atlas of World Population History, London 1978.

Mediger, Walther, Moskaus Weg nach Europa. Der Aufstieg Rußlands zum europäischen Machtstaat im Zeitalter Friedrichs des Großen, Braunschweig 1952.

Meinecke, Friedrich, Die Idee der Staatsraison in der neueren Geschichte, hg. v. W. Hofer, München 1976.

Menk, G., Absolutismus und Regierungsform in Waldeck. Der Zugriff Graf Georg Friedrichs und seines Kanzlers Johann Vietor auf Staat und Stände 1665–1676, in: Hessisches Jahrbuch für Landesgeschichte 35, 1985, S. 69–135.

Mettam, Roger, Power and Faction in Louis XIV's France, Oxford 1988.

Metz, Karl-Heinz, Staatsraison und Menschenfreundlichkeit. Formen und Wandlungen der Armenpflege im Ancien Régime Frankreichs, Deutschlands und Großbritanniens, in: Vierteljahresschrift für Sozial- und Wirtschaftsgeschichte 72, 1985, S. 1–26.

Meyer, Jean, Frankreich im Zeitalter des Absolutismus 1515–1789, Stuttgart 1990.

Mieck, Ilja, Die Entstehung des modernen Frankreich, 1450 bis 1610, Stuttgart 1982.

Mitford, Nancy, The Sun King, London 1994.

Mittenzwei, Ingrid, Preußen nach dem Siebenjährigen Krieg. Auseinandersetzungen zwischen Bürgertum und Staat um die Wirtschaftspolitik, Berlin 1979.

Möller, Horst, Vernunft und Kritik. Deutsche Aufklärung im 17. und 18. Jahrhundert, Frankfurt a. M. 1986.

–, Fürstenstaat oder Bürgernation. Deutschland 1763–1815, Berlin 1989.

Moraw, Peter, Von offener Verfassung zu gestalteter Verdichtung. Das Reich im späten Mittelalter, 1250 bis 1490, Berlin 1989.

Mörke, Olaf, Souveränität und Autorität. Zur Rolle des Hofes in der Republik der Vereinigten Niederlande in der ersten Hälfte des 17. Jahrhunderts, in: Rheinische Vierteljahresblätter 53, 1989, S. 117–139.

Morril, S., French Absolutism as Limited Monarchy, in: Historical Journal 21, 1978, S. 961–972.

Mörz, Stefan, Aufgeklärter Absolutismus in der Kurpfalz während der Mannheimer Regierungszeit des Kurfürsten Karl Theodor (1742–1777), Stuttgart 1991.

Mousnier, Roland, Recherches sur le soulèvements populaires en France avant la Fronde, in: Revue d'Histoire Moderne et Contemporaine 5, 1958, S. 81–113.

–, Recherches sur les soulèvements populaires en France de 1483 à 1787, in: Revue du Nord 44, 1962, S. 281–290.

–, Fureurs paysannes. Les paysans dans les révoltes du XVIIe siècle, Paris 1967.

–, Ein Königsmord in Frankreich, Berlin 1970.

–, La vénalité des offices sous Henri IV et Louis XIII, Paris ^{2}1971.

–, Les institutions de la France sous la monarchie absolue, t. 2, Les organes de l' état et la societé, Paris 1980.

Muhlack, Ulrich, Physiokratie und Absolutismus in Frankreich und Deutschland, in: Zeitschrift für historische Forschung 9, 1982, S. 15–46.

Müller, Rainer A., Der Fürstenhof in der Frühen Neuzeit, München 1995.

Müller-Weil, Ulrike, Absolutismus und Außenpolitik in Preußen. Ein Beitrag zur Strukturgeschichte des preußischen Absolutismus, Stuttgart 1992.

Munck, T., The Peasantry and the Early Absolute Monarchy 1660–1708, Kopenhagen 1979.

Nachama, Andreas, Ersatzbürger und Staatsbildung. Zur Zerstörung des Bürgertums in Brandenburg-Preußen, Diss., Frankfurt a. M. 1984.

Neugebauer, Wolfgang, Zur neueren Deutung der preußischen Verwaltung im 17. und 18. Jahrhundert, in: Jahrbuch für die Geschichte Mittel- und Ostdeutschlands, Bd. 26, 1977, S. 87–128.

–, Absolutistischer Staat und Schulwirklichkeit in Brandenburg-Preußen, Berlin 1985.

–, Das Preußische Kabinett in Potsdam. Eine verfassungsgeschichtliche Studie zur fürstlichen Zentralsphäre in der Zeit des Absolutismus, in: Jahrbuch für brandenburgische Landesgeschichte 44, 1993, S. 69–115.

–, Die Hohenzollern, Bd. 1, Stuttgart 1996.

Neumeister, Sebastian (Hg.), Frühaufklärung, München 1994.

Nitschke, Peter, Staatsraison kontra Utopie? Von Thomas Müntzer bis zu Friedrich II. von Preußen, Stuttgart 1995.

Nordmann, C., Grandeur et liberté de la Suède (1660–1792), Paris 1971.

Obersteiner, Gernot Peter, Theresianische Verwaltungsreformen im Herzogtum Steiermark. Die Representation und Kammer (1749,1763) als neue Landesbehörde des Aufgeklärten Absolutismus, Graz 1993.

Oestreich, Gerhard, Strukturprobleme des europäischen Absolutismus, in: Vierteljahresschrift für Wirtschafts- und Sozialgeschichte 55, 1968, S. 329–347.

–, Friedrich Wilhelm I. Preußischer Absolutismus, Merkantilismus, Militarismus, Göttingen 1977.

–, Geist und Gestalt des frühmodernen Staates, Berlin 1969.

–, Friedrich Wilhelm, der Große Kurfürst, Göttingen 1971.

Olshausen, T. (Hg.), Das dänische Königsgesetz, Eutin 1838.

Opgenoorth, Ernst, Friedrich Wilhelm. Der große Kurfürst von Brandenburg. Eine politische Biographie, 2 Bde., Göttingen 1978.

Opitz-Belakhal, Claudia, Militärreformen zwischen Bürokratisierung und Adelsreaktion. Das französische Kriegsministerium und seine Reformen von 1760 bis 1790, Sigmaringen 1994.

Oppenheimer, Wolfgang, Necker, Finanzminister am Vorabend der Französischen Revolution, Stuttgart 1989.

Paravicini, W. u. K. F. Werner (Hg.), Histoire comparée de l'administration (IVe-XVIIIe siècles), Zürich 1980.

Parker, David, The Making of French Absolutism, New York 1983.

Parker, Geoffrey, The »Military Revolution« 1560–1660. A Myth? In: Journal of Modern History 48, 1976, S. 195–214.

–, Die militärische Revolution, die Kriegskunst und der Aufstieg des Westens 1500–1800. Frankfurt a. M. 1990.

Patze, Hans (Hg.), Aspekte des europäischen Absolutismus, Hildesheim 1979.

Peterson, C., Peter the Great's Administrativ and Judicial Reforms. Swedish Antecedents and the Process of Reception, Stockholm 1979.

Pfister, Christian, Bevölkerungsgeschichte und historische Demographie 1650–1800, München 1994.

Philippi, H., Landgraf Karl von Hessen-Kassel. Ein deutscher Fürst der Barockzeit, Marburg 1976.

Pillorget, René, Les mouvements d'insurrectionnel de Provence entre 1596 et 1715, Paris 1975.

Pocock, J. G. A., The Machiavellian Moment, Princeton 1975.

Porschnew, Boris F., Die Volksaufstände in Frankreich vor der Fronde, 1623–1648, Leipzig 1954.

Press, Volker, Calvinismus und Territorialstaat. Regierung und Zentralbehörden der Kurpfalz, 1559–1619, Stuttgart 1970.

– (Hg.), Städtewesen und Merkantilismus in Mitteleuropa, Köln 1983.

–, Kriege und Krisen, Deutschland 1600–1715, München 1991.

Puhle, Hans-J. u. Hans-Ulrich Wehler (Hg.), Preußen im Rückblick, Göttingen 1986.

Quaritsch, Helmut, Staat und Souveränität, Bd. 1: Die Grundlagen, Frankfurt a. M. 1970.

–, Souveränität. Entstehung und Entwicklung des Begriffs in Frankreich und Deutschland vom 13. Jahrhundert bis 1806, Berlin 1986.

Rabe, Horst, Reich und Glaubenssapltung. Deutschland 1500–1600, München 1989.

Raeff, Marc, The Origins of the Russian Intelligentsia. The Eighteenth-Century Nobility, New York 1966.

–, Imperial Russia 1682–1825. The Forming of the Age of Modern Russia, New York 1971.

–, The Well-Ordered Police State. Social and Institutional Change through Law in the Germanies and Russia 1600–1800, New Haven 1983.

Ranum, Orest A., The Fronde. A French Revolution (1648–1652), New York 1993.

Rassem, Mohammed (Hg.), Statistik und Staatsbeschreibung in der Neuzeit, vornehmlich im 16.–18. Jahrhundert, Paderborn 1980.
Raumer, Kurt von, Absoluter Staat, korporative Libertät, persönliche Freiheit. In: Historische Zeitschrift 183, 1957, S. 55–96.
Reinalter, Helmut (Hg.), Freimaurer und Geheimbünde im 18. Jahrhundert in Mitteleuropa, Frankfurt a. M. 1983.
Repken, Konrad (Hg.), Forschungen und Quellen zur Geschichte des Dreißigjährigen Krieges, Münster 1981.
Richet, Denis, La France moderne, L'Esprit des institutions, Paris 1973.
–, De la Réforme à la Révolution. Études sur la France moderne, Paris 1991.
Roberts, Michael (Hg.), Swedens Age of Greatness 1632–1718, New York 1973.
–, Die militärische Revolution 1560–1660, in: E. Hinrichs (Hg.), Absolutismus, Frankfurt a. M. 1986, S. 273–309.
Roche, Daniel, La France des lumières, Paris 1996.
Rogister, John, Louis XV and the *Parlement* of Paris, Cambridge 1995.
–, Parlementaries, Sovereignty and Legal Opposition in France under Louis XV. An introduction, London 1996.
Rohr, B. von, Einleitung zur Staats-Klugheit, oder Vorstellung wie christliche und weise Regenten zur Beförderung ihrer eigenen und ihres Landes Glückseligkeit ihre Untertanen zu beherrschen pflegen, Leipzig 1717.
Rose, Paul Lawrence, Bodin and the Bourbon Succession to the French Throne 1583–1594, in: Sixteenth Century Journal 9, 1978, S. 75–98.
Rosenberg, Hans, Bureaucracy, Aristocracy and Autocracy. The Prussian Experience 1660–1815, Cambridge [2]1966.
Rusher, William (Hg.), The Ambiguous Legacy of the Enlightenment, Lanham 1995.
Russell, Conrad, The Causes of the English Civil War, Oxford [2]1995.
Sabatier, Gérard, Versailles ou la figure du Roi, Paris 1999.
Salmonowicz, Stanisław, Preußen. Geschichte von Staat und Gesellschaft, Herne 1995.
Sander, Gerhard u. Jürgen Schlobach (Hg.), Aufklärungen. Frankreich und Deutschland im 18. Jahrhundert, Heidelberg 1985.
Schaer, Friedrich-Wilhelm, Der Absolutismus in Lippe und Schaumburg-Lippe. Überblick und Vergleich, in: Lippische Mitteilungen aus Geschichte und Landeskunde 37, 1968, S. 154–199.
Scherr, Karlheinz, Bayern im Zeitalter des Fürstlichen Absolutismus (17./18. Jh.), in: Manfred Treml, Politische Geschichte Bayerns, München 1989, S. 29–34.
Schieder, Theodor, Friedrich der Große. Ein Königtum der Widersprüche, Berlin 1983.
Schilling, Heinz, Höfe und Allianzen. Deutschland 1648–1763, Berlin 1989.
–, Aufbruch und Krise. 1517–1648, Berlin 1988.
Schmid, Alois, Der Reformabsolutismus Kurfürst Max' II. Joseph von Bayern, in: Zeitschrift für bayrische Landesgeschichte 54, 1991, S. 39–76.

–, Mäzenatentum im Zeitalter des Barock. Beobachtungen am Beispiel der bayrischen Wittelsbacher, in: Historicum 1989, S. 23–25.

Schmidt, Hans, Persönlichkeit, Politik und Konfession im Europa des Ancien Régime. Aufsätze und Vorträge zur Geschichte der Frühen Neuzeit, Hamburg 1995.

Schnee, H., Die Hoffinanz und der modernen Staat. Geschichte und System der Hoffaktoren an den deutschen Fürstenhöfen im Zeitalter des Absolutismus, 5 Bde., Berlin 1953–1967.

Schnur, Roman (Hg.), Staatsraison, Berlin 1975.

Schröder, Hans C., Die englischen Revolutionen des 17. Jahrhunderts, Frankfurt a. M. 1986.

Schulze, H. (Hg.), Die Hausgesetze der regierenden deutschen Fürstenhäuser, 3 Bde., Jena 1862–1883.

Schulze, Winfried, Bäuerlicher Widerstand und feudale Herrschaft in der frühen Neuzeit, Stuttgart 1980.

– (Hg.), Aufstände, Revolten, Prozesse. Beiträge zu bäuerlichen Widerstandsbewegungen im frühneuzeitlichen Europa, Stuttgart 1983.

Schultz, Helga, Das ehrbare Handwerk. Zunftleben im alten Berlin zur Zeit des Absolutismus, Weimar 1993.

Scott, Hamish M. (Hg.), Enlightened Absolutism. Reform and Reformers in Later Eighteenth-Century Europe, London 1990.

Sellin, Volker, Friedrich der Große und der aufgeklärte Absolutismus. Ein Beitrag zur Klärung eines umstrittenen Begriffs, in: U. Engelhardt (Hg.), Soziale Bewegung und politische Verfassung. Beiträge zur Geschichte der modernen Welt, Stuttgart 1976, S. 82–112.

Shennan, J. H., Liberty and Order in Early Modern Europe, London 1986.

Slavin, A. J. (Hg.), The »New Monarchies« and the Representative Assemblies. Medieval Constitutionalism or Modern Absolutism? Boston 1964.

Smedly-Weill, Anette, Les intendants de Louis XIV, Paris 1995.

Sommer, Doreen, Das Rußland Peters des Großen und der europäische Absolutismus, Marburg 1995.

Staszewski, Jacek, Polen und Sachsen im 18. Jahrhundert, in: Jahrbuch für Geschichte 23, 1981, S. 167–188.

–, August III. Kurfürst von Sachsen und König von Polen, Berlin 1996.

Stökl, Günther, Gab es im Moskauer Staat »Stände«? In: Jahrbücher für die Geschichte Osteuropas 11, 1963, S. 321–342.

Stollberg-Rilinger, Barbara, Der Staat als Maschine. Zur politischen Metaphorik des absoluten Fürstenstaates, Berlin 1986.

–, Höfische Öffentlichkeit in zeremoniellen Selbstdarstellungen des brandenburgischen Hofes vor dem europäischen Publikum, in: FBPG 1997, S. 145–177.

–, Zeremoniell als politisches Verfahren. Rangordnung und Rangstreit als Strukturmerkmale des frühneuzeitlichen Reichtags, in: Johannes Kunisch (Hg.), Neue Studien zur frühneuzeitlichen Reichsgeschichte, Berlin 1997, S. 91–132.

Stolleis, Michael, Grundzüge der Beamtenethiken (1550–1650), in: Verwaltung 13, 1980, S. 447–475.

–, Pecunia Nervus Rerum. Zur Staatsfinanzierung in der Frühen Neuzeit, Frankfurt a. M. 1983.
–, Geschichte des öffentlichen Rechts in Deutschland, Bd. 1: Reichspublizistik und Policeywissenschaft 1600–1800, München 1988.
–, Staat und Staatsraison in der Frühen Neuzeit. Studien zur Geschichte des öffentlichen Rechts, Frankfurt a. M. 1990.
– (Hg.), Staatsdenker im 17. und 18. Jahrhundert, Frankfurt a. M. 1977.
Strayer, Joseph R., Die mittelalterlichen Grundlagen des modernen Staates, Köln 1975.
Sturmberger, H., Kaiser Ferdinand II. und das Problem des Absolutismus, München 1957.
Stürmer, Michael, Höfische Kultur und frühmoderne Unternehmer. Zur Ökonomie des Luxus im 18. Jahrhundert, in: Historische Zeitschrift 229, 1979, S. 265–297.
Symcox, G., Victor Amadeus II, Absolutism and the Savoyard State, London 1983.
Tavenaux, René, Jansénisme et politique, Paris 1965.
Thompson, J. A. A., War and Gouvernment in Habsburg Spain 1560–1620, London 1978.
Tilly, Charles (Hg.), The Formation of National States in Western Europe, Princeton 1980.
Tocqueville, Alexis de, L'Ancien Régime et la Revolution, 2 Bde., Paris 1952–1963.
Torke, Hans-Joachim, Die staatsbedingte Gesellschaft im Moskauer Reich. Zar und Zellja in der altrussischen Herrschaftsverfassung, 1613–1689, Leiden 1974.
–, Autokratie und Absolutismus in Rußland – Begriffsklärung und Periodisierung, in: Uwe Halbach u. a. (Hg.), Geschichte Altrußlands in der Begriffswelt ihrer Quellen, Stuttgart 1986, S. 32–49.
– (Hg.), Die russischen Zaren, 1547–1917, München 1995.
–, Einführung in die Geschichte Rußlands, München 1997.
Trevelyon, George M., England under the Stuarts, London 1980.
Turgot. Economiste et administrateur. Actes d'un Séminaire organisé par la Faculté de Droit et des Siences économiques de Limoges 8.–10. Oct. 1981, Paris 1982.
Upton, A. F., The Riksdag of 1680 and the Establishment of Royal Absolutism in Sweden, in: English Historical Review 102, 1987, S. 281–308.
Urkunden und Aktenstücke zur Geschichte der inneren Politik des Kurfürsten Friedrich Wilhelm von Brandenburg, 23 Bde., Berlin 1864–1930.
Van Kley, Dale K., The Religious Origins of the French Revolution. From Calvin to the Cicil Constitution, 1560–1791, New Haven 1996.
Vialadieu, M., Un document inédit sur la »Révolte des Croquants«, in: Mémoires de la Société des Amis de Villefranche, Etudes d'histoire sociale 1959, S. 5–11.
Vierhaus, Rudolf, Die Erforschung des 18. Jahrhunderts. Aktivitäten – Desiderate – Defizite, in: Das Achtzehnte Jahrhundert 19(2), 1995, S. 158–162.

–, Deutschland im Zeitalter des Absolutismus (1648–1763), Göttingen 1978.

–, Staaten und Stände. Vom Westfälischen Frieden bis zum Hubertusburger Frieden 1648–1763, Berlin 1984.

–, Deutschland im 18. Jahrhundert. Ausgewählte Aufsätze, Göttingen 1987.

– (Hg.), Frühe Neuzeit - Frühe Moderne? Göttingen 1992.

Vocelka, Karl, Habsburgische Hochzeiten 1550 - 1600. Kulturgeschichtliche Studien zum manieristischen Repräsentationsfest, Wien 1976.

–, Die politische Propaganda Kaiser Rudolfs II. (1576–1612). Wien 1981.

Vogler, Günter, Absolutistische Herrschaft und ständische Gesellschaft. Reich und Territorien von 1648 bis 1790, Stuttgart 1996.

Volz, Gustav Berthold (Hg.), Die Werke Friedrichs des Großen. In deutscher Übersetzung, 10 Bde., Berlin 1912–1914.

Voss, Jürgen, Deutsch-französische Beziehungen im Spannungsfeld von Absolutismus, Aufklärung und Revolution. Ausgewählte Beiträge, Bonn 1992.

–, Geschichte Frankreichs, Bd. 2: Von der frühneuzeitlichen Monarchie zur Ersten Republik. 1500–1800, München 1980.

Wagner, Michael, Ein englischer Weg zum Absolutismus? Die Tories und die Monarchie 1678–1688, in: Rolf Gundlach (Hg.), Legitimation und Funktion des Herrschers, vom ägyptischen Pharao zum neuzeitlichen Diktator, Stuttgart 1992, S. 259–284.

Walser, Fritz, Die spanischen Zentralbehörden und der Hofstaat Karls V. Bearbeitet, ergänzt und hg. v. R. Wohlfeil, Göttingen 1959.

Walter, F., Maria Theresia. Briefe und Aktenstücke in Auswahl, Darmstadt 1968.

Weber, Max, Wirtschaft und Gesellschaft. Grundriß der verstehenden Soziologie. Studienausgabe, hg. v. Johannes Winkelmann, 2 Halbbde., Köln 1964.

Wehler, Hans-Ulrich, Deutsche Gesellschaftsgeschichte, Bd. 1: Vom Feudalismus des alten Reiches bis zur defensiven Modernisierung der Reformära, 1700–1815, München 1987.

Wick, Peter, Versuche zur Errichtung des Absolutismus in Mecklenburg in der ersten Hälfte des 18. Jahrhunderts, Berlin 1964.

Willoweit, Dietmar, Deutsche Verwaltungsgeschichte, Bd. 1, München 1983.

Windler, Christian, Lokale Eliten, seignaurialer Adel und Reformabsolutismus in Spanien (1780–1808). Das Beispiel Neuandalusien, Diss., Basel 1991.

Winkelbauer, Thomas, Krise der Aristokratie? Zum Strukturwandel des Adels in den böhmischen und niederösterreichischen Ländern im 16. und 17. Jahrhundert, in: Mitteilungen des Instituts für Österreichische Geschichte 100, 1992, S. 328–353.

Wittram, Reinhard, Peter der Große - Zar und Kaiser, 2 Bde., Göttingen 1964.

Wolf, Jürgen Rainer, Steuerpolitik im schlesischen Ständestaat. Untersuchungen zur Sozial- und Wirtschaftsstruktur Schlesiens im 17. und 18. Jahrhundert, Marburg 1978.

Wollenberg, Jörg, Richelieu. Staatsraison und Kircheninteresse. Zur Legitimation der Politik des Kardinalpremiers, Bielefeld 1977.

Wunder, Bernd, Privilegierung und Disziplinierung. Die Entstehung des Berufsbeamtentums in Bayern und Württemberg (1780–1825), München 1978.

Wyduckel, Dieter, Princeps legibus solutus. Eine Untersuchung zur frühmodernen Rechts- und Staatslehre, Berlin 1979.

Zeeden, Ernst Walter, Europa im Zeitalter des Absolutismus und der Aufklärung, Stuttgart 1981.

–, Hegemonialkriege und Glaubenskämpfe, 1556–1648, Berlin 1977.

Zernack, Klaus, Das Zeitalter der Nordischen Kriege von 1558–1809 als frühneuzeitliche Geschichtsepoche, in: Zeitschrift für historische Forschung 1, 1974, S. 59–62.

– (Hg.), Handbuch der Geschichte Rußlands. Bd. 2: Vom Randstaat zur Hegemonialmacht (1613–1856), Stuttgart 1986..

–, Nordosteuropa. Skizzen und Beiträge zu einer Geschichte der Ostseeländer, Lüneburg 1992.

–, Polen und Rußland. Zwei Wege in der europäischen Geschichte, Berlin 1994.

Ziechmann, Jürgen (Hg.), Panorama der Friderizianischen Zeit. Friedrich der Große und seine Epoche, ein Handbuch, Bremen 1985.

Zimmermann, Clemens, Reformen in der bäuerlichen Gesellschaft. Studien zum Aufgeklärten Absolutismus in der Markgrafschaft Baden 1750–1790, Ostfildern 1983.

Zöllner, Erich (Hg.), Österreich im Zeitalter des Aufgeklärten Absolutismus, Wien 1983.

Ortsregister

Aix en Provence (auch *parlement*) 110, 116
Alès (Edikt von) 224
Amboise 57
Amerika 39, 190
Andalusien 39
Aragon 39, 77, 109, 148, 178

Bad Pyrmont 136
Bali 158
Basel (Konzil von) 53
Bayern 22, 34, 76, 80–82, 92, 97, 106, 119, 140, 195 f., 223 f., 230, 246
Berlin 136, 159, 185
Besançon 46
Blois 57
Böhmen 77–79, 92, 101, 117, 130, 186, 196, 224
Bordeaux *(parlement)* 112
Bourges 53
Brandenburg, Kurfürstentum 84 f., 92, 159, 168–171, 197–199, 228–230
Brandenburg-Preußen, Preußen 22, 28, 30, 76, 84–87, 93, 104, 119 f., 128, 130, 132–139, 141, 168–171, 197–199, 203, 208, 211, 215–220, 228–230
Braunschweig (Stadt) 141
Breslau 136
Bretagne 112
Burgund 38

Corbeny 155

Dänemark 22, 28 f., 41, 48, 86 f., 89, 92 f., 118 f., 127–129, 133, 141, 144, 195, 213, 222, 234 f., 239, 244
Deutschland 20, 22 f., 31, 34, 37, 125, 136, 140, 144, 203, 210, 223, 229
Dresden 82, 158, 185

England 20–22, 29, 34, 38, 47 f., 57, 71, 95–104, 118 f., 128, 137, 142, 155, 190, 194, 201–203, 211 f., 234, 241, 243 f., 247
Europa, europäische Staaten 17, 19 f., 26–29, 37, 41, 43, 55, 76, 89–91, 97 f., 105, 116, 128, 140-142, 148, 158, 162 f., 168–170, 175, 198, 202, 207–210, 214, 217, 235 f., 243 f., 247, 249

Florenz 38
Fontainebleau 57, 180
Frankreich 9–15, 20, 22, 24, 26, 30, 34, 38 f., 46–48, 52 f., 57-64, 66–74, 76-78, 84, 88, 90-93, 98, 101, 104, 106 f., 109-122, 124, 128 f., 131, 133–135, 137, 139, 142 f., 151–160, 163-168, 170, 173, 175, 177 f., 191-195, 197–199, 203, 205, 208, 210–215, 217, 221, 224–228, 231, 234, 237–239, 242–244, 246 f., 250

Gascogne 110
Göttingen 135
Granada 39
Graz 186
Guyenne 112

Halle 135
Heiliges Römisches Reich 45, 77, 140, 173
Hildesheim (Fürstbistum) 224

Holland s. Niederlande
Holstein 128

Indien 39
Italien 139, 163

Jena 135

Kalmar (Union von) 41, 87, 108
Karlsruhe 185
Kärnten 130
Kassel (Stadt) 141
Kastilien 40, 77, 120, 147, 178
Katalonien 117
Kleve (Herzogtum) 170, 229
Köln (Erzbistum) 80, 224
Konstanz (Konzil von) 85
Kopenhagen 87, 93, 158, 244
Korsika 73
Krain 130

Languedoc 111
Lemgo 136
Lissabon 178

Madrid 77, 148, 163, 178 f.
Mähren 117
Mailand 38
Mainz, Erzbistum und Kurfürstentum 202
Mannheim 141
Montauban 110
München 185
Münster (Fürstbistum) 224

Nantes (Edikt von) 61, 201, 224
Neapel 105, 109
Niederlande 22, 49, 95, 98, 118 f., 201 f., 207
Nord- bzw. Oberitalien 37, 130, 210
Norwegen 41, 234

Oberpfalz 80
Ober- und Niederösterreich 130
Oldenburg (Stadt und Herzogtum) 141 f.
Österreich 28, 77–79, 84, 86, 129–132, 139 f., 143, 173 f., 186 f., 196 f., 223 f., 246 f.
Österreich-Böhmen-Ungarn 22, 30, 77
Ottomanisches Reich 247

Paderborn (Fürstbistum) 224
Paris (auch *parlement*) 13, 58, 60, 62, 64, 112, 114, 157, 180
Pfalz, Kurfürstentum 202
Polen 22, 28, 44, 48, 82–84, 95, 243
Portugal 39, 77, 118
Prag 158, 184, 186
Preußen s. Brandenburg-Preußen
Provence 110

Reich 34, 35, 39, 97, 148, 150, 170 f., 217, 227
Reims 73, 155
Rennes *(parlement)* 112
Rom (Papsttum) 51–54, 59, 226–228, 230
Rouergue (Grafschaft) 110
Rußland 21 f., 29, 89–91, 141, 202

Sachsen 22, 76, 82–84
Sachsen-Gotha 172, 202
Salamanca 40
Schlesien 130, 209, 222
Schleswig (Herzogtum) 128
Schottland 101 f.
Schweden 22, 28 f., 41, 49, 86–89, 93, 97, 112, 119, 139, 141, 222, 235, 239, 244
Schweiz, Schweizerische Eidgenossenschaften, Schweizer Kantone 22, 95, 207, 210, 217
Sizilien 105
Skandinavien 41, 235, 243
Spanien 22, 28, 30, 34, 39, 45 f., 50, 52 f., 76 f., 95, 101, 109, 117 f., 120, 140, 148, 163, 177–180, 214, 243, 246
St. Germain-en-Laye 180
Steiermark 130

Tirol 130
Toledo 178
Toskana 140
Trient (Konzil von) 226
Tübingen (Vertrag von) 108

Ungarn 77–79, 92, 186, 224, 243

Venedig 38, 201

Versailles 9 f., 13–16, 151, 157, 180–183, 185 f., 214, 244
Villefranche de Rouergue 110
Vincennes 180

Weimar 141
Wien 78, 158, 174, 184, 186 f., 207
Württemberg 51, 108, 118, 202

Personenregister

Alba, Fernando Alvarez de Toledo, Herzog von 101
Anjou s. Ludwig XV.
Anna Amalia, Herzogin von Sachsen-Weimar 141
Anton von Bourbon, König von Navarra (1555–62) 59
August II. (der Starke), poln. König, (1697–33), als Friedrich August I. seit 1694 Kurfürst von Sachsen 82–84, 239 f.
August III., poln. König (1733/35–1763), als Friedrich August II. seit 1733 Kurfürst von Sachsen 84

Babelon, Pierre 211
Baldus 156
Barudio, Günter 31
Basedow, Johann Bernhard 136
Bien, David D. 73
Biron, Charles de Gontaut, Herzog von 115
Black, Jeremy 207
Bloch, Marc 149, 154–157
Bluche, François 10
Bodin, Jean 23–27, 31, 126, 150, 156, 239
Bonney, Richard 242, 246,
Bossuet, Jacques Bénigne 156
Bouillon, Henri de la Tour d'Auvergne, Herzog von 115
Bourgogne, Louis, Herzog von 121
Braudel, Fernand 163, 251
Brunner, Otto, 149
Burke, Peter 157–159

Chalais, Henri de Talleyrand, Graf von 115
Champaigne, Philippe de 225
Chaunu, Pierre 46, 156, 217
Christian III., dän. König, (1534–59) 86
Christian IV., dän. König, (1588–1648) 93, 195, 213
Christian VII., dän. König, (1766–1808) 139
Cinq-Mars, Henri-Coiffier de Ruzé d'Effiat, Marquis de 115
Cisneros, Francisco Ximenez de 53
Colbert, Jean Baptiste 59, 118, 129, 134, 163, 166, 182, 201, 203 f.
Condé, Henri II de, Fürst von 59

Dohm, Christian Konrad Wilhelm von 131, 136
Doyle, William 242

Elias, Norbert 181, 237 f.
Elisabeth I., engl. Königin, (1558–1603) 22, 95, 100–102, 151
Elliott, John H. 120
Engels, Friedrich 120
Erich der Pommer, dän. König, (1412–1439) 41 f.
Ernst I., der Fromme, Herzog von Sachsen-Gotha-Altenburg (1640–1675) 172, 202

Félibien, André 181
Fénélon, François de Salignac de la Mothe 121
Ferdinand I., röm.-dt. Kaiser, (1556–1564) 78, 173
Ferdinand II., röm.-dt. Kaiser (1619–1637) 22, 34, 78 f., 173, 230

Ferdinand II., König von Aragon (1479–1516) 39f., 42, 45, 52, 77, 147f.
Franz I., franz. König (1515–1547) 54, 153
Friedrich I., König *in* Preußen (1701–1713) 85, 159, 197f., 229, 240
Friedrich I., Kurfürst von Brandenburg (1415–1440) 85
Friedrich II. (der Große), preuß. König, (1740–1786) 85f., 124f., 129f., 136, 138f., 142, 171, 197, 203, 209, 216, 222, 247
Friedrich III., dän. König (1648–1670) 22, 86
Friedrich VI., dän. König (1808–1839) 139
Friedrich Wilhelm I., preuß. König (1713–1740) 22, 85, 132, 171, 197f., 211, 215, 217–219, 230
Friedrich Wilhelm, Kurfürst von Brandenburg, der Große Kurfürst (1640–1688) 22, 85, 92, 108, 159, 168, 170, 197, 211, 213, 229, 239
Friedrich Wilhelm II., preuß. König (1786–1797) 198
Furet, François 133, 245, 251

Garve, Christian 136
Geertz, Clifford 158
Gerhard, Dietrich 29, 86
Giesey, Ralph E. 152–155
Gleim, Johann Wilhelm Ludwig 136
Goubert, Pierre 69, 194
Granvella, Nicolas Perrenot, Herr von 46
Großer Kurfürst s. Friedrich Wilhelm, Kurfürst von Brandenburg
Guise, Henri II de Lorraine, Herzog 115
Gustav I. Wasa, schwed. König, (1523–1560) 86–88
Gustav II. Adolf, schwed. König (1611–1632) 209, 213, 239

Hardenberg, Karl August, Freiherr von 137
Harding, Robert A. 74
Heinrich II., franz. König (1547–1559) 10, 60
Heinrich III., franz. König (1574–1589) 60
Heinrich IV., franz. König (1589–1510) 10, 14, 61–64, 66–69, 72, 74, 114, 166, 180, 211, 213, 224, 226, 234
Heinrich IV., König von Kastilien (1454–1474) 39
Heinrich VII., engl. König (1485–1509) 22, 42, 95, 102
Heinrich VIII., engl. König, (1508–1547) 22, 95, 98
Heinrich von Navarra s. Heinrich IV., franz. König
Henshall, Nicholas 248
Hintze, Otto 208

Innocenz XI., Papst (1676–1689) 228
Isabella I., Königin von Kastilien (1474–1504) 39f., 42, 45, 77, 147f.

Jakob I., engl. König (1603–1625) 98, 101, 234
Jansen, Cornelius 227
Johann Philipp, Kurfürst von Mainz 202
Johann Sigismund, Kurfürst von Brandenburg (1602–1619) 229
Joseph II., röm.-dt. Kaiser (1765–1790) 124, 130, 139, 143f., 197, 247

Kantorowicz, Ernst H. 151–155
Karl I., engl. König (1625–1649) 99, 102, 234
Karl I., Herzog von Braunschweig (1735–1780) 141

Karl II., engl. König (1660–1685) 211
Karl III., span. König (1759–1788) 140
Karl V., röm.-dt. Kaiser (1519–1555/1556) 15, 46, 77f., 148, 178
Karl VII., röm.-dt. Kaiser (1742–45) 82
Karl XI., schwed. König (1660–1697) 22, 87
Karl XII., schwed. König (1697–1718) 89, 213
Karl August, Herzog von Sachsen-Weimar (1758–1815) 141
Karl Friedrich, Markgraf von Baden (1738–1803) 140
Karl Ludwig, Kurfürst von der Pfalz (1648–1660) 202
Karl Theodor, Kurfürst von der Pfalz (1742–1799) 141
Karl Wilhelm Ferdinand, Herzog von Braunschweig (1780–1806) 141
Katharina II. (die Große), russ. Zarin (1762–1796) 22, 90, 124, 139, 142, 247
Katharina von Medici 60
Knigge, Alfred, Freiherr von 137
Kolumbus, Christoph 35
Kroener, Bernhard 214
Kunisch, Johannes 234

Leibniz, Gottfried Wilhelm, Freiherr von 126
Leopold I., röm.-dt. Kaiser (1658–1705) 22, 78f.
Leopold II., röm.-dt. Kaiser (1790–1792) 139
Lessing, Gotthold Ephraim 131
Le Tellier, Michel 118
Locke, John 126
Louvois, Francois Michel Le Tellier, Marquis de 118
Loyseau, Charles 163
Ludwig XI., franz. König, (1461–1483) 38f., 42, 53
Ludwig XIII., franz. König, (1610–1643) 10, 34, 69, 114, 117f., 166, 224
Ludwig XIV., franz. König (1643–1715) 9–16, 32f., 57, 62, 64, 67–70, 72, 76, 111f., 120f., 129, 154, 157–160, 166f., 180–183, 185, 192, 203, 211, 213–215, 217, 224f., 228, 237–239, 250
Ludwig XV., franz. König (1715–1774) 9–11, 13–15, 112, 137, 166
Ludwig XVI., franz. König (1774–1792) 137, 248
Ludwig, Monseigneur 10
Luther, Martin 221

Maine, Louis Auguste de Bourbon, Herzog von 11, 13
Mandrou, Robert 183
Margarete, dän. Königin, (1387–1412) 41f.
Maria I. Tudor, engl. Königin (1553–58) 98
Maria von Medici 115
Maria Theresia, Königin von Ungarn und von Böhmen (1741/1743–1780), Erzherzogin von Österreich 130, 132, 139, 143, 197
Marillac, Michel de 118
Maximilian I., röm.-dt. Kaiser (1493–1519) 43
Maximilian I., Herzog von Bayern (1597–1651) 22, 34, 51, 80f., 117, 195, 213, 230
Maximilian II. Emanuel, Kurfürst von Bayern (1669–1726) 82
Maximilian III. Joseph, Kurfürst von Bayern (1745–1777) 140
Mazarin, Jules, Kardinal 72, 107, 110, 118
Montaigne, Michel Eyquem Seigneur de 164
Montespan, Francoise Athénais de Rochechuart, Marquise de 11

Montesquieu, Charles de Secondat de 89, 242
Montmorency, Henri, Herzog von 111, 115
Moraw, Peter 37
Mousnier, Roland 115
Mun, Thomas 201

Napoleon I., franz. Kaiser (1804–1814/1815) 23, 135
Nevers, Herzog von 115

Olivares, Gaspar de Guzmán, Herzog von 117

Parker, Geoffrey 207
Peter I. (der Große), russ. Zar (1682/1689–1725) 22, 89f., 213
Peter Friedrich Ludwig, Großherzog von Oldenburg (1785–1829) 141
Philipp II., span. König, (1556–1598) 22, 34, 57, 76f., 101, 109, 148, 136, 163, 178–180
Philipp von Orléans, Regent (1715–1723) 10f., 13f.
Philipp III., span. König (1598–1621) 147
Pombal, Sebastiao José de 140
Porschnew, Boris 115

Raeff, Marc 144, 172
Richelieu, Armand Jean du Plessis, Kardinal 14, 33f., 59, 62, 66, 69f., 72, 74, 92, 101, 107, 110–112, 114, 118, 201, 208, 225, 234
Richer, Edmond 226
Rigaud, Hyacinthe 157
Roberts, Michael 207
Rousseau, Jean Jacques 126
Rudolf II., röm.-dt. Kaiser (1576–1612) 78, 184, 186

Saint-Simon, Louis de Rouvroy, Herzog von 11, 14
St. Marcoul 154f.
Seckendorf, Veit Ludwig von 172
Sigismund, röm.-dt. Kaiser (1433–1437) 85
Soissons, Graf von 115
Sonnenkönig s. Ludwig XIV.
Staszewski, Jacek 83f.
Stolberg, Friedrich Leopold, Graf zu 137
Stollberg-Rilinger, Barbara 159
Sully, Maximilian de Béthune, Herzog von 118

Toulouse, Louis Alexandre de Bourbon, Graf von 11
Trevor-Roper, Hugh R. 118
Turgot, Anne-Robert-Jacques 129, 139, 143

Vendôme, César de Bourbon, Herzog von 115

Weber, Max 161, 175
Wilhelm III. von Oranien, engl. König (1689–1702) 211
Wilhelm V., Herzog von Bayern (1579–1597) 51
Wilhelm IX., Landgraf von Hessen (1785–1802) 141
Wolff, Christian 126

Zeeden, Ernst Walter 51